장성구 수필집

이 몸은 내 몸이 아니오

이 몸은 내 몸이 아니오

장성구 수필집

1판 1쇄 인쇄/ 2016년 10월 5일
1판 1쇄 발행/ 2016년 10월 10일

지은이 / 장 성 구
펴낸이 / 우 희 정
펴낸곳 / 도서출판 소소리

등록 / 제300-2007-21호
주소 03068 서울 종로구 혜화로35, 302-1호
경주이씨 중앙회빌딩
전화 / 765-5663, 010-4265-5663
e-mail: sosori39@hanmail.net
www.sosori.net

값 13,000 원

*잘못된 책은 바꿔드립니다.

ISBN 979-11-5891-058-7 03810

이 몸은 내 몸이 아니오

장성구 수필집

책을 내면서

글을 쓰는 것이 무엇이냐, 혹은 글이란 어떤 것이냐고 누가 묻는다면, 사람에 따라서 백인백색의 답이 있겠지만 나는 이렇게 말하고 싶다.

"고치고 또 고쳐도 마음에 들지 않는 것이다."

봄부터 틈나는 대로 고치고 또 고쳐 봤지만 아직도 만족스럽지 못할 뿐 아니라, 보리개떡이 목을 넘어갈 때 느껴지는 꺼끌꺼끌함이 그대로 남아 있다. 뿐만 아니라 무엇을 말하고 보여 주려는 것인지도 확실하지 않다.

'페르시아 카펫의 흠'이나 아메리카 인디언의 '영혼의 구슬'은 완벽함 속에 작은 결핍을 통한 넉넉한 마음의 여유를 갖게 하는 것이지만, 나의 글은 처음부터 모든 결핍과 과오의 집합체 같다는 생각에 얼굴이 붉어진다.

수필이냐? 에세이냐? 산문이냐?

세상에 논란도 많고, 수필은 잡문이라는 비하의 말도 있지만 그래도 '수필'이라는 표현 속에 감추어진 진지함과 청량하고 싱그러운

젊음의 맛 때문에 계속 수필이라는 말을 사랑하기로 하여 표지에도 그렇게 했다.

여기를 보아도 마음에 들지 않고, 저기를 보아도 군더더기 천지라서 어디를 손보아야 좋을지 모를 졸문을 그래도 마음 속 품은 뜻이 전해지도록 기본 틀을 잡아주고 출판까지 맡아서 생고생을 하신 우희정 선생님께 크게 감사드린다.

경희의대에 입학해서 교직에 봉사하다 정년을 맞을 때까지 45성상이 넘도록 한결같이 곁에서 지원과 격려를 아끼지 않은 가족 및 지인들과 학술계 그리고 의료계의 모든 분들께 엎드려 감사드리며 은혜에 보답하는 마음으로 이 한 권의 책을 올린다.

마음에 여유가 있으신 분들께서 가끔 이 책을 접해주실 것을 바라면서….

2016년 9월

학여재(鶴汝齋)에서 명고(鳴皐) 씀

▷ 차 례

2. 푸른 눈빛

3. 물먹는 사회

4. 자작나무 사이에

1.

고향의 달

그래 내가 3급이지

세상을 떠들썩하게 했던 인공지능 로봇과 사람의 대결이었던 알파고와 이세돌의 세기의 대국에서 결론적으로는 로봇이 이겼다. 하지만 그것을 단순히 로봇이 이기고 인간이 졌다라고 평가한다면 이는 매우 경솔한 일이다.

다양하고 엄청난 정보를 입력해 놓고 승리를 위하여 확률적으로 연산하는 컴퓨터와 순간순간의 창의력을 발휘할 수 있는 인간과의 대결에서 경우의 수를 많이 갖고 있는 로봇이 이겼을 뿐이다. 그것도 로봇의 많은 한계를 드러내면서 말이다.

여하튼 무궁 무지의 수가 있다는 바둑에서 인공지능(개인적으로는 인공두뇌라는 말이 좀 더 적절하지 않을까 하는 생각이다) 로봇한테 인간이 패했다는 것이 가져다준 충격은 결코 적지 않은 것이다.

인간이 달에 착륙하여 계수나무의 존재를 부인했을 때, 어딘가 허전했던 것보다 기분이 더 언짢다. 달나라에 정말 계수나무가 있고 토끼가 떡방아를 찧고 있을 것이라고 믿는 사람은 없었을 것이다. 다만 그것은 우리의 바람과 아름다운 희망을 대표하는 상징적 서정이었던 것이었기 때문에 우주인이 달에 착륙해 보니 아무것도 없더라 하고 지구상에 있는 우리에게 메시지를 전하였어도 우리 마음속에서는 계속 계수나무를 그려볼 수 있는 일이었다. 하지만 인간이 만들어낸 게임 중에서 가장 최고의 수와 다양한 경우의 수가 존재한다는 바둑에서 인간이 기계에 졌다는 것은 가히 충격적인 것이다.

그래도 이세돌이라는 천재 기사가 인류를 대표해서 1국을 이긴 것에 위안을 삼으며 천재에 대하여 경의를 표한다.

마음의 어느 한곳에 남아 있는 께름칙한 것은 인간으로서의 자존심의 상실이라고 할까 뭐 그런 것이다. 사람이 만든 로봇한테 사람이 예속되는 만화 영화와 같은 가상현실이 내 코앞의 현실로 다가오는데서 느끼는 불안과 공포 같은 것이며 자존심의 망실이다.

앞으로 이런 인공지능 로봇은 계속해서 발전하고 그 위력은 대단할 것으로 생각되지만 항상 기억해야 할 것은 인공지능 로봇은 어디까지나 사람의 의도에 의해서 생산되는 기계라는 점이며 인류의 삶의 질과 정의에 반하는 제품은 만들어서는 안 된다는 사실이다.

로봇과 바둑을 둘 때 사람은 창의력이라는 능력 때문에 바둑뿐 아니라 장기까지도 동시에 둘 수 있지만 바둑을 둘 수 있게 만들어진 로봇은 바둑만 둘 수 있다는 것이다.

어쨌든 이번 일로 우리에게 두 가지의 메시지가 주어진 듯하다.

하나는 우리나라도 인공지능 로봇에 신경을 써서 인간의 삶이 윤택해지도록 관심을 가져야 한다는 것과 두 번째는 바둑은 정말 대단한 인간의 예술작품이라는 것이다. 하기야 우리가 알고 있는 신선들의 놀이는 오직 한 가지, 바둑뿐이었던 것으로 기억된다.

바둑이 언제 생겼는지에 대해서는 정확하게 알 수 없지만 기록에 근거해 볼 때 요순시대부터라는 말이 맞을 법하다. 공자께서도 바둑을 두는 것은 아무 일도 안하는 것보다는 어진 일이라고 하셨으니 그 가치에 대해서는 더 이상 논할 필요가 없다.

우리나라에서는 삼국시대에 전래된 것으로 알려져 있어 그 역사 또한 대단한 것이다.

나는 바둑을 잘 두지는 못해도 인연은 깊고 많다.

선고(先考)께서는 광암(廣菴) 이규현(李奎顯) 문인으로서 화서학파 유학자로 평생을 사셨던 분이다. 광암(廣菴) 선생 역시 화서(華西) 이항로(李恒老) 선생의 연원이면서 항일의병을 창의한 의병대장 운강(雲崗) 이강년(李康秊) 선생의 참모장을 지낸 화서학파 유학자이다.

선고께서는 암울한 시대에 태어나셔서 반일숭유(反日崇儒)라는 삶의 철학을 숙명으로 생각하는 집안 분위기 속에서 성장하셨으니 전후좌우가 암벽으로 둘러싸인 천하의 고도 같은 상황에서 젊은 시절을 보내셨다고 추측할 수 있다.

청년 시절에는 답답한 마음으로 상황 반전을 위한 새로운 시도를 시행하신 일도 있었다. 몸에 밴 구학문을 벗어나 신학문에 대한 열망을 이루기 위하여 집안의 몇몇 사람들의 후원을 받아 어른들 몰래 서울로 상경하여 늦은 나이에 중학교에 입학을 하셨단다.

어떤 일이 벌어졌을까? 지금의 시각으로 그때의 정황을 생각해 보아도 이것은 처음부터 뭔가 잘못된 일이다.

나의 할아버지, 그러니까 선고의 선고께서는 이미 젊은 20대 중반 나이에 독립운동에 투신하여 가출을 한 상태였기 때문에 선고께서는 아버지의 얼굴도 기억 못하는 상황이었다. 그렇기 때문에 엄하기 이를 데 없는 할아버지와 백 숙부들의 훈도를 받으며 성장하신 분이다.

내 증조부 입장에서 보면 애처롭고, 귀하기 이를 데 없는 손자가 몇 날 며칠을 보이지 않는데 가만히 계실 수가 없는 일이었을 것이다.

이 어른은 만락헌(晩樂軒) 장석인(張錫寅)이라는 분으로서 역시 화서학파인 금계(錦溪) 이근원(李根元) 문인으로서 앞에서 언급한 광암(廣菴)과는 동문수학을 한 분이다.

전해들은 바에 의하면 성정은 깐깐하고 대쪽 같아서 거의 벽창호 수준이셨던 것 같다. 금계 이근원 선생 문집에 보면 항일의병 군자금 지원과 빈민구휼 사업에 상당한 재산을 보태셨고, 대부(통정대부 중추원의관)로서 나라가 망했을 때 주위 사람들의 만류로 자결을 실행하지 못한 것을 평생 후회하며 사신 분이란다.

선고의 무단 상경이 결국 들통이 나고, 할아버지께서는 완전 단식에 돌입하신 것이다.

"세상에 배울 것이 따로 있지, 발가락 찢어진 놈들의 글을 배우려고 집을 나갔단 말이냐? 나는 이 길로 죽겠다."

상황은 가히 불문가지다.

어른들의 뜻에 따라서 선고께서는 출향 1년도 못되어 귀향 조치되고 근신령이 내려졌을 것은 미루어 생각해 볼 수 있다.

그래도 이 무단 외도 1년이 당신에게 획기적인 전환점이 되어서 그 전부터 틈틈이 익혀 오시던 바둑에 대한 독학 수업에 좀 더 매진하실 수 있는 계기가 되었다는 것이다.

어릴 때 기억을 돌이켜 보면 아버지께서 계시던 사랑방에 가득했던 유학 서적 말고 다른 종류의 책으로는 두 가지가 있었는데 한 가지는 한의서였고 다른 한 가지는 바둑에 관한 책이 많았던 기억이 난다.

본래 예로부터 선비들은 바둑은 두지만, 장기는 안 둔다는 말이 있다. 그 이유는 나도 모르지만 바둑이란 앞에서도 말했듯이 신선들부터 학자나 선비에 이르기까지 즐기던 일종의 오락 내지는 심신 수련의 도구였기 때문이 아닐까 하고 생각해 본다.

어쨌든 4명의 아들들에게 바둑을 열심히 가르치셨는데 내 위로 세 분 형님들께서는 어떤 동료들과 바둑을 두셔도 대국이 될 만한 아마추어의 실력을 쌓으셨지만 유독 나만 그 경지에 이르지 못했다. 나는 그저 빈삼각이 뭔지 정도 터득했다고 할까 뭐 그 정도이니까 바둑의 수에 대하여는 말할 처지가 못 된다.

사실 선고께서 바둑을 잘 두신다는 것은 알고 있었지만 어느 정도의 실력을 갖고 계신 것일까 하는 것은 알 재주가 없었다. 그러던 중 20여 년 전 어느 날 집안 당숙어른 한 분으로부터 연락이 왔다. 당신이 어떤 바둑 책을 읽고 있는데 그 책의 부록에 기록된 내용에 엄친의 함자가 적혀 있는데 한 번 확인해 보라는 것이다. 우선 반갑기도 하고 긴가민가한 마음도 들어서 즉시 인터넷으로 책을 구매를 하였다.

『이승우의 바둑이야기』라는 책으로 저자 이승우 씨는 행정 관료로서 음성군수를 역임한 사람이었는데 바둑에 대한 조예도 깊었지만 단순한 바둑의 수에 관한 것만이 아니고 바둑과 연관된 세상사를 중심으로 풀어나간 저술이었다.

책의 말미 부록에 두 가지 형태의 자료가 첨부되어 있었는데 각각 '경성기원 담임기사 및 회원 명단'과 '조선기원 담임기사 및 회원 명단'이었다.

경성기원 담임기사에는 1급에서 9급까지 실명이 기록되어 있다. 1급 3명, 2급 3명. 3급 10명 등이고, 조선기원 담임기사에는 초단 2명, 1급 3명, 2급 6명, 3급 27명의 실명이 수록되어 있어서 당시는 우리나라 최고수를 1단 혹은 1급으로 했던 것 아닌가 하는 생각이 든다. 선고께서는 양 단체 모두에서 3급으로 기록되어 있었다.

평생을 두고 당신께서 바둑을 잘 둔다고 자랑하시는 일은 없으셨던 분이지만 누가 구태여 여쭈어 보면 마지못해 3급이라고 대답하셨던 것을 이해하게 되었다.

당시 전국적인 기사(棋士) 숫자 속에 포함된 선친의 위치를 비추어볼 때 실력을 가히 짐작할 만하였다. 바둑에 대하여 처음으로 선친의 함자가 제 삼자의 책에 소개된 활자를 접한 것이다. 책을 보는 순간 머리가 어찔하면서 제일 먼저 스치는 것은 죄지은 마음이었다.

자식이 되어서 아버지에 대하여 이렇게까지 모르고 반세기를 살아오다니 참으로 무심하고 한심한 일이었다는 자책에 빠지지 않을 수가 없었다. 불효자란 유별나게 존재하는 것이 아니고 바로 이런 것이구나 하는 생각을 했다.

연세가 높아지신 80대 후반에 잠시의 실수로 다리에 화상을 입으셨다. 소아과 의사인 집사람이 정성을 다하여 치료해 드렸지만 화상이라는 것이 본래 가만히 있어도 아프고, 치료할 때는 더욱 엄청난 통증이 동반되기에 많은 고통을 받으셨다.

집사람의 반짝하는 아이디어로 TV에서 바둑을 시청하시게 해 드렸다. 이 생각은 아주 적절하고 좋은 대책이 되었다. 바둑을 시청하시는 동안에는 통증을 잘 견디어 내시는 것이었다.

그러던 중 군 제대 후 복학을 기다리던 큰아이가 새로운 제안을 했다. 아예 컴퓨터를 이용하여 바둑 시합을 하시게 하자는 것이었다. 그리고 자기가 상대방과 할아버지 사이의 중계자 노릇을 하겠다는 것이었다.

사실 그즈음에 큰아이는 제대 기념 스키를 타러 갔다 무릎을 다쳐서 수술 후 깁스를 하고 있는 상태였기 때문에 제 몸 관리조차 원만하지 않은 상태였다. 그래서 그것이 가능할까 하는 의구심이 있었다. 왜냐하면 TV를 통한 바둑 대국은 꼼짝 못하고 붙어 있어야 하며, 더욱더 난처한 일은 깁스로 인해 거의 뻗정다리를 하고 있는 아이가 할아버지의 평소 취향대로 대국을 하려면 방바닥에 앉아서 바둑을 두어야 하는 어려움을 감내해야 했기 때문이다. 할아버지를 위한 손자의 마음이 기특하고 대견하여 두 모자의 합치된 아이디어를 실천해 보기로 하였다.

그런데 시행 첫날부터 작은 문제가 생긴 것이다.

컴퓨터 대국의 상대방을 초청하기 위하여 손자 녀석이 할아버지께 바둑 실력을 여쭈어 본 모양이다.

할아버지 말씀은 "그래 내가 3급이지" 하셨고, 아이는 3급을 초청하였는데 초청 받은 사람들이 불과 몇 수를 두다가는 슬쩍 사라진다는 것이었다. 오늘 하루만 해도 여러 번 같은 일이 반복되었단다.

퇴근해서 보니까 아이는 도대체 이해할 수 없는 일이라는 표정을 하고 있었다. 할아버지께서 알고 계신 3급이라는 기억이 문제가 있으실 수 있다고 판단하여 몇 번을 반복해서 여쭈어 보았더니 그때마다 "그래 내가 3급이지"라고 하셨다는 것이다.

이러한 정황을 바둑에 대하여 해박한 지식을 갖고 있는 지인에게 조언을 구했다. 그 친구 말이 아마추어 3단쯤을 초대하라는 것이었다. 아들과 나는 서로 쳐다보고 눈만 휘둥그렇게 떴다.

'이게 뭐야 어떻게 단과 급이 같아?'

그 다음부터는 대국다운 대국 속에 선고께서는 화상의 고통을 많이 잊을 수가 있으셨는데 더욱더 만족스러우셨던 일은 당신의 손자가 바둑을 당신과 거의 같은 수준으로 두고 있다는데 대한 자부심이셨다. 진지를 드실 때도 "아니 얘가 소리 소문도 없이 언제 이렇게 바둑을 배웠니? 그거 참 기특하구나."의 연발이셨다.

어머니와 우리 내외 그리고 아들 형제는 서로 눈길만 주고받았다. 그 이후 돌아가실 때까지 선친께서는 바둑을 매우 잘 두는 손자 때문에 만족스럽고 자랑스러운 마음을 가슴에 가득 담으신 채 생활하셨다.

50년을 넘게 살아오면서 아버지의 바둑에 대하여 한 번도 제대로 관심을 보인 일이 없었던 불효자 내외가 벌인 희대의 사기극은 이렇게 진행되었다.

다행인 것은 할아버지를 좀 즐겁게 해드리자는 식구들의 하나된 마음 때문에 바둑을 통한 이 연극은 성공적으로 유종의 미를 거두면서 막을 내렸다.

선고께서는 아마 하늘나라에서도 당신께서는 바둑이 3급이라는 생각을 변함없이 갖고 계실 듯하다.

어머니의 지혜

어머니는 3·1 만세운동이 일어나기 두 해 전에 경기도 어느 시골의 기울어져가는 반가에서 태어나셨다.

내 외갓집은 조상 중에 한 분이 임진왜란 때 왜적을 맞아 충주 탄금대에서 싸우다 장렬히 전사하셨다. 이 사실에 대하여 후손들은 자긍심과 함께 누대에 걸쳐 그분의 산소 바로 아랫마을에 모여 살기 시작한 지가 4백년은 족히 되는 가문이다.

일제 강점기에 태어난 어머니가 왜놈들 교육이라고 생각되었던 신식교육을 받을 기회가 없었던 것은 이러한 가문의 역사와 함께한 숙명적인 것이었다.

그러나 세월의 변화를 무시할 수 없었기 때문에 자손들을 위하여 집안에 독선생을 모셔다 놓고 신식교육을 시켰는데 그것은 오로지 아들들을 위한 일이었지 딸인 내 어머니와는 전혀 관계없는 일이었다.

서너 살 위인 사촌오빠가 공부하는 방의 창 너머로 들려오는 소리를 듣고 땅 바닥에 기역 니은을 그려가며 한글도 깨우치고, 구구단도 익혔는데, 한 번은 이것이 발각되어 할아버지한테 무지하게 야단을 맞으셨단다. 계집애가 몰래 오라비 공부하는 것을 엿듣는 바람에 손자가 총기를 빼앗겨서 글공부가 더디다는 것이었다.

딸이란 오직 살림살이나 좀 배우고 시집가면 일생 동안 친정에는 안와도 되는 존재로 취급되던 시대의 또 다른 단면인지도 모를 일이다. 그래서인지 몰라도 어머니는 평생 동안 당신의 친정 할아버지에 대하여 정감 있는 말씀을 하시는 것을 들어본 일이 없다.

열여섯에 두 살 아래이신 아버지와 혼인을 하신 뒤, 다행스럽게도 시집에서는 꽃과 같은 역할을 하신 분이다.

밤에는 시할머니가 잠이 드실 때까지 홍루몽을 읽어 드렸단다.

을사늑약이라는 망국의 한을 품고 관복을 불태워 버리고 자진을 시도하다 주위의 만류로 미수에 그친 시할아버지께서는 성품이 올곧다 못해 때로는 괴팍함을 드러내셨다.

매일 아침 여섯 분의 아들들로부터 아침 문안 인사를 받고 이들이 부복(俯伏)한 상태에서 진지를 드셨단다.

나라 망한 원한의 응어리가 가슴에 꽉 차있던 선비이시다 보니 못마땅한 일이 하루에도 열두 가지씩 떠오르고, 그럴 때마다 결행되는 것이 진짓상에 등 돌리고 드러누우셔서 단식투쟁을 하는 일이었단다.

이런 일이 있을 때마다 시조부께서 마음을 돌려 진지를 드시게 하는 분명한 해결사 역할을 어머니가 담당했단다.

어머니의 이러한 삶은 어차피 시집에서 뼈를 묻어야 하는 운명을 이왕이면 열심히 살아보겠다는 속내가 깔려 있는 무의식의 지배를 받았을 수도 있다.

6·25 동란이 일어났을 때 아버지는 국민병으로 징집되고, 어머니 홀로 수백 리 피난길에서도 육남매의 아이들을 지켜내신 분이다.

동네에서 혼사가 벌어지면 안식구들이 해야 할 일에 대해서 어머니는 항상 중요한 멘토 역할을 하셨다. 남의 집 일인데도 내 일같이 중요한 결정을 하셨다.

월남에서 전쟁이 터져서 국군이 파병될 때는 온 동네가 울음바다가 되었다. 파월 장병의 집에서는 통곡소리가 울타리 밖으로 흘러나왔고, 아이들은 그 집 옆을 지나칠 때 마치 흉가를 지나듯이 입을 꽉 다물고 쏜살같은 걸음으로 내달았다.

국가적인 소용돌이가 휘몰아치고, 전국 방방곡곡에서는 '조국의 이름으로 님들은… 맹호부대 용사들아 가시는 곳 월남 땅 하늘은 멀더라도 한결같은 겨레 마음…'과 같은 파월 장병을 후원하고 격려하는 노래가 울려 퍼졌다.

이런 일이 있은 후 어머니의 일과는 더욱 바빠졌다. 지금 생각해 보면 흑백 영화 시대의 한 장면을 그대로 옮겨 놓은 것이다.

편지는 월남에 있는 아들이 썼고, 읽는 분은 내 어머니시고, 눈물 콧물 흘리는 아낙은 편지를 들고 우리 집을 찾아온 파월장병의 어머니인 것이다.

어린 나로서는 이웃집 아주머니가 편지를 들고 대문을 들어서는 것이 크게 달갑지 않았고, 이해되지도 않았다. 왜 편지를 우리 엄마가 읽어야 하고, 또 왜 우리 집에서 어른들이 울고 있는 모습을 봐야하나?

그러나 이러한 일도 잠시일 뿐, 1, 2년 뒤부터는 편지를 들고 들어오는 아주머니의 엉덩이춤이 볼만하였다.

"이번에는 돈을 얼마나 보낸다고 썼나 봐줘유."

한 편의 시조를 읊듯이 곡조에 맞춰 편지를 읽어 내려가는 어머니의 모습도 괜히 신바람이 나 보였다. 이런 일이 반복되면서 소리 없이 마을의 분위기는 바뀌었다.

이웃집에 마실을 다니는 일이 사라져 버렸다.

여름밤이면 동네 사람들이 멍석 위에 모여 앉아 하늘의 별을 보며 세상 돌아가는 정담을 나누고, 이웃을 걱정하고, 때로는 부러워하던, 가난했지만 정이 넘쳐흐르던 흐뭇한 모습은 더 이상 찾아볼 수 없게 되었다.

밤이 늦도록 안방에서 소니 트랜지스터에서 흘러나오는 연속극을 듣는 것이 훨씬 재미있는 일이 되어 버렸기 때문이다.

이어지는 은밀한 말들은 온 마을을 뒤숭숭하게까지 하였다.

누구는 어떻게 힘을 써서 월남에 갔다더라, 누구는 두 번씩이나 가는 바람에 쌓인 빚을 다 갚았다더라와 같은 소문이다. 이런 소문은 요즘의 SNS파급 효과를 능가하였었다.

이후 어머니는 편지를 읽어주시는 일도, 대신 써주시는 일도 안 하셨다.

집안 형편이 조금씩 좋아질수록 인심이 야박하고 인색해지는 사람들의 변화가 어머니에게는 큰 충격이었을 듯하다.

어쨌든 마을에서 어머니의 역할이 줄어들고, 먹고사는데 여유가 생겼을 때 모든 사람들은 제각각 더욱 바쁘게 살아갔다.

깊게 눈이 쌓인 한겨울이면 우리 집 뒤곁의 김치광을 제집 드나들 듯하며 김치를 한 양푼씩 퍼다 먹던 사람들이 더 이상 그럴 필요가 없게 되었다.

많은 세월이 흐른 뒤 흔들리지 않는 고집에 가까운 아버지의 주장과 평생을 함께 살아오신 어머니의 눈치 빠른 자포자기를 통해서 부모님들은 한 직할시의 변두리로 이사를 하셨다.

시집와서 수십 년을 별 탈 없이 잘살던 곳을 떠날 수 없다는 어머니의 주장은 '여기서 태어나서 지금껏 살아온 내 마음보다 더하냐?'는 말씀과 이것이 모두 자식들의 장래를 위해서라는 아버지의 주장에 더 이상의 논쟁은 있을 수 없게 된 것이다.

이렇게 이사를 가게 된 어머니의 마음은 그 뒤로 매년 고향을 찾아 오랜 이웃들의 큰 환대를 받으면서 달포 이상을 머무는 것으로 위로를 받았다. 그러한 시간이 어머니에게는 수십 성상을 살아오면서 처음으로 맛보는 당신만을 위한 여유 시간에 해당한 것이었다.

어머니는 활달하고 자상한 분이었지만 행동은 불편부당이라는 말의 실체였다.

그것은 4남 4녀의 어머니로서의 오랜 경륜에서 배어나온 지혜와 같은 것이었다.

딸들이 친정을 찾아오는 것은 반기셨지만 딸의 집에서 주무시는 일은 한 번도 없었다.

딸들에게도 때로는 섭섭함이 있는 법인데 하물며 며느리들한테 섭섭함이 없다는 것은 있을 수 없는 일이다. 그러나 넷이나 되는 딸들이 하나같이 아쉬워할 정도로 딸들 앞에서 며느리들에 대한 허물은 평생을 두고 한마디도 안하셨다.

험담을 못하신 것이 아니고 안하신 것이다. 이것은 미래를 내다보는 당신만의 현명함이 행동으로 옮겨진 것이라고 생각한다.

칠순을 넘기신 이후에는 새로 이사 가신 동네에서 이미 중요한 인물이 되셨다.

지방자치제 실시 이후 단체장들이 노인을 위한 행정 제도의 신설과 경로의 모습을 외부로 내보이는 것은 다음번 재선에 있어서 절대적인 요소가 되었다.

노인들을 지칭하여 움직이는 종합병원이라고 하는 것은 인생을 살아온 연륜만큼이나 아픈 곳이 많다는 말이다. 한 인생의 종합 전시관쯤 되는 것이다.

마을의 노인 중에 아픈 사람이 단 한 명만 있어도 구급차가 와서 보건소로 모셔갔다.

이러한 일에 있어서 어머니는 지도자급이었다. 당신을 포함해서 몸이 불편한 몇몇 분들을 모아서 119구급대의 차를 불러 보건소도 가시고, 때로는 대중목욕탕에도 다니셨다.

시대적 상황이 불러온 외형적 노인 천국의 특혜를 빼놓지 않고 다 누리셨다.

반복되는 일로 인해서 구급차의 기사는 어느 할머니가 어느 집에 살고, 그 할머니는 어디가 편찮은 분인지 다 알기 때문에 더욱 친절하게 되었다. 자연스럽게 어머니는 이 기사에 대한 간식 준비 담당이 되셨다. 위에서 알면 큰일 난다는 기사의 말은 어머니께는 공염불일 뿐 당신의 뜻대로 하셨다.

자식을 여럿 키워 보신 인생의 경험을 통해서 드러나는 자연스러운 일이었을 것이다.

하루는 직할시 시장에게 직접 전화를 하셨다. 자세한 본인의 소개를 마친 팔순 할머니가 지체 높으신 시장님을 바꿔달라는 전화를 받은 비서실이 온통 난리가 났을 것은 너무도 자명한 일이었다.

노인의 막무가내 호령에 따라 전화는 어쩔 수 없이 지자체 장에게 연결되었다.

시장의 노고에 관한 당신의 칭송이 있은 다음 그 착한 119구급차 기사에 대한 표창이 건의되었을 때 오히려 시장이 감격하여 감사 인사를 하였단다.

자주 찾아뵙지 못하는 죄인이 된 마음으로 몇 달 만에 찾아 뵈웠다.

대문 밖 좁다란 과수원 길의 탱자나무 울타리 사이에 새로 세워진 가로등이 깊은 밤을 환하게 밝히고 있고, 집안의 작은 마루에는 아주 예쁘고 동그랗게 생긴 커다란 벨이 적당한 높이에 달려 있었다.

시장의 표창에 따라 특별 승진한 119기사의 보은과 직할시장의 지대한 관심 덕분에 생긴 일이란다. 그 응급 벨은 비상시 마을을 대표하여 어머니가 누르면 구급대 본부에서 울리게 되어 있다는 것이다.

어머니의 은혜는 한이 없다는 노래가 있듯이, 어머니의 지혜는 끝이 없어 보였다.

이웃을 손가락질하며 미워하고, 정서적 혼란과 사회 정의가 혼돈에 휩싸여 순리와 상식이 소멸되어 가고 있는 지금 어머니가 계시다면 어떤 일을 하셨을까?

알 만한 사람들에 의해 체면과 염치가 무색해지고, 영혼은 찌들어 삶이 아닌 삶을 추구하고 있는 것이 이 시대의 자화상이다.

욕심과 욕정만이 가득하여 사람 같아 보이지 않는 자들이 권력의 중심을 차지하고 있는 현실의 암울함을 헤쳐 나갈 어머니의 현명함은 무엇일까?

진정한 지혜란 본래 있어야 할 그 자리에 있는 것인지? 아니면 끝없이 창조되는 것인지 잘 모르겠다.

혼탁한 사회에 오염된 영혼이 역경을 극복할 수 있는 어머니의 지혜는 어느 곳에 머물고 있는 것일까?

녹색혁명의 어린 손

한 시대의 문화를 이해하는데 있어서 가장 쉬운 것은 그 시대 사람들이 어떤 사회적 환경에서 살았는지를 알아보는 것이다.

사람들은 시대 상황에 따라서 여러 가지 문화 운동과 외침 속에 살아 왔다.

때로는 정치 선동적인 구호도 있었고 경우에 따라서는 사회운동의 일환으로 만들어진 내용도 있었지만 하나하나를 회상해 보면 좋든 싫든 지난날의 족적을 더듬어 볼 수 있는 것들임에는 틀림없다. 일종의 지워지지 않는 자화상과 같은 것이다.

한편, 지난 세월의 여러 가지 종류의 구호(口號)나 사회적 운동이 오늘날 우리 눈앞에 펼쳐지고 있는 충족된 현실의 원동력이 되었다는 것 역시 사실이다.

한국학 중앙연구원에서는 광복 70주년 기념과제를 발간하면서 우리나라의 산림녹화 사업을 녹색혁명으로 지칭하였단다.

푸른 산 우리 강산. 머리를 숙여 생각해 보면 감회가 새롭다.

지금 젊은 사람들은 전혀 이해하지 못할 일이지만 1960년대에 초등학교 시절을 보냈던 현재 60대쯤 되는 사람들은 눈을 감으면 스쳐 지나가는 무수한 운동과 구호가 생각이 날 것이다.

대표적인 운동이 아침이면 라디오에서 흘러 나왔던 '새벽종이 울렸네. 새아침이 밝았네. 너도 나도 일어나 새마을을 가꾸세' 하는 새마을운동을 필두로 하여 '산림녹화', '자립갱생' '식량 자급자족' '퇴비증산' '지력 증진 운동' 등 무수히 많은 내용들이 주마등 같이 흘러간다.

먹고 살기 힘들었던 한 시대를 극복하기 위한 내용들이 대부분이었고, 나라 경제가 조금 좋아진 이후에 '자주국방'과 같은 내용들이 등장하였다.

요즘은 비행기를 타고 내려다보면 한반도의 남쪽 그 어느 곳을 봐도 푸른 산림이 울창하게 우거져 있는 것을 한눈에 볼 수 있다.

한국과 러시아가 수교를 하고 첫 부임하는 주한 러시아 대사는 북한에 대하여는 아주 정통한 사람이었고 방북도 여러 차례 한 사람이었단다. 그가 한국에 대하여 어렴풋이 알고 있는 것은 북한보다는 좀 잘 사는 나라다 하는 정도였는데 그가 부임차 비행기를 타고 하늘에서 대한민국을 내려다보면서 혼자 중얼거렸단다.

"서울에 도착해 보나마나 뻔하다."

하늘에서 보는 북쪽은 새빨갛고, 남쪽은 새파랗고, 사람들이 살아가는 모습이나 그 정도도 이것으로 미루어 알 수 있다는 말이다.

이렇게 우리의 산야가 짙푸른 녹색과 원시림을 방불케 하는 산림을 자랑하게 된 것은 누가 뭐라 해도 산림녹화 운동과 홍수 예방을 위한 사방공사의 덕분이라고 나는 생각한다.

1960년대 중반에는 전국의 어느 산을 봐도 새빨갛게 헐벗어 맨땅을 드러내고, 드문드문 몇 그루의 나무들이 서 있는 것이 고작이었다. 덕분에 봄이면 산나물은 지천이었지만, 장마철이 되면 시뻘건 흙탕물로 전국이 뒤범벅이 되었던 일은 또 다른 하나의 숙명 같은 것이었다.

전국의 산을 우선 푸르게 만드는 것이 시급했던 정부는 모든 학생들에게 아카시아 씨를 공출하게 하였다.

시골에만 살아본 나로서는 당시의 도시 사정은 알 수 없지만, 여하튼 방과 후에 집에 오면 동네 말림으로 나가 강낭콩 껍질 모양 생겨 바닥에 떨어진 아카시아 열매를 까서 그 속에 반질반질하며 까맣고 밤색을 띠고 있는 씨를 누런 편지 봉투에 담았다.

매일 등교와 함께 우선 담임선생님께 이것을 제출해야만 했다.

그러나 아카시아 열매를 매일 반 봉투씩 모은다는 것은 결코 쉬운 일이 아니었다.

학교에서 좀 늦게 오는 날에는 동네 아이들이 먼저 다 줍고 난 뒤라서 빈 껍질만 남아 있는 쭉정이를 줍기가 일쑤였다.

내 여동생도 꼭 같은 일을 해야 했는데 이 아이는 좀 억척스러워서 항상 나보다 많이 씨를 모았다. 그러면 온갖 감언이설과 협박을 통해 그중 일부를 받아내야 겨우 반 봉투를 채울 수가 있었다. 또

한 가지 부러웠던 것은 집에 코흘리개부터 시작해서 형제가 많은 집 아이들이었다. 학교 갈 일이 없었던 어린 동생들이 하루 종일 아카시아 씨를 줍고 나면 내가 주울 것은 빈 껍질뿐이었다.

이럴 때 크게 위력을 발휘하는 것이 '삐꾸 다마'라는 것이다. 어디서 유래한 말인지는 몰라도 어린 우리들은 그렇게 불렀는데 본래 아름다운 우리말은 아닌 성싶다.

여하튼 영롱하고 흰 사기 구슬에 알록달록한 무늬가 들어간 구슬치기 내기용이다. 일반적으로 퍼런색 유리구슬과는 비교 안 되게 예쁘고 컸다. 이렇게 아름다운 구슬을 시골에서 구하기란 하늘에 별 따기 같은 것이었다.

구슬치기를 하여 구슬을 잃게 되면 대개 일반 구슬 열 개하고 맞바꾸었던 기억이 난다.

나는 같은 또래의 당숙이 서울에 살고 있었기 때문에 방학이면 이 아저씨가 양쪽 바지 주머니가 터져나갈 정도로 문제의 이 구슬을 갖다 주었다. 이 때문에 나는 동네 아이들에게는 완전한 선망의 대상이었다.

나도 워낙 귀하게 생각하고 아끼던 구슬이라 내놓기는 싫었지만 아카시아 씨를 구하지 못하면 이 귀한 구슬 2개와 씨 한 봉투를 맞교환을 했다. 이것은 서로 간에 큰 만족이었다. 그러나 지금 생각해 보면 정상적인 거래가 아니라 권력과 부(구슬 부자)를 이용한 일방적 갑질성 불공정, 부당 거래에 해당되었다고 볼 수 있다.

이것은 내가 기억하는 한 나의 첫 번째 자본주의 시장경제의 체험에 해당되는 일이다.

학교에서는 숙제보다 우선 이 씨앗이 우선 검사의 대상이었다. 어떤 아이들은 봉투의 바닥에 씨를 얼마쯤 넣고 중간에는 잡다한 다른 것들을 넣은 다음 맨 위에 다시 아카시아 씨를 넣었다가 선생님한테 들켜서 종아리와 엉덩이를 맞아야만 했던 일도 많았다. 예전이나 지금이나 풍선 효과는 변함없는 사회 현상인 듯하다.

전국적으로 이렇게 거두어들인 씨는 그 다음 해에 전국 산야를 뒤덮는 산림녹화 운동의 씨앗이 된 것이다.

이런 운동이 꽤 한참 진행되다가 이번에 또 새로운 운동이 시작되었다. 그것은 풀씨 모으기 운동이었는데 온 산야의 풀씨를 모아서 제출하는 것이었다. 선생님들이 제일 좋아했던 풀씨는 억새풀 씨였지만 특별히 종류를 제한하지는 않았던 기억이 난다.

들에 나가 손가락 사이에 풀씨를 넣고 휙 훑어내면 손바닥에 풀씨가 모였기 때문에 아카시아 씨 모으기보다는 쉬웠지만 대신 공출해야 하는 양이 훨씬 많았다.

이 풀씨는 아카시아 나무가 자라나는 사이사이 빈 땅에 뿌려 산을 푸르게 하는 역할을 하게 한 것이다.

지금은 상상할 수도 없던 그때의 붉은 산이 현재는 발을 들여 놓기조차 힘든 울창한 산림으로 변화되기까지에는 전혀 예상도 못했던 어린 고사리 손들의 숨겨진 이야기가 있는 것이다.

뒷날 혹자들은 당시 박정희 대통령이 산림녹화의 방향을 잘 못 잡아서 쓸데없는 아카시아 나무가 전국 산을 뒤덮게 만들었다고 혹

평을 하는 경우가 있었다. 그러나 나 같은 경험을 가진 사람들이 그렇게 말하는 사람들을 보면 뻔히 쳐다보인다.

너무도 철없고 배부른 소리이며 당시의 급박했던 상황을 머릿속에 그려보지도 못한 채, 말하기 좋아하는 입만 나불대는 무책임한 작태라는 생각이 들어서다.

아마도 그런 사람들은 그 시대에 풀씨고, 아카시아 씨고 간에 단 한 톨도 공출해본 일이 없을 것이다. 손이 부르트도록 씨를 모아 푸른 산야를 만든 사람들을 좌절하게 만드는 알량한 목소리라고 말하고 싶다.

물론 그 뒤 한참 지나서 유실수 심기 운동을 통해서 전국적으로 잣나무, 밤나무 심기 운동이 전개되었다.

전 세계의 근현대 역사 속에 대표적인 성공사례의 하나로 손꼽히는 것이 우리나라의 녹색혁명이란다.

여기에는 앞에서 이야기 했던 산림녹화 운동만큼이나 중요한 일이 또 있었으니 바로 사방공사(砂防工事)다. 건축학적 용어로는 'erosion control work'라고 말한다는 것을 토목에 문외한이라서 최근에야 알았다.

전문 용어가 어떻든 간에 사방공사가 우리에게 무엇을 갖다 주었나를 살펴보면 그것은 새로운 형태의 또 다른 혁명이었다. 당시를 어린 나이로 보냈던 내게는 이 사방공사가 보릿고개의 눈물 나는 서러움을 없애준 보석 같은 일이라고 기억한다.

겨울철 농한기의 동네 청장년들은 사랑방이 있는 우리 집 사랑채에서 저녁마다 모였다.

소죽을 끓이고 난 뒤라서 아랫목은 절절 끓었고, 남포불(호야등)의 심지를 한껏 키워 올리면 여러 명이 둘러 앉아 있어도 방은 환하게 밝았다. 그러나 심지를 잔뜩 올린 남포불 때문에 다음날 아침 양쪽 콧구멍은 당연히 기차 화통이 되곤 하였다.

어쩌다 군에서 휴가 나온 동네 형이 있으면 확인할 방법이 없는 군대 무용담에 모두들 빠져 들었다. 이때 항상 비교가 되는 군대 사정은 전쟁 직후 군기가 빳빳했을 쌍팔년도(단기 4288년을 의미)가 기준이 되었다. 그때와 비교해 보면 "요즘 군대는 군대도 아니다"라고 동네 고참 영감의 한마디가 휴가 나온 형들의 신나는 이야기에 재를 뿌리곤 했다. 하지만 쌍팔년도 군대 이야기 역시 확인할 길은 없었다.

눈이 쌓인 겨울이면 매일 같이 엿치기 화투판이 벌어졌다. 엄격히 말하면 노름이지만 엿 한 쪽씩 돌려 먹을 수 있는 정도의 판돈을 마련하는 것이니까 탓할 만한 일은 아니었다. 판이 끝나고 엿을 사러갈 때 겨울의 강추위에도 불구하고 나는 항상 형들을 따라 다녔다. 그래야 엿 한쪽을 얻어먹을 기회가 생기기 때문이다.

그러나 그곳에 모여 있던 모든 사람들이 서로 말은 안했지만, 머릿속에는 곧 들이닥칠 춘궁기를 가족들과 어떻게 넘길 것인가 하는 걱정으로 꽉 차 있었다.

동네 전체에 두 대 밖에 없는 라디오가 우리 집에는 있었다. 약

학대학을 졸업하고 외지에 나간 형님이 사서 보내준 것인데 일본 소니 제품이었다. 라디오 몸체 크기만한 건전지를 등에 붙이고 이것이 떨어져 나갈까봐 고무줄로 여러 번 동여 매야 했기 때문에 마치 뚱보 오뚝이 같아 보였다.

매 시간 정각에 흘러나오는 뉴스는 거의 같은 내용이었지만 아버지께서는 주무시는 시간을 제외하고는 뉴스를 꼬박꼬박 들으셨다. 어떤 때는 아예 라디오를 켜놓은 채로 베고 주무실 때도 있었다.

지금도 기억 속에 생생하게 살아남아 있는 말이 있는데 그것은 바로 '미 공법 480호'(이것을 뉴스에서는 미 공법 사팔 공호라고 발음했다)다.

세월이 흐른 뒤에 알게 된 일이지만 이미 공법 480호는 미국의 잉여 농산물을 저개발 국가에 해당국의 통화로 결재하여 팔 수 있게 한 법이었다. 정확하게 알지는 못해도 우리는 전 세계적으로 이 법의 혜택을 가장 많이 본 나라인 듯하다.

나라에서는 농한기 잉여 인력을 동원하여 사방공사라는 것을 전국적으로 실시했다. 즉 가뭄대비 저수지를 건설하고 산골짜기마다 절개지에 둑을 쌓고 그 다음 봄에 식목을 하는 형식이었다.

이 공사판이 벌어진 이후로는 우리 집 사랑방에서 화투치는 사람도, 덕담을 나누는 사람도 모두 없어졌다. 어떻게 보면 농한기라는 말 자체가 없어졌다. 마을의 청장년은 물론이고 움직일 수 있는 남녀노소 전부가 겨울의 이른 아침부터 저녁까지 사방공사장에서 일을 했다.

살을 에는 한겨울이었지만 동네 청년들의 등줄기에서는 땀이 흘러 내렸고, 보릿고개의 끼니를 걱정하던 근심스런 눈동자에는 희망의 불빛이 번쩍거렸다.

정부는 이렇게 열심히 일한 품삯을 현금으로 주는 것이 아니라 바로 미국산 밀가루로 지급한 것이다. 이 밀가루는 강력분이라서 그때까지 우리나라 사람들은 먹어본 일이 없는 아주 쫄깃쫄깃한 맛을 냈기 때문에 인기가 폭발을 했다.

남정네들 품삯을 밀가루로 주니까 아낙네들은 식량이 생겨 좋고, 현금을 안주니까 노름이 없어져서 좋고, 콧노래를 불렀고 얼굴에는 화색이 돌았다.

한겨울을 지나갈 때쯤에는 집집마다 마루에 밀가루부대가 넉넉하게 쌓여갔다. 이것이 우리나라에서 '보릿고개'가 없어지는 역사적 현장의 모습이다.

산은 푸르러지고 보릿고개는 없어지고 가히 녹색혁명이라고 말할 만하다. 그리고 이 푸른 산을 지켜내기 위하여 무시무시한 힘을 가진 사람이 태어났다. 바로 산림감수라는 사람이다.

이 사람이 동네에 나타나면 집집마다 난리가 났었다. 집안에 푸른색을 띤 생나무가 베어진 채 있으면 바로 경을 쳤다.

좀 지나치다 하는 면도 있었지만 그런 극성이 없었다면 녹색혁명은 주저앉고 말았을 것이다.

어떤 사람은 이렇게 말하고 있다. 사방공사 때 미국에서 무상으로 받은 밀가루가 얼마나 많았는지 한반도 전체를 5㎝ 두께로 포장을 할 정도라는 것이다. 물론 많이 과장된 표현일 수는 있겠지만 성공적인 사방공사가 이루어지기까지 밀가루의 덕이 엄청 컸던 것은 엄연한 사실이다.

집집마다 칼국수와 수제비 그리고 빵이 넘쳐흘렀다.

산림녹화 운동과 사방공사가 이루어낸 녹색혁명의 뒤에는 아카시아 씨와 풀씨를 모아 담았던 고사리 같은 어린 손의 귀함이 있어 역사를 바꾸어 놓았다는 것을 잊을 수 없다.

푸르른 산야를 만들고 배고픈 설움을 없애준 밀가루 역시 우리시대가 잊을 수 없는 고귀한 것이며 단순한 먹을거리라는 말로 표현하기는 미안한 마음이 가득하다.

초가집 운명

어릴 때는 그렇게나 멀어보이던 안마당 건너 사랑채가 지금에 다시 보니 큰 걸음으로 열 발자국 정도밖에 안된다.

기나긴 겨울밤을 지새운 재화로 속의 군고구마는 얇게 들뜬 잿빛 껍질을 홀홀 벗기면 늘 먹기 좋을 만큼 노릇노릇 익어있었다.

매일 밤 자기 전에 몇 번이나 다짐했었다. 내일 새벽에 형보다 먼저 일어나서 내가 군고구마를 먹어야지. 그러나 눈비비고 일어났을 때 인두로 꾹꾹 눌러 놓았던 화로는 여지없이 헤쳐져 있고, 사랑채에서는 벌써 형의 천자문 읽는 소리가 들려온다. 허지만 형은 항상 내 몫의 군고구마를 남겨놓았다.

이미 고인이 되신 아버지께서 태어나신 곳이고, 어머니와 혼인하셔서 이곳에 신혼의 보금자리를 마련하신 후 우리 8남매가 태어나서 자라난, 줄잡아 120년 가까이 된 이 작은 초가집의 운명은 얄궂은 세월의 여울목에서 헐려서 사라질 수밖에 없게 되었다.

여름방학 때면 들이 닥치는 서울의 친척 아이들과 함께 온 동리가 떠나갈 듯 요란스레 재잘거리며 아침을 열고, 실개천의 맑은 물은 뽀드득 소리 벗 삼아 세수하기에 제격이었다. 향기 나는 비누가 없어도 이슬 먹어 상큼한 풀냄새가 정겹고, 어머니가 손에 들려주신 바가지엔 어느새 아침에 먹을 풋고추와 호리 통통한 오이로 가득 채워졌다.

시골의 장마는 지루하게 길다. 줄기차게 떨어지는 추녀 끝의 낙숫물은 방울방울 줄을 서서 앞마당을 가로 지른다. 어머니 무릎을 베고 누워, 건넌방 쪽마루 밑에 턱을 길게 빼고 누워있는 '쫑'이라는 우리 강아지하고 눈싸움할 때면 '비야 계속 내려라. 우리 엄마 밭일 못해도 좋으니까 계속 내려라'를 속으로 외치던 곳이다.

장맛비 속에 사람들이 가장 반기는 것은 뻐꾸기의 울음소리다. 뻐꾸기 소리 몇 번 들리면 어느새 비는 멈추고 뒷동산 옹리봉은 물안개 뭉게뭉게 하늘 위로 밀어 올리며 짙푸른 제 모습을 드러낸다.

혼자 보기에는 가슴이 벅차오르고 안타까운 가을밤의 무수한 별들과 무심히 흘러가는 밝은 달을 보며 잠 못 이루는 밤이면 반질반질 손때 묻은 미닫이를 열어본다. 낙엽 구르는 소리조차 들려오지 않는 고요의 저편에서 '떨렁떨렁 떨렁' 외양간 속의 아주 잘생긴 우리 엄마소의 풍경소리가 리듬을 타고 인기척에 대답을 하던 곳이다.

막을 수 없는 것이 세월의 흐름이라, 그렇게 많아 보이든 형제자매들도 모두 제 살길을 찾아 도시로 떠가갔지만 주인 떠난 이 초가집은 집 없는 객(客)의 보호 속에 꽤 여러 해를 버텨왔다.

고향이라고 1년에 한두 번 들러 보면 뒤꼍의 살구나무도, 할머니 제사에 맞추어 빨갛게 익어가던 앵두나무도, 어머니 손길에 반들반들한 장독으로 가득 찼던 장독대도, 함박눈을 가지마다 엮어 놓은 듯했던 매화나무도 간곳없고, 채마밭인지 잡초 밭인지 알 수 없는 풀들만 가득하다. 무너져 내린 돌담 사이는 들고양이들의 보금자리가 되었고, 지난가을에도 새 옷을 얻어 입지 못한 초가지붕의 골들은 할아버지 주름만큼이나 깊어만 보인다. 그래도 고향 집이려니 하는 푸근한 정겨움이 마음을 편안하게 했었다.

항상 눈을 감으면 사계절 돌아가며 펼쳐지던 고향 집의 앞마당과 뒤꼍은 아직도 마음의 한구석에 자리 잡고 있지만 우리의 현실은 그렇게 여유 있고 녹록하지만은 않은 듯하다.

아버지께서 할머니 품속에서 성장하시고, 우리 형제들이 어머니 품속에서 자라났던 영원한 보금자리는 세월의 뒤틀림으로 이제 천덕꾸러기가 되었다.

모든 형제들이 서울로 올라와 부모님들께서 보내주신 향토 장학금으로 공부를 하고 나니 그곳으로 돌아갈 사람은 아무도 없다. 며느리들이야 '옛날에는 그랬구나.' 하는 한 집안의 흘러간 역사쯤으로 생각하면 했지 그곳에 무슨 애틋함이 있겠는가. 아이들 역시 감동할 일이 없기는 마찬가지다.

어떻게 하면 넓고 깨끗하며, 집값이 잘 올라가는 아파트에 살 것인가, 하는 것이 며느리들과 아이들 관심의 전부다.

그래도 연민의 정이 있어 오늘날까지 부지하고 있던 이 초라한 고향집의 운명을 결정한 것은 형제들의 결단도 아니고, 손자들의 무관심도 아니요 엉뚱하게도 나라의 상속세법이라는 보이지 않는 무시무시한 존재에 의해서다.

형제들이 열심히 살아온 덕분에 그래도 각자 등대고 누울 수 있는 작은 아파트를 한 채씩은 갖고 있게 되었고, 이것을 부모님들께서는 당신들 자식들이 엄청나게 출세를 하여 서울에 집 한 채씩 마련한 것으로 자랑을 하고 다니셨다. 부모님들의 이런 자랑거리가 결국은 당신들의 영원한 보금자리가 흔적도 없이 없어져야하는 얄궂은 운명의 시작이었다는 것을 돌아가시는 그 순간까지도 모르셨던 것이다.

자식들이 집 한 채씩 있으니 누구도 상속세를 부담하면서 이 역사의 흔적을 소유하고자 하는 사람이 없는 것이다. 아무도 상속을 안 하면 장남에게 자동으로 상속되는 것이 아니라, 세금만 자동으로 부과된단다.

매각의 대상을 지금 살고 있는 아파트로 할 수도 없고, 법을 어길 수도 없고, 대책 없이 세금만 물 수도 없고. 세법관계 공무원 나리의 아주 현명한 판단은 우리를 더욱더 혼란스럽게 하였다.

"시골 초가집을 부숴버리세요. 그리고 사진을 찍어서 증거 자료로 내시면 깨끗하게 해결됩니다."

혹시 이 세상 어디에 이런 초가집 한 채 정도는 부담 없이 보존할 수 있는 나라는 없을까?

마음의 욕심인 듯한 생각을 하면서 아이들만 바라본다.

"너희들은 고향 집이 없어서 좋은 것이냐? 나쁜 것이냐?"

고향의 달

어머니 손끝 따라 별 사탕을 세는 밤
어머니 눈 속에서 달을 보는 밤
뒷동산 까치집은 달을 머금고
내딛는 걸음마다 나를 쫓는 달
눈을 그려 구름을 보고
마음 얹어 임 새길 때
하늘 저쪽 여름밤은 기울어간다
미리내 보를 막고
느티나무 장대 엮어
흐르는 달그림자 잡아보지만
안쓰럽게 멀어지는 언덕 너머로
소리 없이 임을 보내 가슴은 비고
짙은 눈썹 희맑은 이슬 사이로
스칠 듯 동구 밖의 어머니 모습.

계모가 된 집사람

봉이 김선달이 대동강 물을 팔아먹듯 부동산 투기가 마치 삶의 승부수인 양 기승을 부리던 시대에 두 아이를 키웠다.

마치 만인에 대한 만인의 투쟁이 삶의 한복판에 자리 잡고 있는 듯하고 남이 안 갖고 있는 정보를 가진 사람이 회심의 미소를 짓는 승자가 되는 음험한 세상 그대로였다.

직장에서는 높은 사람이 좀 언짢은 표정만 지어도 지레 겁을 먹고 주눅 든 아버지들은 자라목이 되던 시대였다.

찌들어진 가장이 두 어깨 사이로 목을 움츠려 요리조리 눈알을 굴려 상사의 눈치를 살피고 있을 때, 능력 있는 어머니들은 하루가 멀다 하고 아파트를 사고팔기를 반복하던 시대였다.

당연히 능력 있는 마누라를 둔 사람들은 그렇지 못한 남편들의 선망의 대상이었다.

세금도 안내고 등기를 넘겨주는 아파트 전매 행위는 불법이라고

법이 바뀐 것은 아주 뒷날의 일이었다. 더 이상 잃어버릴 소도 없는데 외양간을 고치고 난 다음 정부가 생색을 낸 것이다. 어떤 아버지는 퇴근 후 남모르게 쌓인 스트레스를 풀기 위해 동료들과 한 잔의 소주를 거나하게 마시고 호기 있게 귀가를 했는데, 마침 그날이 이사 가는 날인 것을 깜박 잊는 바람에 어제까지 살던 집의 문을 두드렸다는 웃지 못 할 일화가 심심치 않게 입에 오르내리던 시절이었다.

돈 벌이에 재주가 없던 이 사람의 자존심 세우기는 오리궁둥이 돌려 대듯 엉뚱한 이유 속에 헛기침으로 목에 힘을 주었다.

그래도 나니까 너희들 형제가 이사 한 번 안가고 6년 동안 같은 초등학교를 다니면서 졸업을 할 수 있었던 것이다. 서울 살면서 너희 형제처럼 같은 초등학교를 쭉 다닌 아이들은 몇 명 안 된다. 부모를 잘 만났고, 참 운도 좋았다는 것을 알아야 한다.

그 시대에 6년 동안 한 번도 이사를 안 갔다는 것은 돈을 버는데 있어서는 천하의 둔재임을 스스로 인정한 꼴이다.

참으로 구차한 변명을 통해 아버지의 권위를 세울 때면 아내는 저만치에서 아주 딴청을 부린다.

'아이들 앞이라서 할 말을 다 못해서 그렇지, 오늘 이정도 살아가고 있는데 있어서 당신의 역할은 그렇게 대단했던 것은 아니었소.' 하는 얼굴이다.

하지만 아이들 교육 문제에 있어서 부모의 역할을 이야기 한다면 집사람도 그다지 자유로운 것은 아니다.

복부인들의 가공할 괴력은 담임선생님은 물론이거니와 교장선생님까지도 꼼짝 못하게 할 수 있었다. 무슨 그럴싸한 이름을 붙인 학부모 모임을 만들어 회합의 반은 점심에 모여 수다를 떨고, 때로는 우르르 학교로 몰려가 학교 운영을 좌지우지하였다.

비를 맞으며 아이들이 체육 활동을 하는 모습이 아파트 창문을 통해 확인되는 순간 교장실의 전화기가 요동을 쳤다.

누구는 대통령 해먹기 힘들다고 하소연을 했지만, 학교 선생님들은 어느 쪽에서 닥쳐오는지 방향도 모르고, 예보도 없어서 사전에 감지도 안 되었던 폭풍 같은 치맛바람이 선생질 해먹기 힘들다는 말의 단초가 되기도 했던 시절이다.

학교에서는 학교대로 이 극성스러운 엄마들을 적당히 구슬러서 학교 발전기금을 거둬들이던 시대였으니까 말 그대로 누이 좋고 매부 좋은 밀약이 횡행하던 때다.

학부모로서 그들 모임에 초청 받지 못하면 아이들 진학에 관한 정보에서 항상 따돌림을 당했다. 이러한 판국에 세상 물정 모르는 집사람은 엄마들 사이에서 거의 왕따 수준이었다.

나는 아이들이 학교에서 문제를 일으켜서 불려간 일이 없고, 집사람은 아이들 진학 상담 때 한두 번 학교를 다녀 온 것이 고작이다.

그렇기 때문에 집사람이 엄마로서 아이들 교육문제에 큰 관심을 기울였다고 자기 입으로 말한다면 그것은 좀 뻔뻔한 일이다.

지금 돌이켜 생각해 보면 두 아이들이 큰 말썽 없이 학교를 다닌 것이 참 고맙다는 생각이 들면서도 한편으로는 미안한 생각도 든다.

극성스런 부모들의 요란함에 비하면 아이들 학교문제에 있어서 우리는 마치 가봉자나 남의자식 키우듯 했던 것은 아닌가 하는 죄책감마저 든다.

그러나 변명 같은 이야기인지는 몰라도 그 당시는 남들이 했던 것처럼 우리도 정말 열심히, 정신없이 앞만 보고 살았다.

지금은 사라진 생소한 말 중에 'Kim's plan'이라는 것이 있다. 군에서 필요한 각 과별 전문의 수를 미리 확정하고, 여기에 선발된 사람은 의과대학 졸업 후 전문의 자격을 획득할 때까지 징집을 연기해 주는 제도이다. 군에서는 우수한 군의관을 확보해서 좋고, 당사자는 시간의 단절 없이 학업을 계속할 수 있어 좋다.

모든 제도는 시작할 때는 본래의 취지에 맞는 장점이 존재하지만 세월이 흘러가면서 뒤틀림이 나타나는 법이다. 이 제도도 역시 힘 있는 사람들의 전유물로 전락하면서 사라져 버렸다.

어쨌든 이 제도 덕분에 중단 없는 전진을 통해서 전문의 과정을 마치고 입대를 하였지만 대신 서른 살이 확 넘어간 나이에 군의관으로 입대하여 동생 같은 훈육관에게 교육을 받아야 하는 불편함도 있었다.

훈련을 마치고 나면 자대배치라는 것이 있는데 본인이 원하는 곳으로 가기 위해 이곳저곳에 줄을 대는 것은 예나 지금이나 변함없이 성행하는 사회부조리 중의 하나다.

비빌 언덕도 없고, 배짱에도 안 맞아서 갈 때까지 가보자는 것이 내 생각이었다.

첫해에는 운이 좋아서 후송병원 과장을 하였으나 2년차 때는 차량화 보병대대라는 아주 특이한 부대에서 고생 좀 많이 하였다.

어차피 마쳐야 하는 국가의 부름인데 여긴들 어떻고, 저긴들 뭐가 문제냐는 생각은 오히려 모든 것을 편안하게 해주었다.

대대에 전문의가 왔다는 기대에 찬 대대장의 환호 속에 일 년에 계룡산을 다섯 번, 칠갑산을 서너 차례 걸어 넘으며 대전과 장항 사이를 밤길을 벗 삼아 왕복하면서 길거리 병영 생활을 하였다.

말년차 때는 한술 더 떠서 제대 6개월을 남겨 놓고 이름만 들어도 좀 거시기한 특공여단 창설 요원으로 차출되었다.

아부할 줄 모르는 나를 다른 부대로 쫓아 보내고자 하는 사단장, 그리고 이에 반하여 육군 인사 원칙에 어긋나는 인사명령이라고 반발하는 군사령부 인사참모 간의 별(장군)들의 밀고 당기는 옥신각신 속에 한 달 가까이를 군인도 아니고 민간인도 아닌 상태로 하늘이 주신 휴가 아닌 휴가를 보내기도 하였다.

이 복잡한 상황을 내 스스로의 결정에 의하여 굴러 떨어진 곳이 창설 중인 특공여단이었다.

요즘은 정황이 좀 다르겠지만 그 당시는 전문의가 이런 특수부대에 배치되는 것은 매우 드문 일이었다.

허허벌판이었던 성남(지금 생각해 보면 분당)에서 기구 점프를 하고 대마초 바람으로 악명이 높은 영천까지 일천삼백오십 리를 17박 18일 동안을 행군하였다. 주로 밤에만 이루어지는 올빼미 작전이다.

권총을 차 본 사람은 알겠지만 이것이 행군할 때에는 정말 귀찮은 존재다.

권총집 끝에 너털거리는 끈을 허벅지에 묶어서 다리에 고정하면 걸을 때마다 땀에 젖은 바지가 잡아당기고, 끈을 풀어 놓으면 걸음 걸음마다 권총이 허벅지를 때려서 하룻밤 사이에 허벅지에 커다랗게 멍으로 그린 지도가 생겨났다.

그래도 그때의 정이 그리워 이제 정년이 얼마 남지 않은 나이에도 그 시절의 전우들인 수송관, 소대장, 중대장 그리고 여단장님을 가끔 만나서 서로의 안부를 묻고 지내는 것을 생각해 보면 전우애라는 것은 전쟁 때만 생기는 것이 아니라 제한된 삶의 행태 속에서 서로 간에 정을 나누면서 자연스럽게 생기는 것이 아닌가 하는 생각이 든다.

나의 이 요란했던 군의관 복무 3년 동안에 6개월 정도만 가족들하고 같이 생활했을 뿐 계속 떨어져 살았다.

아이들이 좀 크기는 했지만 아버지라는 존재는 가끔가다 새까맣게 타버린 얼굴을 대하는 게 전부였다. 아마 어린 아이들 마음속에 아버지란 그저 잊을 만하면 나타나는 존재로 생각되었을 것이다.

제대와 동시에 곧바로 이어진 대학 교수생활 역시 아이들에게 비춰지는 아버지라는 존재는 군에 있을 때와 조금도 변한 것이 없었을 것이다.

우리나라의 대학 사회에서는 정교수가 되면 연구도 열심히 안 하고 버티는 재주만 늘어난다는 비아냥거리는 말이 있다.

여러 가지 이유가 있겠지만 조교수, 부교수 때에 너무도 진을 빼서 허탈해진 것은 아닐까하는 얼토당토않은 생각을 가끔 해본다.

아침 6시 40분까지 출근 그리고 퇴근 시간은 정해진 것이 없음.

진료, 수술, 강의, 학회 발표, 연구논문 집필 그리고 학회 업무.

교수 임용 후 30년이 넘는 세월 동안의 내 모습은 매일 매일이 판박이 붕어빵과 같은 것이었다.

미안한 이야기지만 아이들과 제대로 대화라는 것을 가져본 기억이 없다. 그 시대를 살던 모든 대한민국 가장들의 처참한 모습이라고 말할 수도 있다.

내 아버지 세대는 허리띠 졸라매고 허기증을 냉수로 채워 가며 가정을 지키고 나라를 만들었고, 나라의 도약을 위한 발판을 만들었던 우리 세대의 서글픈 시대상일지도 모른다. 앞만 보고 달려가야만 했던 아버지들이 갖고 있는 무언의 훈육과 기대는 한 가지였다.

"자식들이 나를 보고 배우겠지, 그리고 크고 나면 아버지를 이해하겠지."

여느 때와 마찬가지로 새벽달을 벗 삼아 곤두박질을 치듯 아파트를 나서려는데 집사람이 붙잡는다. 오늘이 큰아이 군입대하는 날인데 소집 장소가 시내이니까 자동차로 좀 태워다 주라는 것이다. 군입대에 대해서는 들은 기억이 나지만 오늘이 바로 그날이라는 것을 깜빡했으니 할 말이 없었다. 갑자기 머리가 띵하면서 해도 너무했다는 생각이 들었다.

마침 입소하는 보충대는 군의관 시절 징모관으로서 수도 없이 가본 곳이라 자식이지만 미안한 마음으로 발걸음을 되돌려 자고 있는 아이를 깨워 보충대까지 데려다 주겠다고 생색을 냈다.

부전자전, 그 애비에 그 아들이라는 말은 혈연의 끈적끈적함만을 말하는 것은 아닌 듯하다.

부스스 일어나 잘 다녀오겠다고 넙죽이 절을 하면서 하는 아들의 말은 내가 생각했던 그대로였다. 친구들과 전철타고 가기로 약속했단다. 그래 군대라는 곳이 죽으러 가는 곳도 아니고, 다만 새로운 경험을 맛보는 곳이다. 그러나 안전사고는 항상 명심해야 한다. 원칙을 무시하면 항상 사고가 옆에 있는 법이다.

부자간의 대화인지? 종례 시간에 담임선생님의 훈시인지? 아리송한 형태의 대화 아닌 지시가 그날 아침 훈계의 전부였다.

큰아이가 입대한 지 두어 달이 지났을 때 연구실로 귀에 설은 목소리의 전화가 왔다.

아무개 아버지 되시냐? 자기는 무슨 특공대대 중대장인데 전입신병 아무개는 잘 적응하고 있으니 안심하실 것이며, 자대배치 후 첫 주말 면회는 언제라는 것이다.

"특공대라고요?"

"그렇습니다."

"거참, 내가 ○○특공대 출신인데 어떻게 아이까지…."

"아이고, 아버님이 저희 선배님이시군요. 반갑습니다."

소속은 달라도 특공대는 특공대였다.

짧은 전화를 끊고 뇌까려 보았다.

반갑기는 뭐가 반가워. 그런 것은 부전자전 안 해도 되는데.

공과대학을 다니다 입대한 아이는 통신병이란다. 특공대 개인 화기에 P77이라는 무거운 무전기를 추가로 하나 더 걸머지고 다닐 모습을 생각하니 갑자기 숨이 탁 막혀 왔다.

첫 면회 날이 다가왔다. 군대에서 면회는 외출 외박 다음으로 기다려지는 날이다.

아내는 이것저것 한보따리를 준비했다. 시집간 딸의 이바지 음식 꾸리 듯 한 짐이다. 아니 사람이 이것을 어떻게 다 먹느냐고 면박을 주는 내 말은 소귀에 경 읽기다. 우리 아이 혼자만 먹이냐고 오히려 나에게 핀잔을 주었다.

가로 막대기 하나 이등병이 그래도 기죽지 않고 이것저것 집안 안부도 묻는 모습이 대견하기도 하였고 듬직하여 애비로서 턱이 당겨지고 목에 힘이 들어갔다. 그러나 다음 순간 집사람의 벌어진 입이 닫힐 줄 몰랐다.

대대장이 신병들의 군 생활지도차 일대일 면담을 하였단다.

가족 관계 인적 사항을 들여다보면서 아이에게 하는 말이 혹시 너희 어머니 계모냐고 물어 봤단다. 아버지는 의대 교수, 어머니는 소아과 전문의 그리고 아들은 특공대 통신병.

대대장은 이 상황을 잘 이해하지 못하였고, 어머니가 계모냐고 물어보는 대대장의 질문을 아들은 도저히 이해할 수가 없었던 것이다.

그날까지도 두 모자는 그게 무슨 말인지? 그 말을 한 대대장의 저의가 무엇인지? 서로 간에 논란만 거듭하다 결론을 내지 못하는 모습이었다.

속으로 뇌까려 본다.

이 사람아, 이것이 모두 우리 시대의 아픔이야. 너무 분해하지 마시게. 다음 세대는 좀 좋아지겠지.

계모로 신분이 바뀔 뻔했던 집사람은 미안해서인지 몰라도 그 후 뻔질나게 아들 면회를 다녔다.

둘째 아들은 다행히 장교로 입대하는 바람에 어머니가 계모냐?라는 질문을 받을 기회가 없었다.

장기백 이병에게

매번 기상청이 그래왔지만 이번에도 분명한 예고도 없이 날씨가 매우 쌀쌀해졌다.

겨드랑이로 파고드는 매서운 새벽바람에 나도 모르게 몸이 움츠러들었지만 네 생각을 하니 화들짝 놀라게 되는구나.

나와 네 어머니는 군에 입대한 너 때문에 주위의 다른 사람들보다 훨씬 더 예민하게 추위를 느끼고 있는지도 모르겠다.

예년에 비해 특별히 더 추운 날씨도 아닌데 그저 막연하게 더 춥다고 느꼈을 수도 있겠구나 하는 생각을 해 본다.

이런 생각은 나만이 아니고 자식을 군에 보낸 모든 부모들의 한결 같은 생각일 것이라는 추측도 하게 되는 구나.

추위를 생각하니까 옛적에 네 동생 기설이가 초등학교 4학년 때 주문진에서 인천의 자유공원까지 몇날 며칠을 걸어서 국토 순례를 하던 그 겨울의 지독한 추위가 생각이 난다. 그때도 나는 속으로 걱정을 많이 했지만 어린 기설이가 혹한과 눈구덩이 속의 진고개를 넘던 모습이 대견하기 이를 데 없었다. 그러고 보면 너희 형제는 마음속에 남모르는 강인한 면이 분명히 있는 듯하다.

자식을 군에 보내는 부모들의 걱정이 무엇일까 하는 생각을 새삼 해본다.

내가 군에 몸담고 있을 때는 내가 데리고 있던 병사들의 부모들은 자식을 군에 보내고 어떤 걱정을 하고 있을까 하는 생각을 전혀 못 했다. 그러나 막상 네가 입대하고 나니까 여러 가지 걱정이 자꾸 코앞으로 다가오는 것은 부모라는 숙명 때문에 갖게 되는 어쩔 수 없는 한계인 것 같기도 하구나.

군대를 다녀온 사람인 내가 군에 간 자식을 걱정하고 있으니, 군 경험이 없는 부모들은 어떻겠는가 하는 우려가 앞서기도 한다. 아마 부모들은 군에 간 자식이 다치는 것을 가장 먼저 걱정할 것이고, 그 다음은 폭력을 비롯한 턱도 없는 불이익을 받지나 않을까 하는 걱정일 것이다.

너도 이제 훈련을 마쳤으니까 여러 가지 생각과 느낌이 있겠지만 군대라는 곳은 개인적인 생활이 허용되지 않는 특별한 집단이다. 하지만 결국 사람이 모인 곳이라는 것 또한 사실이다.

아버지가 군에 있을 때나, 지금 군에 있는 너의 상황은 전체적인 면에서는 동일한 것이다. 그러나 분명한 것은 군대 내부의 환경이 예전보다는 많이 개선되었을 것이라는 믿음이다. 물론 장교로 근무한 나와 사병으로 근무하고 있는 너와는 근무 여건에 많은 차이가 있겠다마는 군 전체의 병영 문화라는 것은 분명히 개선되었다고 생각한다.

너도 대학을 다니다가 군에 갔으니까 꼭 이해하고, 긍정적인 생각을 해야 할 것이 있다. 군이란 정말 다양한 젊은이들이 모여 하나의 목표를 지향하는 곳이다. 그렇기 때문에 강제성 있는 통제는 어쩔 수 없는 일이며, 네가 개인적으로 조심하고 인식해야 할 것은 동료 간에 갈등이 항상 존재하고 있다는 점이다.

사람이란 간섭과 통제를 받게 되면 저항이라는 심리적 갈등을 겪게 되어 있다. 하지만 이런 기회를 네 스스로의 인내력을 테스트하는 기회로 삼을 만하기도 하다.

서론이 길어졌다만 여하튼 훈련을 열심히 마치고 자대에 배치된 것을 축하한다.

네가 자대 배치를 받고나서 너의 중대장이라는 친구가 전화를 했더라. 처음에는 무슨 일이 생겼나 하고 깜짝 놀랐는데, 요즘은 군대도 많이 좋아져서 부모들한테 아들의 근황을 알려주게 되어 있는 모양이더라. 참 좋은 제도라고 생각했다. 아울러 네 중대장이 너희 부대의 성격에 대하여 이야기했을 때는 정말 한 번 더 놀랐다.

인생에 인연이라는 것이 때로는 묘하게 작용하는 것 같구나.

내가 ××특공여단 창설요원이자 의무대장으로 군복무를 마친 것이 거의 17년 전의 일인데 이제는 또 네가 아버지와 같은 성격의 부대에서 근무하게 된 것이 다 그런 것 같다.

그런 부대에 배치되었다는 말을 듣고 한 순간은 애비가 되어서 내가 발을 잘못 들여 놓아서 자식이 또 힘든 그 길을 가는 것 아닌가 하고 스스로를 원망도 해보았지만 지금은 마음을 고쳐먹었다.

오히려 자랑스럽게 생각하기로 하였다.

남들이 별로 좋아하지 않는 힘든 부대에 부자(父子)가 대를 이어 복무했다는 것을 자랑하기로 했다.

그리고 자대배치라는 것이 어디 마음대로 되는 것이더냐? 또 아무리 힘든 부대라 해도 누군가는 근무해야 되는 것 아니겠니.

내가 군 경력을 네 중대장한테 이야기 했더니 그 친구도 역시 깜짝 놀라더라. 나한테 선배님이라고 아주 좋아하면서 관심을 갖겠다고 했지만 그것은 어디까지나 인사치레인 것이고 네 스스로가 열심히 근무하는 것이 중요하다.

언젠가도 말했듯이 자대배치는 또 다른 새로운 환경의 적응을 필요로 하는 일이다.

앞에서도 말했지만 생각과 행동, 그리고 살아온 과거뿐만 아니라 살아갈 미래에 대한 생각과 계획도 나와는 아주 다른 사람들이 모여 생활을 해야 하는 곳이다. 그러나 모든 사람들의 생활관과 가치관은 나름대로의 철학이 있고 이유가 있는 실존적인 현상이기 때문에 서로가 반드시 존중해 주어야 하는 것이다.

또 다시 반복되는 잔소리 같지만 중요한 일이라서 다시 한 번 더 말하고자 한다.

군대란 별의별 사람들이 모여서 국가 수호라는 단 하나의 목표를 갖고 살아가는 집단생활이다. 일견하여 보면 사회와 동떨어진 집단 같아 보이지만 다른 관점에서 보면 일반 사회생활과 별 차이가 없는 곳이라고 아버지는 생각한다.

정신적으로 또는 육체적으로 많은 어려움이 있을 것으로 생각되지만 너의 현명한 판단과 행동 그리고 미래지향적인 마음으로 순리적인 접근을 이룰 수 있으리라 믿는다.

한 가지 마음에 자꾸 걸리는 것은 너의 주특기로 인해서 개인 화기는 물론이고 그 무거운 통신 장비를 항상 메고 다녀야 한다는 것이다.

그러나 네 지식을 국가가 필요로 하고 있는 것이라고 생각해라. 제대하고 난 뒤에는 그 모든 것이 자랑거리가 되게 되어 있다.

할아버지 할머니 안녕하시고 어머니와 네 동생 모두 잘 있다.

네 동생의 대학 진학 문제는 잘 풀렸으면 하는 마음인데 아직은 속단할 수 없고, 계속 마지막까지 열심히 추세를 지켜보고 있다.

S공대 정도는 갈 수 있을 것 같아 권유하여 보고 있는데 자기가 막무가내로 의대를 고집하여 제 뜻을 존중해 줘야할 듯하다. 너와는 꼭 반대의 길을 가고자 하고 있구나. 허기야 너희 형제는 어릴 적부터 계란을 먹어도 흰자와 노른자를 각 선호하는 다른 면이 있었단다.

그래도 네 친구들이 네 동생한테 많은 관심을 갖고, 전화도 하고 찾아오기도 하여 아버지 마음이 매우 좋다.

집은 12월 20일 계획대로 이사를 가게 될 것 같다.

이사 갈 새집은 너희 형제뿐만 아니라 할아버지와 할머니께서 마음 놓고 쓰실 수 있는 방이 생겨서 매우 기쁘다. 할아버지 할머니께서 눈치 안 보고 아무 때나 오셔도 되니 얼마나 편하시겠냐.

날짜가 참 안가는 구나

100일이 지나야 볼 수 있다니 기다릴 수밖에 없고….

여하튼 군대에서 잡다한 생각은 금물이다.

하루하루를 열심히 생활하는 보람 속에 자기만족과 성숙한 사고를 배양하는 것이다.

몸 건강하게 생활하여라.

그리고 군 선배로서도 그렇고 애비로서 하는 말이다.

군대에서 안전수칙은 생명 같은 것이다. 일견하여 어리석고 초보적인 규칙 같지만, 절대 그렇지 않다. 수많은 경험과 과거의 상황을 통해서 만들어진 것이 바로 안전수칙이다.

어떤 일이 있어도 반드시 지켜야 된다는 것을 명심하기 바란다.

너의 건강한 모습을 볼 수 있는 날을 기다리면서 이만 줄인다.

2001년 12월 7일

아버지로부터

명절 풍경

여명까지는 아직 좀 더 기다려야 할 오전 3시의 흰 새벽이지만, 이미 서울역 광장은 이제 방금 기름 솥에서 튀겨낸 꽈배기에 밥풀을 묻혀 놓은 듯 배배꼬인 줄을 따라 사람들이 인산인해의 꼬리를 물고 있다.

명절이면 집에서 직접 꽈배기도 튀겨 주시고, 산자도 만들어 주시던 어머니 생각이 난다.

찹쌀 강정에 조청을 묻혀 흰쌀을 튀긴 튀밥 위에 한 바퀴 굴려서 두 손으로 꼭 누르고 나면 한입 먹기에 알맞은 맛좋은 산자가 된다. 이것은 우리 어머니의 특허품이다.

명절 때면 어머니는 당신의 능력을 유감없이 발휘하셨다. 우리 집에서 먹을 것, 큰집에서 제사에 올릴 것 모두를 만드셨다. 언제쯤이면 저 맛있는 산자를 주실까 하고 침을 꼴깍꼴깍 삼키고 있는 우리들이지만 어머니는 항상 원칙을 지키셨다.

큰집에서 제사에 올릴 산자를 넉넉히 만드시고, 집에서 어른들 드실 것을 만드신 후에야 우리들이 먹을 것을 만들어 주셨다. 달콤한 맛에 빠져 정신없이 재잘거리고 먹다 보면 어머니는 항상 다듬고 남은 자투리를 잡수시고 계셨다.

고향을 향하는 사람들의 모습은 영락없이 꽈배기 위에 붙어 있는 튀밥이다.

찌들찌들 기름때가 묻은 금테를 두른 모자에 꼬질꼬질한 적자색 완장을 팔에 두른 역무원의 호각소리 한 방이면 지금까지의 줄은 완전히 사라지고, 그 사람을 기준으로 새로운 줄이 생기면서 일대 혼란과 아우성이 일어난다. 그의 호각 소리는 절대 권력자의 헛기침 소리보다도 더 큰 힘을 갖고 있었다. 호각 소리의 기회를 잘 이용한 사람은 맨 꽁지에 있다가도 거의 맨 앞에 설 수 있고, 나와 같이 둔하고 체면을 앞세우는 사람은 맨 앞자리에 있다가도 한 순간에 맨 꽁지로 밀려나게 된다.

이것은 6·25동난 때 피난 열차를 타기 위한 전쟁의 한 단면을 그린 것이 아니고, 불과 20여 년 전쯤 명절 때 귀성 열차표 예매의 현장을 회상해 본 것이다.

설날과 추석 때 고향을 찾기 위하여 1년에 두 번씩 이렇게 여명의 혈투를 방불케 하는 전쟁 아닌 전쟁을 치렀다. 그렇게 하여 얻은 기차표로 집사람과 아이들을 대동한 귀성길에서 나는 누구도 감히 못했던 것을 이루어낸 승리자며, 개선장군으로 대접 받았다. 자식으로서, 가장으로서, 아버지로서의 책무를 충실히 수행한 믿음직

한 사람으로 대접 받는 것이다.

세월이 많이 흘렀지만 사람들 마음속에 자리 잡고 있는 명절귀성에 대한 본능은 때마다 민족대이동의 역사를 창출하고 있다. 물론 방법은 바뀌어 자가용의 물결이 온 산야를 뒤덮고 있지만 그때나 지금이나 마음은 같은 것 같다.

왜 명절 때면 집에를 가야하나? 결코 간단하게 대답할 수 없는 화두와 같은 것이라고 생각한다. 우리 스스로는 자기도 모르게 마음속에 새겨진 수구초심(首丘初心)과 같은 심경이라든지, 부모님에 대한 효(孝)를 생활 철학의 가장 근본으로 삼고 살아가는 본성이 함께 하고 있는 것인지, 숭조(崇祖)의 실천을 위함인지 모르지만 그 무엇인지가 숙명처럼 우리의 마음을 움직여온 것 같다.

그러나 세월의 흐름이란 고향을 찾는 방법에서의 변화만 가져온 것은 아닌 듯싶다. 명절 때가 되면 온갖 방송매체들은 앞 다투어 떠들어 댄다 '주부들의 명절 증후군'이나 '명절 스트레스'가 어쩌고, 마치 명절 때 갈 곳 없는 사람들이 지어낸 말과 같은 표현처럼 들린다. 과거에는 명절이면 가족 간의 '만남' 자체를 중시했기 때문이고, 그러는 가운데 좀 힘든 일은 하나의 나눔과 화합의 마음으로 극복하였지, 스트레스라는 포시라운 생각은 해보지도 못했던 것이다. 그러나 지금은 복잡한 사회생활에 지친 사람들이 '휴식'을 원하고 있는 모습이다. 또 일부에서는 단출한 내 가족만의 시간, 혹은 가까운 사람들만의 즐거운 시간을 위하여 귀성 기차표를 구하기 위한 전쟁이 아니라 해외여행을 위한 '비행기표 구하기'라는 새로운 형태의 전쟁이 벌어지고 있다.

금년 추석은 직장에 따라서는 9일간의 긴 휴일이 주어지는 등 드물게 여유 있는 명절이었다. 그러나 아주 이해할 수 없었던 것은 예년과 똑같이 추석 전날의 귀성길, 그리고 추석 당일 날의 귀경길이 대혼잡을 보였다는 것이다.

어떻게 해석해야 할까 고민하는 내게 어떤 현자는 이렇게 말하였다.

"아주 착하고, 정말 고향이 농촌인 아들 며느리들은 연휴 첫날 고향으로 향했고, 가기 싫은 귀성이고, 도시가 고향인 사람들은 예년과 같은 방법을 택했기 때문이라고."

형편이 이쯤 되었으면 그 누구의 잘잘못을 탓하기보다는 현실적인 문제에 대한 사회적 합의가 도출 되었으면 좋겠다.

'가가례(家家禮)'라는 각 가문(家門)마다의 문화와 전통이 있고, 사회적 통념이 있기 때문에 결코 쉬운 문제는 아니다. 그러나 현실에 찌든 젊은이들에게 탈출구 하나쯤은 만들어 주어야 하는 것이 오늘을 살아가는 인생 선배들의 배려가 아닐까? 하는 사명감 같은 것이 생겨난다.

지나치게 몰염치한 젊은 부부라는 말을 듣지 않도록 자제되고, 현실적이고 새로운 사회 현상을 즐길 수 있게 허용하는 사회적 합의가 있으면 좋겠다. 왜냐하면 오늘날까지도 우리가 주옥같이 믿고 따르는 사회적 도덕이나 규범 역시 오랜 역사를 통해서 많은 변화와 개선이 있어 왔던 것이 사실이기 때문이다.

유교의 전통적 '가례의식'도 500년의 조선시대를 통하여 수많은 새로운 기준의 가정의례 준칙에 의하여 간소화, 현실화가 이루어져 왔다는 사실을 우리는 잊어서는 안 된다.

명절을 맞이하여 조상님을 공경하고, 부모님께 효도하고, 깨어있는 모습을 일주일에 한 번 볼까 말까하는 우리 아이들에게 멋진 아버지가 되고, 얼마 안 되는 월급으로 손톱 여물을 썰어가며 살아가는 집사람에게 희망의 남편이 될 수 있는 길은 정말 없을까?

조상님 성묘도 개별화하고, 부모님 뵙는 날도 가정 사정에 따라서 날짜를 정하고, 회사는 이를 인정해 주어 공통의 명절은 지금보다 간소화하는 훌륭한 제도를 생각해 봅시다.

어떤 형식이든, 어느 때든 귀향이라는 것 자체는 즐겁고 귀한 것이 되어야 한다.

또 다른 귀향

어두운 밤 산길 돌아 외딴 집 하나
들창 넘어 불빛은 고단한 길손의 이정표
작은 창 너머 들려오는 도란도란 이야기
스치는 바람 따라 나그네를 반겨준다

밤이슬에 흠뻑 젖은 신발을 벗는다
머리만 갸우뚱 짖지 않는 삽살개
갓이 녹슨 형광등 아래 반가운 얼굴들
말없이 잡은 빈손 위에 눈물 한 방울.

흐르는 금강의 노래

항상 관념을 통해서만 아름다움을 간직하고 표현하는 것은 아니다.

때로는 꽹과리 소리 요란한 두레패 속에 한판 흐드러지게 웃어젖힘이 있는가 하면, 천년의 역사를 잉태하고 몸부림치는 창조가 있고, 천리장강(千里長江)의 의연함에 한 잎 한 잎 줄기 따라 연연하는 버들과 같은 유연함이 있을 수 있다.

아마도 이것은 기산 정명희 선생이 생명줄과도 같이 사랑하고, 되씹고 되씹어 화폭에 옮겨 놓은 아름다운 금강(錦江)이며, 그의 내면세계가 아닌가 하는 나 나름대로의 임의적 유추가 함께한 해석이다.

나는 기산의 그림을 좋아한다.

우리 집 거실을 장식하고 있는 시대흐름에 따른 화백의 그림은 항상 살아 움직이기 때문에 좋아한다.

그는 멈추어선 강이 아니라 흐르는 금강을 노래하며 살아간다.

내가 선생을 처음 만난 것은 참으로 색깔 없는 밋밋한 만남이었다. 누구의 장황한 소개가 있었던 것도 아니요 그저 평범한 만남이었으니까. 차라리 인연이라는 표현이 더 어울릴 듯하다.

의과대학 졸업 후 전문의 과정을 다 마치고 군에 입대했으니 나이 30이 훨씬 넘은 꽤나 철들은 뒤의 입대라고 하겠다.

1983년 초여름 저녁, 왁자지껄하는 대전이라는 도시에 겨우 기생하다시피 살고 있던 나는 '기산 화실'이라는 곳의 문을 열고 들어섰다. 그저 특별한 이유도 없이 혹시 있을지 모르는 여유 있는 시간을 알차게 보낼 대책은 없을까? 하는 호기심으로 찾은 것이 선생님과의 첫 대면이다.

집안의 어른 중 그림에 관하여 조예가 깊으신 분이 계시기 때문에 무의식중에 조금은 관심이 있었는지 몰라도, 여하튼 둔탁한 전투화를 신고, 육군대위의 다이아몬드 계급장을 달고 선생님 앞에 나타났으니 얼마나 안 어울리는 모습이었겠는가?

어찌하였든 그 뒤 '기산 화실'은 때로는 바쁘고, 때로는 시간적 여유가 있었던 군 생활 속에서 내게 활력소를 제공했던 곳이다.

돌이켜 보면 당시 기산 선생은 '금강'에 몰입하여 무아지경에 있었고, 실경산수의 맥을 찾아 땀 흘리고 있을 때였다.

기산 선생은 어떠셨는지 몰라도 그해 겨울의 기산 화실은 연료 부족으로 꽤나 추웠던 기억이 난다. 형편이 어려운 여러 명의 젊은 미술 학도들이 작은 연탄난로 하나에 의지하여 그림을 열심히 그렸는데 그 열정만큼은 대단하였고 뜨거웠다.

자연과학, 그것도 의학이라는 생명과학을 공부한 내게 있어 기산 선생님과의 대화라든가, 선생님이 그려주신 한 송이의 국화를 모사하려고 애썼던 기억은 오래오래 간직하고 싶은 추억이다.

지금도 기억에 남는 것은 같은 먹으로 국화의 잎을 그리는데 선생님이 그리신 국화잎은 금방이라도 화선지에서 튀어 나올 듯이 대글대글 한데, 내가 그려 놓은 국화잎은 김장 김치 담그려고 소금물에 푹 절여 놓은 배추 꼴이었던 것이 참 속상했었다.

먼 훗날에서야 알았지만 그것이 바로 필력이라는 것이었다. 필력이란 하루아침에 나타나는 것이 아니다. 한 사람의 화가가 수십 년의 수련을 통한 노력 끝에 소매 끝에서 맺혀지는 영롱한 이슬방울과 같은 기운이다.

난을 치는 노화백의 붓 끝이 거침없이 봉안을 가르고, 서미(鼠尾)에서 힘 있게 튀어 오르는 그 힘은 격렬하면서도 한편으로는 한없는 부드러움으로 끝이 나는 것이다.

그림에 대하여 문외한인 내가 기산 선생의 화풍을 이야기한다는 것은 애당초부터 어불성설일 듯하다. 그러나 전문성을 갖고 있지 않은 범인의 입장에서 그를 바라본다면 그의 그림에서도 세월의 변화에서와 마찬가지로 부침의 변화는 있었지 않았나 생각된다.

80년대 중반에 선생께서 보여 주었던 발묵(潑墨)과 농담(濃淡)을 나는 무척 좋아했다. 그래서 선생의 작품 중 발묵과 농담으로 엮어진 금강의 어느 폭포 1점이 우리 집 거실에 걸려있는데 내 나름대로 '천지창조'라는 이름을 붙였다.

그림에서 때로 엄청난 우주의 변화를 맛보았고, 이제 막 난각(卵

殼)을 뚫고 새 생명이 탄생되는 것 같은 맛도 보았다.

선생께서는 항상 실험적 의식 속에 도전하는 작가다.

80년대 말 선생은 다시 과감한 탈바꿈을 시도하여 먹의 세계에 색채를 도입하는 농묵(濃墨)과 진채(眞彩)가 어우러지게 한다. 그러면서 어느 사이 비행기 같은 금강의 새가 영혼을 싣고 그에게 찾아든 것이다.

오늘날 기산의 그림은 채묵과 채색의 조화 속에 미래의 금강이 춤을 춘다. 아쉬운 것은 변화의 발걸음이 좀 천천히 움직였으면 좋겠는데 선생님의 변화를 찾아 헤매려면 숨이 턱에 와서 고인다.

자랑하고 싶은 또 하나의 작품은 농묵 속에 채색이 보일 듯 보일 듯 어우러진 겨울의 금강이다. 겨울다운 쌀쌀함 속에 팽이도 치고 썰매를 탈 수 있는 곳, 도시의 매연이 아닌 청솔가지 저녁연기 한 번쯤 피어오름직한 그런 곳 말이다.

그러나 나는 그의 먹 속에서 좀처럼 발자국을 옮겨 놓기가 힘들다. 선생의 진채 도입에 조금은 거부감마저 느낀 적이 있었다. 허지만 이것은 나의 세계이지 작가인 기산의 세계는 물론 아니다.

자칫하면 잔재주로 평가받기 쉬운 가벼운 섭렵으로 그는 구성상의 맥을 잇고 있다. 대자연을 배경으로 용틀임하는 장강에 탈을 쓰고 춤추는 인형 같은 인간들이 등장한다. 이것은 자연 속으로 귀속되는 아름다운 인간을 간구하는 기산의 인간미일지도 모른다.

주제넘은 필설로 선생의 그림을 논한 것이 좀 멋쩍다는 생각이 들지만, 어쨌든 간혹 우리 집에서 한 잔을 기울이는 몇몇 친구들은 으레 거실의 그림을 입에 올린다.

"자네 뭐 동양화를 좀 아는 거여?"

"알기는 내가 뭘 알어. 그저 바라다보고 좋으니까 걸어놓고 있지."

그림을 꽤 좋아하는 듯한 처남은 한술 더 뜬다.

"매형 말씀이죠, 그림은 항상 좋아하는 사람이 주인이 되게 되어 있거든요. 그래서 저 그림은 언젠가 제 것이 될 것 같은 마음이 드는데요."

"자네가 좋아하는 마음과 내가 좋아하는 마음의 정도 차이 아니겠나."

덕담 속에 밤은 깊어만 가고…. 얼어붙은 장강 속에 새로운 천지가 창조된다.

어느 누구에게든 소중하게 간직하고 있는 그 무엇이 있으리라.

아담한 탁자 위에 단아하게 놓여 있는 크지도 작지도 않은 한 점의 도자기에서 생의 활력을 찾는 사람도 있을 것이요, 어떤 사람은 평생 명석(名石)을 얻어 좌대에 앉히고, 닦고 물을 주고 이리저리 연출에 열정을 바치는 사람도 있을 것이다.

내가 애장하고 있는 이 두 점의 그림도 같은 맥락에서 이해할 수 있을 것이다. 어린 시절 학교에서 돌아왔을 때 집에 엄마가 없으면 화부터 난다. 이런 심상은 정을 그리워하는 이유에서 온다고 하겠다.

나에게 있어 이 그림은 정을 함께 나누는 대상이다. 말은 없지만 그저 바라다보면 좋을 뿐이다. 우리 가족들과 함께 어우러질 때는 더할 나위 없는 멋이 담겨져 있다.

화장실 문화 속의 정체성

어머니의 기고를 맞이하여 큰형님 댁에 모두 모였다.

이제 초등학교 4학년인 종손자(從孫子)가 기특하게 많이 컸다. 고인이 되신 부모님들께서는 큰손자한테서 보신 첫 종손(宗孫)이니까 금이야 옥이야 하셨다. 허지만 세월의 흐름은 어쩔 수 없는 탓으로 요 녀석이 겨우 걸음마를 떼 놓을 때쯤 돌아가셨다.

집안의 종손이고 보니까 특별히 관심이 많이 갈 수밖에 없는 것은 인지상정이다.

반가운 마음에 농이 발동되었다.

"너 요즘도 바지에 오줌 싸지?"

무슨 말씀이냐는 격으로 의기양양하게 얼른 대답을 하였다.

"넷째 할아버지 저 요즘은 바지에 오줌 안 묻혀요. 엄마가 화장실에서 앉아서 오줌 누라고 해서 그렇게 해요."

이것이 무슨 말이냐는 표정으로 집사람을 쳐다보았다.

집사람 왈, 사내아이들이 소변을 보다 변기 주변에 마구 묻혀 놓기 때문에 요즘 젊은 엄마들은 아이들한테 그렇게 가르친다는 것이다.

도대체 말이 안 되는 일이라고 판단하여, 어릴 때부터 남자아이로서의 정체성을 확실히 해주어야 한다고 어미를 나무랐다. 그리고 아이에게 변기의 뚜껑을 열고 서서 조심스럽게 소변을 보고 만일 옆으로 흘리는 일이 있으면 휴지로 닦아 내도록 일러 주었다. 아울러서 강조하여 가르쳐준 것은 앞으로는 절대 앉아서 소변을 보는 일은 없도록 하라고 신신당부를 하였다.

우리가 하루에 최소 6회 내외 소변을 보는 것은 지극히 생리적이고 당연한 현상이고, 나이를 먹어 이 배뇨가 원활하지 못한 일이 남녀를 막론하고 질병으로 다가온다. 특히 모든 남성한테 닥치는 전립선 비대증과 연관된 배뇨 장애는 질병이라기보다는 일종의 노화라는 표현을 하고 싶다. 남자로 이 세상에 태어나서 딱 한 가지 병만 앓으라고 한다면 서슴없이 선택할 수 있는 것이 전립선 비대증일지도 모른다. 왜냐하면 이 노화 현상은 건강히 오래 사는 사람에게 주로 오기 때문이다.

이런 현상 때문에 나 같은 사람도 이 사회에 기여하고 살아 갈 수 있는 것이다.

배뇨에 대해서 사람들은 이야기하기를 좀 꺼리는 경향이 있는데, 전문가 입장에서 보면 그럴 필요가 전혀 없고 오히려 더 적극적인 자세를 갖는 것이 좋다고 생각한다.

대학에서 강의 시간에 학생들 특히 여학생들에게 힘주어 부탁한다. 다음에 결혼해 살면서 시아버지나 친정아버지는 나이가 드시면 항상 배뇨 장애 증상으로 바지에 소변을 지린다거나 하는 말 못할 고통을 갖게 될 것이니까 치매라 매도하지 말고 의사답게 적극적으로 해결해 드리라고 말이다.

화장실문화는 필수적인 삶의 한 부분이다. 각 나라마다 각 민족마다 다르지만 한 가지 공통적인 것은 대개는 은밀하다는 것이다.

육십대 중반의 신사들이 소주잔을 기울이면서 논쟁을 벌였다. 이야기인즉슨 소변을 보고 손을 씻는 것이 맞느냐, 아니면 소변을 보기 전에 손을 씻는 것이 옳으냐에 대한 논쟁이었는데 결국 해답을 내게 구하게 된 것이다.

쉬운 문제는 아니고 생활문화에 대한 것이라고 생각해서 이렇게 대답했다. 손을 두 번 씻는 것이 제일 좋다. 그러나 그것이 번거로우면 소변을 보기 전에 손을 씻는 것이 자기 몸에 대한 자부심을 갖는 것이다. 비록 소변이 손에 묻는다고 하여도 더러운 것이 아닐뿐더러 소변을 보기 전 각자의 손은 이 세상에 더러운 모든 것이 묻어 있기 때문이다.

더 이상의 논쟁 없이 즐거운 소주 파티는 계속 되었다.

남성들이 이용하는 공중화장실에 가면 소변기 앞에 여러 가지 재미있는 말들이 많이 써져 있다.

'한 발 앞으로!'

'일보 전진'

'한 발짝 앞으로 오세요.'

'남자가 흘리지 말아야 할 것은 눈물만이 아닙니다.'

'아름다운 사람은 머물다 간 곳도 아름답습니다.'

'사용 후 물을 내려 주세요.'

'한 걸음 앞으로, 발뒤꿈치를 들고서… 건강까지 좋아집니다.'

'깨끗하게 사용한 당신 덕분에 참 행복합니다.'

외국의 공중화장실에도 '깨끗이 사용 합시다'라는 구호는 가끔 보았지만 우리나라 화장실에서와 같이 다양한 문구가 적혀 있는 것은 본 일이 없다. 이것은 우리말과 글의 우수성과 함께 우리만의 총기가 흘러넘치는 문화를 의미하고 있다.

이런 문구를 볼 때마다 화장실에 피어 오른 한 송이 장미꽃 같다는 생각에 입가를 스치는 혼자만의 미소를 감출 수 없다.

하고 싶은 말은 '흘리지 말고 깨끗이 사용하자'는 것이지만 해학이 넘쳐흐르고 누가 읽어 봐도 어색하거나 기분 나쁘지 않은 재치가 있다.

거기에는 어디에도 내 조카며느리가 제 아들에게 한 말, 또는 집사람이 말한 대로라면 최근의 젊은 엄마들처럼 '흘릴 바에는 차라리 앉아서 볼일을 보세요.'라는 문구는 없다. 그러한 내용은 남자의 정체성을 무시한 행동이기 때문이다.

전통이 있는 문화국가임을 자랑하는 프랑스의 화려하고 거창한 베르사이유 궁전을 방문하여 본 사람들은 그들의 과거 화장실 문화의 척박함을 금방 이해할 수 있을 것이다. 이 시대에도 그들의 자세는 별로 바뀐 것이 없어 보인다. 관광객들에게 어차피 돈을 받고 화장실 사용을 허락할 바에는 좀 넉넉히 만들어 놓고 돈을 받던지, 마치 기차역에서 기차표 끊으려고 줄서 있는 것 같이 만들어 놓고 있다.

우리의 화장실문화 중에 또 한 가지 재치 있는 것이 있다.

시집가는 새색시나 귀한 댁 마나님이 가마를 타고 멀리 원행을 할 때면 가마 속에 무엇보다 중요하게 챙겨 넣는 것이 있었으니 그게 바로 요강이다. 필요한 경우 요강 바닥에 아주 작은 방석 비슷한 천을 깔고 볼일을 보면 밖에서 교군(가마꾼)들이 들을 수 없는 것이다. 쉬는 시간에는 항상 교군들은 저 멀리 떨어져서 쉬기 때문에 시중드는 여인이 뒷마무리를 짓고 또 다시 출발하는 것이다. 이러다 보니까 우리의 전통적인 요강 중에는 과연 이것이 요강인가 할 정도로 아름답게 생긴 것들이 많다.

그러나 우리에게는 아직도 개선해야 할 문화가 있다.

한 번은 전라북도에 있는 마이산을 구경할 기회가 있었다.

산의 모양이 마치 말의 귀를 닮아서 붙여진 이름인데 사진에서 본 특이함으로 인해 꼭 한 번 보고 싶었다. 그런데 마침 기회가 찾아온 것이다. 옛날에는 그 지역을 방문하려면 열악한 교통망으로 인해서 찾아 가기가 매우 힘들었지만 요즘은 그야말로 뻥 뚫린 고속도로를 신나게 달려 손쉽게 갈 수 있게 되어 있다.

우리를 태운 관광버스는 시원하게 뚫린 고속도로를 거침없이 달렸다. 창밖을 스치는 풍경을 즐기며 얼마를 가다가 버스는 휴게소에 정차를 하였다.

광장의 한쪽에는 수많은 여인들이 모여 있었고 마치 난장이 벌어진 것은 아닐까 하는 생각이 들어 부지런히 발걸음을 옮겼다.

기대했던 난장판이나 장돌뱅이 약장사는 간데없고 그 많은 사람들이 화장실 앞에 줄을 서 있는 것이었다.

아니 뭐 이런 일이 있나하고 나도 볼 일을 보러 들어갔는데 갑자기 한 떼의 여인들이 체면불구 남자화장실로 몰려들었다.

여인들의 급한 정도를 누구보다 잘 알고 있는 나로서는 백퍼센트 이해하면서도 씁쓸함을 버릴 수 없었다.

화장실 문화를 남성 위주로 생각한 사람들의 사려 깊지 못한 작품이기 때문이다. 여성용 화장실을 남자의 4~5배 정도 많이 갖추어야 함에도, 경우에 따라서는 오히려 더 적은 숫자의 여성용 화장실을 만들어 놓기 때문이다. 광명 천지 대한민국에 더 이상 이런 저급한 문화는 없어야 하겠다.

사람들이 드러내놓고 이야기하기 힘든 은밀한 곳에서도 정체성은 유지되어야 한다. 그것이 고급문화다.

정체성이나 존재감을 찾는다는 것은 문화적으로 또는 정신적으로 혼돈을 겪고 있는 이 시대에 건전한 사회를 세울 수 있는 기본이 되는 것이다.

이제 귀한 내 종손자 녀석은 분명한 정체성을 갖고 자신 있게 화장실을 들락거릴 것으로 확신한다.

할머니의 땅

한 무리들의 발걸음 소리가 칠흑 같이 어두운 산골 마을의 밤을 작은 파문 속으로 빠져들게 한다.

애간장이 타고 몸살이나 어쩔 줄 모르는 철부지 삽살개의 컹컹 짖어대는 소리가 정적을 깰 뿐, 조용하면서도 재빠르게 움직이는 무리 속의 그 누구도 굳게 다문 입을 여는 사람이 없다.

다섯 밤에 접어든 야간 행군은 모두를 단세포 동물로 만들었다. 코끝으로는 단내만 느껴지고 허옇게 색이 변한 두 입술은 달라붙어 떨어질 줄 모른다.

단 한마디라도 말할 기운이 있다면 한 발자국을 앞으로 더 내딛는 것이 급하다.

걸음을 옮겨 놓을 때마다 허벅지를 때려대는 권총의 무게는 첫날 단 하룻밤을 지난 다음부터에 허벅지에 검은 지도를 그려 놓았다.

논둑을 걸으면서도 깊은 잠에 빠져버린 병사는 박격포 포판을 걸머진 채로 벼가 무성하게 자란 논바닥으로 고꾸라져 온몸이 물귀신이 되었다.

죽어가는 동료를 바라보면서도 쏟아지는 졸음을 견디지 못해 무거운 눈꺼풀을 내려놓는 영화 속의 한 장면 같다.

땀에 젖고 다시 말라붙은 군복 바지는 소금에 절은 마분지 같이 되어 발자국을 옮길 때마다 가랑이를 스치고 지나가 사타구니가 쓰라리다.

작은 길을 빠져나와 큰 길에 접어들면서 약속이나 한 듯이 너나 없이 평평한 아스팔트를 마다하고 좁은 갓길 위를 걷는다. 군화 바닥에 와 닫는 흙길의 부드러움은 마치 푹신푹신한 솜이불 위를 걷는 것 같기 때문이다.

흙이란 이런 것이구나 하고 진솔한 고마움을 처음 느껴본 것이다.

사람은 결국 흙으로 돌아간다더니 인간과 땅은 떼려 해도 뗄 수 없는 인연의 산물인가 보다.

뿌연 안개 속에 희끄무레 모습을 드러내는 시골 마을이 눈앞에 스칠 때, 갑자기 밀려오는 허탈함 속에 땀과 물에 젖은 군화가 천근만근임을 알았다.

내가 밤새워 걸었구나.

모든 사람들이 잠들어 있는 사이에 나는 마냥 걷기만 한 것이다.

잠시 쉬고 싶다는 생각 이외에 모든 것을 반납한 밤이었지만 흙 위를 걸을 때의 부드러웠던 첫 경험은 추억이 되어 되살아난다.

먼동이 터 오는 이른 아침이지만 굽은 허리를 펼 겨를도 없이 농부는 긴 밭고랑 사이에서 뭔가를 소중하게 걷어내고, 부인인 듯한 아낙은 붉게 익은 딸기를 가득 담은 커다란 양푼을 머리에 이고 일어난다.

머리 위에 똬리를 놓았지만 딸기 대야가 너무 커서 옮겨 놓는 발걸음 따라 머리 위에서 휘청거린다. 떠오르는 해보다 앞서 가야만 한 듯, 딸기밭 이랑 사이를 질끈 질끈 밟아가며 연신 뒤를 돌아본다. 마치 저만치에 두고 온 연인을 바라보듯.

뿌연 눈물이 앞을 가리고 고향으로 달려가는 주마등 위에 앉은 마음은 밤샘 행군으로 장딴지가 조여들고 발가락이 뒤틀어지는 아픔을 느낄 틈이 없다.

새벽 딸기를 따서 장에 팔아야 서울 있는 자식의 집세를 낼 수 있는 걱정 속에 아버지와 어머니는 어제도 흰 밤을 지새우셨을 것이다. 눈을 감으면 별같이 떠오르는 자식들에 대한 오만 가지 걱정이 스며들고, 콧숨을 길게 내쉴 때마다 뒤척이는 몸뚱이는 우두둑 우두둑 고달픈 육신의 소리로 화답을 한다.

어머니가 오일마다 서는 시골 장터에 처음 나가신 것은 40살을 훨씬 넘긴, 6·25사변이 끝난 다음이란다.

장 구경이라고는 해본 일이 없는 시골 여인이 한 손에는 나물 보따리 다른 손에는 고구마 바구니 들고, 텃세를 부리는 장돌뱅이들의 등쌀에 여기저기 쫓겨 다니며 지전 몇 푼을 마련하셔야 했기 때문이다. 기울 대로 기울고 일그러진 살림살이에 그나마 서투른 농사라도 지을 수 있었던 것은 젖무덤만큼이나 소중한 손바닥만 한 텃밭이 있었기 때문이다.

가난을 운명으로 알고 살아온 우리들의 어머니가 회진 시간에 맞추어 힘 빠진 메추라기 모양 눈만 깜박이며 침대 위에 말없이 앉아 있다. 허리는 굽을 대로 굽어있고 이가 빠져 합죽한 턱을, 고쳐 세운 가느다란 두 무릎이 간신히 괴고 있다.

이른 새벽부터 목이 부러져라 딸기를 이어 나르던 그 어머니거나 시골 장터의 이 구석 저 구석을 쫓겨 다니던 바로 그 어머니의 모습이다.

죄수를 지키는 간수를 데려 놓은 듯 말없이 신문만 뒤적이는 아들인 듯한 사내의 얼굴은 세월의 매연이 짙게 물들어 거무튀튀하고, 삼태기만한 입술은 굳게 닫혀져 있다.

며칠이 지나도 무관심으로 일관하던 그가 오늘은 오랜만에 입을 벌쭉하고 말을 건넨다. 모든 것을 감수할 테니 어머니 수술을 부탁한다는 것 그리고 앞으로 이 방을 면회 금지시켜 달라는 것이다.

어머니에 대한 효도의 증표인지, 아니면 겪어야할 요식 행위에 대한 무덤덤한 대꾸인지 잘 모르겠지만 내 가슴을 스치며 와 닿는 것은 결과가 어떻든 상관하지 않겠다는 무관심 그 자체였고 하루라도 빨리 이 굴레에서 벗어나고 싶은 사람의 소망 같아 보였다.

방광암을 앓고 있는 80고령의 이 할머니를 수술한다는 난감함이 머릿속을 끝없이 헤집고 다니는 동안은 다른 환자들은 왜 그리도 건강해 보였는지 모를 일이었다.

마취는 어떤 방법이 좋을까? 할머니의 심장은 과연 수술을 견디어낼 수 있을까? 수술 후 폐렴이라도 생기는 것 아닐까? 혹시 좋은 일하다가 날벼락 맞는 것은 아닐까?

그래도 주름살이 깊게 파인 어머니의 얼굴에 환한 웃음을 찾을 수 있다는 기대가 한 순간에 무너진 것은 회진을 마치고 복도 끝을 막 감아 도는 내 등 뒤에서 요란한 뾰족구두 소리가 들린 다음이었다.

화려한 옷차림에 짙은 화장이 매우 잘 어울리는 이 여인은 어머니의 둘째 며느리란다. 보호자로서의 면담 요청을 거부할 수 없는 직업을 천직으로 삼고 있는 만큼 그녀와 잠시 대화를 나누었나 싶었는데 이미 나는 칠팔 명의 남녀에 둘러싸여 있었다. 할머니에 대한 병세를 설명하고자 할 때는 아무리 찾아도 없었던 처음 보는 얼굴들이다.

노친에 대한 병세를 설명하려고 하였던 내 입은 벌린 채 멈춰버리고 말았다.

조금 전에 병실에서 내가 만났던 사람은 할머니의 큰아들이고 여기 모인 사람들은 작은아들 내외 그리고 딸 사위 그룹인데 자기들이 어머니를 만나는 것을 큰아들이 허락하지 않고 있다는 것. 그 이유는 어머니를 협박하여 강제로 유언장을 쓰게 하고 시골에 있는 땅을 독식하려 한다는 것이다.

그들이 나에게 주장하는 것은 어머니의 유언장은 치매로 정신 줄을 놓은 분이 작성한 것이니까 무효다. 그러니까 어머니를 치매 환자라고 진단서를 써달라는 것이다.

선생님은 처음 보셔서 모르겠지만 어머니는 평소에 분명히 치매 기운이 있으셨는데 큰아들이 이것을 교묘하게 이용하였다는 것이다.

평소 치매기운이 있었던 어머니를 위해서 무엇을 해드렸는지?

어머니는 어떻게 살아왔는지에 대하여는 아무 말이 없고, 관심은 오로지 땅을 물려받는 것뿐이다.

바로 그 땅이다. 이른 새벽 노부부를 긴 이랑으로 불러냈던 딸기밭. 어머니의 젖무덤만큼이나 소중했던 텃밭이며, 지친 내 발길에 폭신폭신한 사랑을 안겨 주었던 그 흙길이다.

여름이면 무성하게 우거진 콩밭 속으로 어머니가 숨어버려 울면서 엄마를 찾게 했던 바로 그놈의 땅이다. 내 울음소리에 얼굴과 적삼이 땀으로 범벅이 되신 어머니가 잡초를 한 아름 안고 일어나서 나를 달래 주시던 바로 그 땅이다.

지금 내 눈앞에 굶주린 이리떼처럼 으르렁 대고 있는 오늘의 이들을 먹여 살렸던 아버지와 어머니의 희망이자 보금자리였던 그 땅이 형제지간을 원수로 만든 것이다.

자식들을 위해서 평생을 땅에 묻혀 살아온 어머니를 걱정하는 모습을 이들에게 기대한다는 것은 아무래도 지나친 희망 같았다.

이제 힘없는 두 사람만 남아 있다.

가족들로부터 치매라는 진단이 강제로 붙여지고, 큰아들에게 유언장을 써줌으로 모든 것을 잃어버린 채 오로지 무관심 속에 내동댕이쳐진 이 할머니와 모두가 만족하는 무한대의 책임을 져야 하는 나만이 남아 있는 것이다.

부모란 나를 위한 도구에 지나지 않는다는 생각에 빠져버린 이 시대가 만들어낸 새로운 세태의 그림자가 서서히 모든 것을 삼켜버린다.

할머니에게는 희망의 딸기밭과 무더위 속의 콩밭이 훨씬 편안하고 포근한 안식처였음을 먼 뒷날 여러 사람들이 알게 될 것이다.

2.

푸른 눈빛

팔자에 있는 아들

세상 천지에 변하지 않는 것이 없다고 하지만 아들과 딸에 관한 사회적 통념의 변화 또한 엄청나 보인다.

60년대 초반부터 이 땅에 불어 닥친 산아제한(가족계획) 운동에 있어서 가장 큰 장해 요인은 뭐니 뭐니 해도 아들선호사상이었다.

여하튼 무엇이 기폭제가 되었는지 몰라도 우리나라는 지구상에서 산아제한(출산억제) 운동을 단시간 내에 성공한 대표적인 나라가 되었다.

그러나 수년전부터 수상해 보이기 시작한 출산율의 격감은 인구증가율이 지구상 최저라는 또 다른 기록을 세웠다. 얼마 있으면 단군 할아버지 자손이 지구상에서 멸실되고 말 것이라는 우울한 예측보도가 나돌고 있다. 이것을 보면서 과거에 그 난리법석을 떨면서 밀어붙였던 산아제한 방식의 가족계획 운동이 과연 숙고에 숙고를 거친 사려 깊은 정책이었는지 의심하지 않을 수 없다.

지난 세월 속에는 이와 연관된 학문적 편향성도 여실히 나타나고 있다. 조급함을 등에 업고, 깊은 생각 없이 무턱대고 아이 안 낳기 운동으로 오입되어 오늘의 인구 감소 문제를 유발한 측면도 있다.

예방의학은 그 범주 속에 학문적으로 다양한 세부전공분야가 존재하고 있으며 이들의 균형적 발전이 예방의학의 통합적 발전을 유지할 수 있는 것이다. 그러나 오늘날 대다수의 예방의학 학자들이 보건의료 행정 및 정책에 몰입하듯이 그 당시는 대부분 모자보건학을 전공했다. 물론 학문도 생명체와 같아서 시대적인 상황에 따라 부침을 나타내고 있는 것이지만 이러한 현상이 시사하는 바가 매우 크다는 생각이 든다.

외딴 섬에 산부인과 병원만 있으면 섬 전체 여인들은 곧 빈궁마마가 된다든가, 외과 의사가 열심히 일하는 병원이 있으면 섬 전체 남녀노소는 얼마 안가서 충수돌기가 없는 인구로 변한다는 익살스런 말이 허언만은 아니다.

우리의 과거 사회상에는 아들을 낳을 때까지 아기를 낳다 보니까 여러 명의 딸을 두게 되는 경우가 많았다. 이런 경우 대개 할머니의 성화에 못 이겨 막내는 여아의 예쁜 이름이 아니고 사내아이의 이름을 짓는 경우가 허다하였다. 마지막으로 손자를 기대해 보는 할아버지 할머니의 한 맺힌 기다림이 그대로 담겨져 있다. 억울한 막내둥이는 자라면서 어색한 이름으로 인한 온갖 불이익을 고스란히 감수해야 했고 이러한 자신의 희생을 섭섭해 했다.

딸과 엮어진 재미있는 말도 많다.

어느 딸부자 아버지가 아이들을 소개하면서 하는 말이 큰애는 딸이고, 둘째는 영애, 셋째는 여식이고 넷째는 딸기라고 했단다.

그러나 요즘 세상은 딸의 가치가 아들을 훨씬 상회하는 듯하다.

병원에 입원하신 노인분들의 옆에 꼭 붙어서 간호하는 여인들의 90%는 딸이지 며느리가 아니다. 예전의 아들 없는 설움은 요즘에 불고 있는 딸 없는 설움에 비하면 아무것도 아니다. 뿐만 아니라 세상을 살아가는데 있어서도 딸 때문에 얻게 되는 삶의 윤택함이란 아들의 그것과는 비교가 안 된다.

그래서 흔히 말하기를 아들과 딸이 하나씩 있으면 금메달, 딸만 둘이면 은메달이고 아들만 둘이면 메달 축에 들지도 못하는 목(木) 메달이라는 말이 있다.

본색이 뻣뻣한 아들들은 저들 나름대로 바쁜 일상에 파묻혀서 아버지와의 대화는 호사스런 일이 되었고, 얼굴을 대할 기회조차 사라져 간다. 목메달의 아버지는 점점 대화의 상대가 마누라로 좁혀진다. 아파트 한 채에 대화를 모르는 몇 세대가 동거하고 있는 모양새다.

아들선호사상을 끝까지 고수하는 사람들은 거국적 대의에 한 가닥 줄을 잡고 허황한 주장을 하기도 한다. 남아선호사상을 다시 펼쳐들면 멸실될 위기에 처한 한민족이 번창의 길로 갈 것이라는 황당한 이야기가 바로 그것이다.

상황이 이쯤 되면 중국의 공산화 통일에 성공한 모택동의 인구론,

즉 인구는 국력이고, 경제력의 상징이라는 논리가 뭔가 앞뒤가 안 맞는 듯하면서도 뒤죽박죽이 된 채 희미한 구름 같은 모습으로 그림이 그려지는 것 같기도 하다.

허기야 먹고 살아가는 문제의 경제적인 상황을 제외하고 오로지 인간의 가치를 중요시하던 때에는 아들이고 딸이라는 개념 없이 오로지 사람을 중시하였다.

'天不生無錄之人이요 地不生無名之草'라는 경구는 의미하는 바가 아주 크다.

요즘은 의료보험 지불 제도가 정반대가 되었지만 나의 전공의 시절까지만 하여도 출산 억제 정책이 그대로 지속 되었던 관계로 산아제한을 위한 정관수술은 의료보험 혜택을 받았지만 정관을 재관통 시켜주는 정관정관문합술은 결찰술에 비하여 시술비가 아주 비싸면서 의료보험 혜택을 받지 못하였다.

예비군 훈련에 입소하여 집단으로 정관수술을 받으면 훈련을 제외 시켜주는 일이 일상화되었으니까 지금 생각하면 아무 계획도 없이 무조건 출산을 억제하고자 하는 방향으로만 정부 정책이 매진한 꼴이었던 것이다.

나도 군의관으로 복무할 당시 여기저기 불려 다니면서 사회 윤리가 허용하는 범위 내에서 출산 억제 정책을 적극 펼쳐야 한다고 주어진 원고를 많이 읽었으며 정관수술을 권장하는 일에 동원되었다.

예비군 훈련을 가는 줄 알았더니 자기하고 상의 한마디 없이 씨

없는 수박이 되어 왔다며 다시 풀 수 없냐고 하소연하던 아낙들의 모습도 우리나라에서나 볼 수 있던 씁쓸한 문화다.

미개한 나라에서나 볼 수 있는 집단 정관수술로 인한 후유증으로 비뇨기과가 바쁜 나날을 보내기도 하였다.

이 정관수술 때문에 나는 곤욕을 치른 일이 있다.

얼굴이 검고 아주 건장한 남성이 찾아 왔다. 강원도 태백에서 광부로 일하는 사람인데 딸이 다섯이나 되고, 이제 나이도 들고 해서 정관수술을 받고 싶다는 것이다.

정관수술은 다시는 아기를 안 낳겠다는 각오가 되어 있어야 할 수 있다는 설명과 함께 부인의 동의서 또한 있어야 하니까 부부가 함께 오라고 했더니 이 사람은 벌써 앞선 경험을 통하여 부인의 동의서를 이미 지참하고 찾아온 것이다.

사실 대면하여 부인에게 설명하고 질문도 받고 나서 동의서를 받아야 하는데 이 남성의 정황을 고려하여 수술을 해주었다. 어떤 의미로는 불법적 의료 행위를 한 것이다.

수술이 끝난 다음 12회의 부부 관계까지는 피임을 해야 한다고 설명한 뒤 환자를 돌려보냈다.

바쁜 몇 달이 지난 어느 날 두 팔로 커다란 배를 감싸 안은 한 부인이 예의 그 남자를 대동하고 나타났다. 무슨 말을 하려는지 불문가지다.

"선생님 수술이 잘못된 것은 아닌가유? 이 양반하고 동네 사람들한테 제가 오해를 받게 됐시유." 억울함을 호소하는 부인의 말이다.

"그게 아니구유 제가 술 한 잔 마시고 횟수를 깜박 했어유. 그래서 이렇게 된 것이라 그냥 낳자니까 이 사람이 자꾸 보채서 왔시유."

자기 잘못을 인정한 남편의 고백이다.

분명한 해답이 필요했기 때문에 응급으로 정액 검사를 했다. 수술은 성공적이었다는 것이 금방 증명되었다.

헌데 그 다음은 한 순간에 더욱 이상한 분위기가 된 것이다.

남편이 무정자 상태임에도 불구하고 아내의 배는 남산이 되었으니 이 사태 자체만 놓고 보면 이 천진한 아낙의 입장은 매우 난처하고 궁색한 상황에 빠진 것이다.

정관수술 후 몇 번의 부부 관계까지는 피임 기구를 사용해야 한다고 하지만, 이 원칙을 지키지 않았을 때 곧바로 임신이 된다고 단정 짓는 것은 쉬운 일이 아니다.

잠시 할 말을 잊고 멍하니 있는 나에게 두 내외는 동시에 의지가 담긴 말을 토해냈다. 딸 다섯을 낳았는데 하나쯤 더 못 키우겠냐. 어차피 이렇게 되었으니 예정대로 출산을 하겠다는 것이다. 역시 문제 해결에 있어서 가장 중요한 것은 부부간의 신뢰였다.

이 세상의 모든 숙제를 한꺼번에 다 해치운 듯 상큼한 기분이 들었다.

해가 뜨면 아침이 온 것이고, 밤이 되면 또 하루가 지나갔다는 것이며, 수술 받는 환자와 입·퇴원하는 환자가 바턴 체인지 하듯, 병원의 일과는 떡 방앗간의 피댓줄 돌아가 듯 모든 것이 기계적으로 돌아가고 있었다. 그런 일이 있었다는 것조차 까맣게 잊고 있을 때 어느 날 문제의 부부가 다시 나타났다.

이전의 방문 때와 다른 것은 부인이 양 팔로 남산만한 배를 끌어안고 나타난 것이 아니라 남편이 둥글넓적한 우량아를 안고 나타난 것이다.

이 아이가 문제의 그 아이라는 것이다. 소설 속의 누구는 아이의 닮은 모습을 찾다찾다 못 찾아 결국은 발가락이 닮았다고 했다는 변명 같은 이야기나, 나귀를 끌고 가는 동이가 왼손잡이라는 것에 만족하는 허 생원의 이야기가 있기는 하지만 이 아이의 얼굴은 한마디로 제 아버지의 붕어빵이었다.

"선상님 그래도 제게 아들이 있을 팔잔가 봐유. 이놈이 그 귀한 아들이에유. 즈그 누나들이 서로 업어준다고 야단이래니께유."

벌어진 입을 다물 줄 모르는 애비를 따라 세상 물정 모르는 아이는 나를 보면서 히죽히죽 웃어댔다.

그 뒤로 이 부부는 별 볼일 없는 일에도 자랑 삼아 병원을 찾아오고는 했다. 반드시 아들을 대동하고 말이다.

그때마다 나는 마음속으로 내가 지은 아이의 이름을 불러 보았다.

"팔자에 있는 아들."

이 몸은 내 몸이 아니오

“글쎄 말씀 올리기 부끄러운 일입니다만 열 손가락 깨물어 안 아픈 손가락이 어디 있습니까? 다 같이 자식이지 왜 장남만 자식인가요?”

자식을 아끼는 부모의 말과 책임을 떠넘기려는 자식의 핑계가 뒤섞인 혼란스러운 말이 이어진다.

“언제 돌아가실지도 모르는데 그래도 마지막 몇 달만이라도 장자인 형님이 모셔야 된다고 생각합니다. 그게 우리의 전통적 사회 풍습이고, 또 집안 식구들한테나 사회적으로나 형님의 체면을 세워드리는 일이라 생각됩니다.”

마치 텔레비전의 미니시리즈에서나 듣고 봄직한 대화의 한 장면인 듯하지만, 요즘은 병원에서도 흔히 접할 수 있는 모습이다. 노부모님들을 제대로 모시지 못하고 있는 내 마음을 자근자근 저미는 이야기이기도 하다.

이러한 대화 아닌 푸념에 가까운 호소는 최근 몇 년 사이에 투병

말기 환자들의 가족들로부터 심심치 않게 듣는 말이다. 그렇지만 당사자는 말이 없다. 할 말이 없다기보다는 이 눈치 저 눈치에 할 말을 잊은 것이다.

노인이 입원하는 첫날부터 3, 4일 동안은 보호자들로 병실이 매우 혼잡스러워진다. 다른 환자들을 돌볼 여유도 없이 수많은 보호자가 찾아와 면담을 요청한다. 장남·차남·며느리·딸들·숙부·고모… 아무리 이해하기 쉽게 설명해주어도 다른 가족들에게 의사의 의견을 전혀 전달하지 못한다.

주치의 선생의 어떤 생각을 들었다는 것이 중요한 것이 아니라 내가 나서서 담당 의사를 직접 만났다는 행위를 과시하는 것 같다. 이것으로 자기 역할은 다했다고 생각하는 사람일수록 환자 치료에 도움이 되지 않는 불필요한 여러 가지에 관심을 보임으로써 의사들을 괴롭힌다. 이렇게 역할론 비슷한 상황을 느끼게 되면 참 기분 상하는 일이다. 다시 말해 보호자 개개인마다 의사에게 직접 설명을 듣고 확인을 해야겠다는 욕심과 그렇게 하는 것이 환자나 그 가족들에 대한 자기의 성의를 표시하는 것으로 알고 있어서 의사를 만나는 것 자체가 체면 유지용으로 이용되는 일이 많다는 것이다. 진실이 없는 빈 껍질의 거간꾼을 만난 기분이다.

일주일쯤 지나면 차츰차츰 보호자의 수가 줄어들기 시작한다. 임종이 가까워진 환자나 더 이상 병원에 입원할 필요가 없는 경우에 아무리 연락하여도 자식들의 모습은 오간 데 없다.

결국 담당의사의 공갈 협박(?)에 못 이겨 소태 씹은 얼굴로 나타난 며느리들의 하소연 아닌 하소연이 앞에서 말한 바와 같은 내용이다. 피와 살을 나누어준 자식은 있지만 나의 마지막을 지켜 종신할 자식은 없는 것이다.

험난한 세상살이 보릿고개를 넘고, 초가지붕에 조롱박 열리 듯 주렁주렁 달린 자식들을 위해 손가락이 발가락이 되고, 허리는 굽어서 코가 땅에 닿을 만큼 열심히 살아왔지만 말 못하는 노인 앞에 펼쳐지는 현실은 황량하고 씁쓸한 초겨울의 들판 같은 것이다.

이제 늙은 육신은 덕장에 걸린 황태 신세가 되어, 곧 어느 누구의 등짐에 실려 떠나가는 몸이 된다. 장병(長病)에 효자 없다는 옛 어른들의 말씀은 밉살맞을 정도로 현실을 정확하게 꿰뚫고 있다.

의료보험이라는 재정적 쪼들림에 기절하기 일보 직전에 있는 병원 편을 들까. 맏며느리 편을 들까. 작은며느리 편을 들까. 애꿎은 담배만 뻐끔뻐끔 피워대는 아들들 편을 들까.

이미 환자는 자기 몸은 자기 몸이 아닌 것을 알고 있다. 마치 거울 속에 비친 미래의 내 모습을 보는 것 같기도 하니 환자 편이나 들어주자. 헌데, 목숨이 경각에 달려있어도 눈치만큼은 아직 멀쩡한 환자의 마음이 무엇인지 알아야 편을 들어주지….

유산문제에 도장을 찍지 않은 부잣집 노인들의 경우는 문제가 더욱더 복잡하다.

"할아버지께서는 수술을 꼭 받으셔야 합니다. 헌데 연세도 높으시고 전신 상태도 좋지 않아서 위험성이 매우 높은 수술입니다."

곤혹스러운 의사의 한마디에 그 집 속사정이 금방 드러난다.

"가능성이 조금이라도 있으면 빨리 수술을 해야죠. 잘 부탁합니다."

"이제 얼마나 더 사신다고 수술입니까? 조용히 정리하실 기회를 드려야 합니다."

"그렇게 위험한 수술이면 당장은 곤란합니다. 만일 무슨 일이 생기면 저희 집 유산문제가 아주 복잡해집니다. 아마 이것은 저희 어른께서도 원하시지 않는 일일 겁니다."

"수술은 하셔야죠. 하지만 그전에 저희 재산문제를 해결할 게 있으니까 며칠만 연기해주십시오."

인생복덕방의 소개업자 노릇을 의사는 어디까지 해야 하는 것인가?

'흔들리는 이 노인의 영혼을 붙잡아줄 사람 게 누구 없소?'

수술실로 가야 할 환자는 결국 목소리가 큰 자식이 원하는 길로 가게 마련이다.

"이 몸은 내 몸이 아니오!"라고 외쳐 대는 마음이 눈동자에 가득하다.

씁디근한 입맛을 다시며 생각해보는 오늘의 사회상. 그래도 예전에는 '소신'이라는 말이 있었다. 물론 소신을 빙자한 무소불위의 전횡을 저지른 권력가도 있었지만 요즈음은 지나치게 곁눈질을 하는 사회병리 현상이 만연한다고나 할까. 사회 정의는 분명히 순리라는 과정을 통하여 객관적이고 고유한 기준이 설정되게 마련인데 혼탁함과 어지러움이 헝클어진 곳에서는 사회 여론이 '사회정의'를 앞서서 간다.

한 개인의 소신 없는 행동이나 한 국가의 소신 없는 정책은 다를 바 없다. 정책의 기초를 세움에 사회 여론을 무시할 수는 없지만 분명히 여론을 중시해야 할 내용이 있고, 절대적 평가가 기준이 될 내용이 있음에도 불구하고 '국민적 정서'를 빙자한 사회 여론 의존적 '사회정의'는 수술을 받아야 될 환자가 각각 자식들의 이해관계와 정서에 이끌려 이리저리 헤매는 고달픈 영혼이 되는 것과 같다.

이 몸이 내 몸이 아닐 때처럼 비극은 없다.

충중지말(蟲中之末)의 미물에서부터 이름 모를 잡초에 이르기까지 고유한 개성과 소신은 있게 마련인데, 하물며 끈끈한 정이 있고 하늘에서 받은 삶의 이유가 확실한 사람에 있어서야 재론의 여지가 있을 수 있겠는가?

그러나 강요받는 사회에 속해 있다는 원죄 때문에 사회규범과 개성의 상실 내지는 양보가 적당히 타협을 이루며 살아가고 있다. 그것이 사회적 정도인지 아닌지도 모른 채 말이다.

개개인이 나를 나로 인식할 수 있고, 스스로를 존경할 수 있는 사회적 규범이야말로 격조 높은 것이 될 것이다. 마음을 통하여 삶을 추구하는 것이 하늘의 뜻이기 때문이다.

자식 눈치

품안에 있을 때 나는 어르고 아이는 옹알이
집사람은 장자방을 기절시킨 책사
세월의 흐름 속에 생각이 많아진다

첫 마디에 자식 한 번 쳐다보고
두 마디에 마누라 얼굴 바라보는
인생의 이마에는 움푹한 주름

강아지 눈치 안보는 나는
그래도 행복한 것이라는
친구의 말이 귓전에 맴 돈다

색 바랜 한 폭의 그림은 옹색한 자화상
갈 길을 몰라 애비 눈치 살피는 눈앞의 자식은
두 동강난 인생의 참기 힘든 고통이다
차라리 내가 눈치를 보는 것이 훨씬 행복한
그 이름 하여 자식.

선생님 이쪽이 아닙니다

수술을 앞둔 환자라면 누구를 막론하고 여러 가지 걱정에 휩싸이기 마련이다. 병 치료의 전체적인 경과보다는 당장 내일로 닥친 수술 자체에 대한 걱정 때문에 잠을 설치는 것은 당연한 일이다.

큰 수술을 앞둔 환자나 보호자에게 자세한 설명을 하고 치료 방법을 선택하게 하는 것이 요즘의 법적 필수 행위로 되어있다.

그러나 의학적인 지식이 전혀 없는 이 사람들에게 납득이 가도록 설명을 하고, 발생 가능한 모든 부작용을 하나하나 알려주어야 한다는 법적 단서 조항은 자세한 설명과 선택이라는 본래의 아름다운 목적과는 달리 어떤 면에서는 환자가 공갈과 협박으로 받아들일 수 있다.

환자들은 잘 이해하지 못하니까 듣기 싫은 내용도 반복적으로 설명해야 하고, 그러다 보면 '당신은 죽을 수 있어요' 하는 협박 아닌 협박으로 받아들일 수 있다는 우려가 앞선다.

때로는 내가 지금 무슨 짓을 하고 있는 것인가? 하는 생각도 든다. 환자와 마주 앉아 내일의 수술을 설명할 때면 나도 모르게 머릿속에서는 이 환자와 내가 미래의 어느 법정에 마주 섰을 때를 예상하고 자기 방어적인 설명을 하고 있을 때가 많다. 마치 미래의 어느 날 피고와 원고가 되어 마주 앉아 있는 착각에 빠질 때가 종종 있다.

그러한 분위기는 결국 의사와 환자 서로 간에 신뢰를 바탕으로 이루어지는 대화가 아니라 '나는 분명히 설명했어요. 그러니까 들으셨다고 여기 도장 찍으세요'라는 냉랭하게 계약서를 작성하는 한 과정인 듯한 착각에 빠진다.

수술에 대한 설명, 치료 검사나 치료법에 대한 설명 그 모든 경우에서 참담하고 씁쓸함에 입맛을 다실 수밖에 없는 것이 현실이다.

의사들의 끝 모르게 이어지는 방어적 설명 그리고 의사와 환자의 관계에서 기본적이며 바람직하다는 rapport의 형성이라고는 눈을 씻고 찾아보려 해도 보이지 않는다.

설명하는 내가 생각해도 이 무시무시한 말을 듣고도 환자는 과연 오늘 잠을 잘 잘 수 있을까? 내일 아침에 '나 죽어도 좋으니 수술 안 받겠다' 하고 퇴원하는 것은 아닌지 걱정이 앞서게 되어 있다.

이런 일들이 자세한 설명과 환자에 의한 치료 방법의 선택이라는 미사여구의 허허실실이다. 법이라는 덫이 파놓은 또 다른 함정이다.

잠 못 이루는 환자들의 머릿속에는 별의별 생각이 다 떠오르게 되어 있다.

'나를 수술할 의사는 실력 있는 사람인가? 수술 후 내가 마취에서 잘 깨어날 수 있을까? 의사가 실수를 하지는 않을까? 집도 의사가 오늘 밤에 과음하는 것은 아닐까? 내외가 부부 싸움해서 수술하는 날 기분이 나빠지는 일은 없어야 할 터인데.'

이런 걱정은 사람이기 때문에 누구나 갖게 마련이고, 환자가 이런 우려를 한다고 싫은 내색을 하는 의사가 있다면 수양이 덜 되었다고 밖에 볼 수 없을 것이다.

간혹 언론에는 의사들의 실수가 대서특필 되는 경우가 종종 있다.

수년 전에 위(위장)를 수술해야 할 환자에게 갑상선을 수술하고, 갑상선을 수술할 환자의 위를 수술한 사건이 있었다. 환자 본인이 황당해할 것은 말할 필요도 없고 담당 의사 역시 일생을 두고 스스로를 원망하며 살아갈 것이다. 이렇게 장기를 완전히 바꾸어서 수술을 하는 경우는 극히 드문 일이지만 발생될 가능성은 항상 존재하기 때문에 의과대학 교육과정에서조차 이를 반드시 경계하라고 교육을 시킨다.

특히 나처럼 비뇨기 계통의 암을 수술하는 의사들은 좌우 대칭인 신장(콩팥)암을 수술하는 경우 좌우가 바뀌지 않도록 항상 긴장한다.

수술 장에서 마취 전에 수 명의 의사와 간호사가 참여하고 있는 상황에서 환자에게 수술할 부위에 대하여 확인하는 질문을 마지막으로 한다. 그리고 의료진끼리 또다시 영상 검사 내용을 같이 확인한다. 그래도 항상 조심스럽다.

환자들이 자기한테 수술 위치가 바뀌는 사고가 일어날까봐 얼마나 걱정하는지를 알 수 있는 일이 있었다.

왼쪽 신장암으로 수술을 받아야 될 50대 중반의 여성 환자. 전신 마취를 하고 수술에 들어가려고 소위 수술 위치를(수술하기 적합하도록 환자의 자세를 잡는 것) 잡는데 환자의 오른쪽 옆구리 피부에 무엇인가 써져있는 것이 보였다.

자세히 보니 매직펜으로 선명한 글씨가 적혀 있었다.

'선생님 이쪽이 아닙니다.'

순간 숨이 멈춰지는 것을 느꼈다. 얼마나 걱정이 되고, 내가 믿음성이 없어 보였으면 이런 표시를 했을까? 보호자의 조력을 받아가며 여기에 글씨를 써놓은 것이다.

나를 이렇게까지 신뢰할 수 없었단 말인가 하는 야속함이 머리를 스쳐갔지만, 한편으로는 환자들이 이토록 수술 위치가 바뀔까봐 두려워한다는 것을 예전엔 내가 미처 몰랐구나 하는 생각을 하니 오히려 미안한 마음이 들었다. 이것은 의사에 대한 불신이라기보다는 의사의 실수를 예방하기 위한 행동에 동참했다고 할까 뭐 그런 느낌이었다.

이 환자는 참 많은 생각을 한 것 같다. 만일 왼쪽에다 '이 쪽을 수술해 주세요.'라고 써놓았다면 집도의인 내가 실수로 우측을 수술하게 되어도 그 기록을 볼 수 없다고 판단한 것이다.

아주 현명하게도 수술 부위가 왼쪽이니까 오른쪽에다 이쪽은 멀쩡한 곳입니다 그러니 수술하지 말라고 표시한 것이었다. 이렇게 되면 어떤 상황에서도 실수가 발생되지는 않게 되어 있다. 신장을 수술할 때는 보통 수술을 하기 위해 환자의 자세를 잡으면 반대쪽은 볼 수가 없게 되어 있다는 것까지 파악한 것이다.

여기까지 생각하기 위하여 얼마나 많은 망설임과 고민이 있었을까 하는 측은함이 밀려왔다.

환자는 수술 후 경과가 좋았다. 퇴원할 때는 자신의 행동에 대해 미안하다고 했다. 그러나 나는 오히려 감사하는 마음으로 악수를 하며 헤어졌다.

이분은 수술 후 10년이 지난 지금도 건강한 모습으로 1년에 한 번 정기적으로 검사를 받고 있다.

사실 환자들이 이렇게까지 걱정할 필요는 없다.

병원 자체에서, 또 의사들 스스로가 이런 실수를 저지르지 않기 위해 여러 조치를 취하고 있기 때문이다. 요즘은 병실에서 수술실로 환자를 옮기기 전에 수술 부위를 반드시 펜으로 표시하게 돼 있다. 또 앞에서 말했듯이 수술 시작 전에 수술에 참여하는 의사들이 서로 한 번씩 돌아가며 확인한다.

환자를 진찰하고 치료할 때 예방할 수 있는 실수는 최대한 막아야 한다. 여기에서 가장 중요한 것은 환자와 의사 사이의 신뢰이다. 신뢰는 병의 치료 효과를 극대화시키는데 결정적 역할을 한다.

하지만 요즘 사회적 분위기는 의사와 환자의 관계를 단순히 사회적 계약 관계로만 몰아간다는 생각이 들어 씁쓸하다.

의료 행위에 있어서 변하지 않는 윤리는 의사와 환자가 '인간적 관계'에 의해 맺어져야 한다는 사실이다.

물론 냉랭해진 의사와 환자의 관계는 의사들 스스로가 원인을 제공한 측면도 있지만 그것이 전부는 아니다. 환자와 의사 사이에 불신이 생기고, 불신을 조장하는 사회적 분위기가 생기면 오히려 환자들에게 피해가 간다. 환자의 권리와 의사의 의무를 차분한 마음으로 다시 한 번 되짚어볼 필요가 있다.

딸이 없어 불쌍한 아버지

미수를 바라보는 숙모님께서는 무릎이 아파서 약간 거동이 불편하지만 아직까지는 아파트 앞의 재래시장을 오갈 정도의 근력이 되시니 참으로 다행이다.

새벽달이 서쪽으로 기울어 갈 때 여명의 동물처럼 하루를 시작하여, 온갖 가로등 불빛의 현란함 속에 남쪽 하늘의 외로운 달이 언제부터 떠 있었는지 알지 못하는 나날의 연속이다.

번뇌로 가득 차서 무거워진 머리를 온종일 책상 위에 처박고, 파김치가 되어버린 육신은 컴퓨터와 씨름하고, 콘크리트 벽과 바닥만을 바라보는 하루 일과의 연속이 도심 속의 생활이다. 마치 높은 빌딩의 검은 그림자가 사람을 삼켜버려 개여울의 방천 섶 사이를 들락거리는 피라미 떼를 연상하게 하는 것이 도시인들이다.

이런 저런 변명 같지 않은 변명 속에 몇날 며칠을 벼르고 별러서 찾아 뵌 숙모님의 연로하신 모습을 뵈니 죄송스러운 마음에 자꾸 몸뚱이가 쪼그라든다.

"애비는 아들만 있지. 옛날에 아버지께서 그렇게 아들만 좋아 하시더니 효자노릇 했다. 그래도 요즘은 늙으면 딸이 있어야 한다는데 섭섭해서 어떻게 하니?"

"운명이지요. 어디 그게 마음대로 돼야지요."

"허기야 그게 그거란다. 딸 가진 부모는 비행기타고 해외여행 간다는 것도 다 옛날 말이고, 이제는 딸 없는 부모는 길바닥에 나가서 죽고, 딸 있는 부모는 싱크대 앞에서 수도꼭지 붙잡고 죽는다더라. 이래저래 고생하다 죽기는 다 마찬가지야."

한 부모는 딸이 없어 천대 받고, 딸 있는 부모는 늙어서 딸 뒷바라지하다 지쳐버린다는 작금의 세태를 말씀하시면서 나를 격려하셨다. 딸을 키워보지 못해서 그 재미를 알 수 없지만 머슴아만 두고 있는 사람으로서는 세상살이 참 재미없다는 것을 절감한다.

며칠 만에 얼굴을 맞대는 부자간의 대화는 하루에 딱 두 마디다. "안녕히 주무셨어요." 하고 "다녀왔습니다."가 전부다.

이미 치료가 끝나 한참 전에 퇴원하셨어야 했을 할아버지는 이제 아침저녁 회진 때마다 나를 피해 병실 밖으로 나도신다. 병실 주치의인 전공의는 내 생각과 환자의 입장 사이에서 샌드위치가 되어 그때마다 난처한 얼굴로 내 눈길을 피한다. 할아버지께서 퇴원해서 가실 곳이 없단다.

병원엘 처음 오셨을 때 보호자들은 그런대로 식견이 있어 보였고, 겉모습도 초라해 보이지는 않았는데 이해가 되지 않는 일이다. 아니 입원하실 때는 분명 어딘가 계시다 오신 분이 왜 가실 데가 없다는 것인가?

답답해하는 나를 오히려 더 답답해하는 사람들은 전공의 선생들과 간호사들이다. 큰아들은 맞벌이 부부고, 작은아들은 고3 입시생이 있어서 가실 곳이 없다는데 저희들 보고 어떻게 하라는 말씀이십니까? 하는 볼멘 항의가 금시라도 튀어 나올 것 같은 얼굴이다.

젠장, 그 잘난 자식들이 분명히 있지만 그럼에도 불구하고 현실은 사고무친(四顧無親)이라는 것이 바로 이런 것이구나. 소태 씹은 얼굴로 혼자 중얼거려 보지만 주위 사람들은 그저 내 눈치만 본다.

이런 일을 한두 번 겪는 것이 아니기 때문에 불문가지(不問可知)하고 알 수 있는 것은 이 할아버지는 분명히 딸이 없다는 것이다. 딸인지 며느리인지 구분할 수 없는 여인들의 극진한 간병을 받는 어른들의 경우 물어볼 필요도 없이 딸이다.

이 할아버지는 결국 요양원으로 가셨다.

딸 가진 부모가 갈 곳이 없어서 퇴원을 미루는 일은 거의 없다. 딸은 부모가 퇴원 후 머무를 곳을 요양원으로 정하는 경우 역시 드문 일이다.

이렇게 나는 시도 때도 없이 일일 연속극의 한 장면 같은 애매한 상황을 대하게 된다.

세월이 좋고 엄청난 의술의 발전으로 육신의 병은 잘 치료되었는지 몰라도, 변해버린 세상의 인심 탓으로 이 할아버지의 병환은 결코 완쾌될 수가 없는 것이다.

나머지 살아가는 보너스 인생을 통하여 하루에도 헤아릴 수 없이 많은 후회를 할 것이다. 왜 일찍 죽지 못하고 이렇게 구차하게 살아가야 하는지에 대한 원망어린 사설만 뇌까리게 될 것이다.

결국 의사인 나는 이분의 육신은 치료했는지 몰라도 마음속 깊은 곳에 똬리를 틀고 앉은 고통의 시간을 연장해 놓은 것에 불과한 나쁜 사람의 부류에 속해 버리고 만 것이다.

시부모의 병 구환을 하는 며느리가 있다면 정말 기네스북에 올리던지 정부에서 효부상을 듬뿍 주어도 모자랄 정도로 희귀한 일이 되어버린 이 세태를 누구의 책임으로 돌려야 할까? 이 모든 것이 오늘을 살아가는 노인들의 슬픈 초상(肖像)이다. 훌륭한 사위는 있지만 제대로 된 아들은 없다는 현실이 아들만 둔 부모의 마음을 쓸쓸하게 만든다.

말은 안 해도 집사람은 마치 딸 같은 며느리를 얻으려고 무척 애를 쓰고 있다. 아들만 낳은 죄 아닌 죄책감 때문에 그녀의 노력은 한층 더 적극적이다.

며느리가 딸이 될 수는 없다. 그러다가 잘못하면 오히려 오뉴월에 욕창 터지듯 감당 못할 일 벌어진다는 내 말은 우이독경(牛耳讀經)이요 마이동풍(馬耳東風)이 된다.

가족계획이 절실했던 60년 초반 우리나라에 유명했던 구호가 생

각난다. '아들 딸 구별 말고 둘만 낳아 잘 기르자.'

그러나 이제 바뀌어야 한다. '많이 낳아 애국하고, 딸을 낳아 효도 받자.'

모든 딸들이 전부 효녀가 될 수 있을지는 몰라도 며느리에게 효부가 되기를 기대하는 것보다는 가능성이 좀 높지 않을까? 하는 그저 막연한 기대를 해본다.

그래도 한 가지 변하지 않는 것이 있어서 희망이 있다. 겉으로는 간혹 불구대천(不俱戴天)의 악연 같아 보이는 부부 사이라도 그중 한 쪽이 힘들어지면 금침을 덮던 신혼부부의 정겨운 사이로 뒤바뀜이 된다. 사연 많은 노인들의 말다툼 같아 보이지만 그것이 바로 노부부의 사랑의 대화다. 바로 이것이 노후(老後)의 지혜이자 현명한 삶인지도 모른다.

요즘은 나도 모르게 유치한 욕심이 생긴다. 나의 쓸쓸하지 않은 노후를 위하여 딸이 없는 우리 집에 대체(代替) 딸을 만들고 싶은 것이다. 그래서 마누라한테 잘 보이려고 노력하고, 눈치를 보지만 나의 지난날 황포와 독단을 기억하는 그녀의 가슴은 요지부동(搖之不動)인 듯하다.

마누라가 딸이 되어 주기를 바라는 욕심 많고, 겁 많은 이 세상의 아버지와 늙은 남편들은 내일이 두렵다. 그래서 그런지 요즘 텔레비전 연속극에서는 며느리가 시아버지를 그냥 '아버지'라고 하더라고.

예전 같았으면 제정신을 잃은 방송작가라고 한마디 했을 법한 내 입은 굳게 닫혀버리고, 눈 속에 맺힌 대답은 '그럴 수도 있겠네.'

편안한 모습 그대로신가?

인생에 있어서 30년이라는 숫자는 왠지 모르게 어떤 중요한 의미를 갖는 것 같은 기분이 든다. 이런 느낌이 드는 것은 과거 우리의 선조들이 인생 30년을 한 세대로 계산해왔기 때문인 것 같다. 그래서 뭔가 의미가 있고 꺾어지는 해와 같은 기분에 젖어들게 한다.

왜 한 세대를 30년으로 했는지는 정확하게 알 수는 없지만 대충 생각하건대 조선시대 사람들의 평균수명이 30년이라는 데서 출발하지 않았을까 하는 생각이 든다.

지금 돌이켜 보면 벌어진 입이 다물어지지 않는 일일지 몰라도 분명 조선시대 평균 수명은 30세였다. 그러니 환갑이라고 하여 한 사람이 태어난 지 만 60년이 지나서 간지(干支)로 따져 볼 때 자기가 태어난 해와 같은 해가 돌아왔으니 그 해의 의미가 클 수밖에 없는 것이다. 물론 평균 수명이 30년 밖에 안 되었던 이유는 뭐니 뭐니 해도 의학이 발달되지 못한 것이 가장 큰 원인이겠다.

이러한 오랜 관행에 따른 30이라는 숫자의 의미뿐만 아니라 오늘을 살아가고 있는 우리들에게도 30년을 주기로 인생살이가 변하는 의미도 크다.

지금으로부터 꼭 30년 전 그 사람의 그 모습은 아직도 생생하게 살아있다. 정확하게 1977년 5월 20일이었으니까 지금 이 글을 쓰고 있는 날로부터 꼭 30년 전이 되는 셈이다.

훤칠한 키에 약간 벗어진 이마, 검게 탄 얼굴 그리고 어린 아이같이 천진한 눈매를 가진 순박한 '충청도표'의 43세 중년 남성이었다.

"아 글쎄 3, 4년 전부터 공연히 소피에 피가 나왔다 안 나왔다 하더만유, 그러다 시방은 피가 덩어리져서 나오잔유. 그리구 소변보기가 아주 힘들구만유 그래서 왔시유."

비뇨기과 의사라면 누구라도 이 몇 마디의 말속에 '아이고 큰일이구나' 하고 직감되는 불길한 섬광이 머리를 스치게 되어 있다.

"아! 좀 일찍이 오셨으면 좋았을걸 그랬네요."

"그래도 어디 아픈 데라고는 한 군디도 없는데 농촌에서 병원엘 쉽게 올 수 있간디유. 세월 지나면 우정 나아지리라 믿었지 누가 알았간디유."

이렇게 시작된 불과 10여 분간의 진찰실 속 대화는 그 후 20여 년이 넘는 질곡의 인간관계로 이어졌다.

머릿속을 맴돌고 있는 '3, 4년 전'이라는 말이 자꾸 뒤통수를 잡아당겼다.

사전에 어느 정도 예상을 하였지만, 자세한 검사가 진행된 결과는 온몸에 전이된 방광암으로 판정이 났다.

암이라고 진단 받은 환자들의 반응은 인생의 절망, 질병에 대한 부정과 분노 그리고 현실 인식이라는 과정을 거쳐 타협이라는 결론에 도달하는 수순을 밟는 것이 보통이다. 그러나 그는 아무리 자세한 설명을 하여도 또 좋지 않은 예후에 대하여 위압적일 정도의 설명을 하여도 그저 변함없이 같은 말만 되풀이 하였다.

"제가 뭘 알간유 박사님만 믿어야지유."

못 알아듣는 것인지, 아니면 일부러 받아들이기 싫은 현실을 부정하려는 것인지 몰라도 너무 모든 것을 믿고 맡기겠다니까 오히려 엄청난 부담과 답답함 그리고 대책 없는 책임감이 밀려오는 것은 모든 의사들의 고민일 것이다.

한편 뭐가 뭔지 모르는 이 무책임한 환자의 행동과 나에 대한 맹신이 밉기까지 하였다.

그러나 어찌 할 것인가? 아파서 병원에 오면, 그것도 서울에 있는 큰 대학병원에 오기만하면 모든 병이 나아서 집으로 갈 수 있다고 굳게 믿는 이 환자에게 내가 더 이상 무슨 말을 할 수 있겠는가? 이 환자에게 자세한 설명을 한다는 것은 마치 '당신이 지금 죽기 직전이에요. 이것을 받아들이세요.' 하는 공갈과 협박에 지나지 않는 것이다.

이런 경우는 구구한 설명보다는 열심히 치료하는 모습을 행동으로 보여주는 것이 최상이다.

치료 목적의 수술이 아니라 병리 조직학적 확인 차원의 조직 검사를 실시하여 전신에 전이되어 있으면서 방광을 꽉 채우고 있는 병이 악성 방광암이라는 것을 확인하였다.

수술적 치료는 전혀 의미가 없고 일차적으로 고려할 수 있는 것은 전신적 항암치료다.

얼마나 지속해야 할지 아무도 모르고, 효과가 어떨지 역시 아무도 예측할 수 없는 전신 항암제 화학 요법이 시작되었다. 항암제 치료는 입원과 퇴원이 부단하게 반복되는 치료법이다. 치료를 받는 환자의 어려움은 옆에서 지켜본 사람 아니면 실감할 수 없는 큰 고통이 수반되는 치료다. 사실 병이 낫기를 바라는 막연한 기대감은 환자나 의사나 기대치나 수준 정도에 차이가 없다.

환자가 버틸 때까지 치료해 보고, 치료 효과가 좋기를 기대하는 것뿐이다.

수없이 반복된 치료에서 그 어려움을 극복하는 사투에 가까운 그 환자의 투병생활은 정말 은인 자적하는 도사의 편안한 모습 같았다.

환자의 꿋꿋한 투병생활도 놀라운 일이었지만, 나를 더욱더 놀라게 한 일은 그 환자의 보호자였다.

매번 입원할 때마다 환자를 지키는 보호자는 6살짜리 딸아이였다. 말문이 콱 막혀버릴 수밖에 없는 일이었다.

사연인 즉 슬하에 5남매를 둔 이 천진한 아버지는 부인과 사별하고 혼자 아이들을 키우는데 맨 위의 16세 된 아들과 그 밑의 아이들은 아버지 대신 농사일을 거들어야 하고, 아버지가 입원할 때는 이 6살짜리 딸이 보호자로 따라오는 것이었다. 보호자로 왔다기보다는 어디 맡길 데가 없으니까 사경을 헤매는 아버지가 끝까지 데리고 다닌다는 말이 정확한 표현일지 모르겠다.

누가 보호자고 누가 환자인지 가슴이 꽉 막혀왔던 그때의 심정은 아직도 내 가슴속 깊이 각인되어 있다. 밤새워 구토를 하는 아버지를 옆에서 돌보아주던 그 꼬맹이의 근심어린 눈동자가 지금도 선하다.

마치 자연의 순리에 순종하는 것 같았던 이 환자분은 그 후 26회의 항암제 치료와 1회의 방사선 치료를 통하여 21년간을 생존하였다.

비뇨기 종양학을 전공하는 사람으로서 생각하기에 말기 방광암 환자가 항암제 치료를 통하여 이렇게 오래 장수한 경우는 정말 세계적인 기록이라고 생각한다. 또 나의 많은 말기 암 환자분들 중에 가장 오랫동안 생존했던 분이었다.

미루어 생각하건대 그 힘든 치료 과정을 의연하게 참고 넘길 수 있었던 것은 환자의 맹신에 가까운 무욕의 신뢰하는 마음과 책임져야할 어린 자식에 대한 무언의 애착 그리고 의무감이 동시에 승화되어 이루어낸 결과라고 추측해 본다.

그렇게 21년을 버텨온 환자분은 결국 방광암으로 편안한 모습으로 저 세상으로 떠났다. 보호자였던 여섯 살짜리 어린 딸은 아버지의 투병 중에 결혼하여 27세의 어엿한 아기 엄마가 되어 끝까지 아버지 곁을 지켰다.

모르긴 하여도 그 환자분은 하늘나라에서도 의연한 그 모습 그대로일 것이라고 생각은 되지만 나는 21년간 환자를 지켜왔던 주치의로서 다시 한 번 확인하여 묻고 싶다.

"지금도 그때의 그 편안한 모습 그대로이신가?"

내가 이룰 수 없는 일에 연연하지 않는 것은 참다운 용기일 것이다. 돌이킬 수 없는 현실에 대하여 의연하게 대처하는 것은 욕심을 내세워 앙앙불락하는 추함을 극복하여 스스로를 터득하는 진정한 은일자의 길이다.

이 환자분이 오늘날 흔히 볼 수 있는 것과 같이 가진 자의 일탈된 의료 행위에 기웃거리고, 많이 배운 사람의 오만함으로 자기 마음대로 치료 방법을 선택하였다면 과연 그렇게 오랜 세월을 잘 버티면서 스스로의 역할에 의미를 찾고, 아버지로서의 책임을 다 할 수 있었을까 하는 의구심이 든다.

현대의학이 지켜 나가야 할 중요한 이정표는 과연 무엇인지 이 환자분을 통하여 그려볼 수가 있다.

절대 흉이 아닙니다

옛날에 어른들께서 말씀하시길, 세상 사람들이 서럽다 서럽다 말하지만 배고픈 설움만큼 피눈물 나는 일은 없다고 하셨다. 생각해 보면 인간의 가장 기본적 생리적 욕구를 해결하지 못하는 '부족함'에서 출발한 이 아픔은 가장 큰 설움에 해당할 것이다.

여기에 비할 바는 아닐지라도 세월의 흐름 속에 떠밀려 나이를 먹고 늙어간다는 것도 단장(斷腸)의 서글픔이다.

과거에 노인은 권위의 징표이고, 가문의 상징이며 최고 결정권자로서 엄청난 힘을 가진 존재였다. 그러나 지금은 뭔가 한쪽으로 자꾸 밀려나고, 존재 자체가 희미해지는 무관심의 대상으로 전락하였다.

결국 늙는다는 것은 무기력해지고 그 무엇인가를 잃어버림을 의미하고 어떤 면에서는 모든 일상으로부터 배제의 대상이 되어가는 것이다. 그렇기 때문에 먹고 자는 것으로 모두 해결되었다고 생각하여, 그 이상을 요구하고 바라면 노욕이나 망령으로 치부되고 있다.

그러나 종묘공원에 모여 앉은 피 끓는 노장들의 절규 아닌 절규는 그들이 살아있다는 것과 인생의 경륜을 가슴 깊이 품고 있음을 말해주는 것이다.

"사람이 나이를 먹었으면 나잇값을 해라. 박정희 대통령이 없었으면 오늘날 너희들이 어떻게 살고 있을지 생각해본 일이 있느냐?"는 열정을 토로하는 사람들과 "유신의 아픔을 잊은 것을 보니 늙고 늙은 끝에 치매에 걸렸구나."라는 비아냥거림을 서슴없이 주고받는다.

양분의 새끼줄을 늘여놓고 웅기중기 모여 있는 이 사람들, 우측 동네의 모임이든, 좌측 동네의 모임이든 이들의 공통된 말은 자신들은 밥만 먹여주면 황송하여 감지덕지하는 식충이가 아니고, 작은 불씨 같은 열정이 아직은 살아 있는 이성적 존재라는 것이다.

사흘이 멀다 하고 얼굴에 반창고를 붙이거나 붕대를 감고 나타나는 손자 녀석이나, 친구들 사이에 옷 입는 문제 때문에 자기는 항상 왕따라고 하소연하는 쌀쌀 맞은 손녀가 매일 같이 집안의 가장 노릇을 한다.

어제는 그 이름도 희한하고 생긴 것도 유별나지만, 며느리의 품속을 떠나 본 적이 없던 못생긴 강아지가 온 마루에 똥을 싸고 끙끙거리고 난리 아닌 난리를 쳤다. 애들한테 문자 넣고 서방한테 전화하고 휴대전화가 화끈 뜨끈 달아오르도록 요란을 떨더니, 포대기에 싸서 들쳐 안고 휑하니 나가버렸다.

점심은 이리저리 냉장고를 열어 보다가 그냥 마음에 점만 찍었다.

저녁이 되었을 때 오랜만에 화목한 가족 모임이 열렸다. 연신 꼬리를 살랑대며 아양을 떠는 강아지를 가운데 두고 네 식구가 모여 앉아 근심과 걱정이 가득한 눈빛으로 바라본다. 죽은 제 어미, 할미 아플 때보다 훨씬 더 걱정스러운 얼굴을 한 채 서로를 바라본다.

저녁 내내 우리들의 아버지는 멍하니 천장만 바라보며 먼저 떠나버린 마나님 얼굴을 형광등 너머로 그려 본다.

절간 같던 아파트가 일요일에는 그래도 사람 사는 것 같지만 텔레비전은 애들 차지다.

평소에는 스마트폰에 푹 빠져 있던 놈들이 할애비가 즐겨보는 그 시간이면 마루로 달려 나와 젊은 여성이 강아지와 고양이를 얼싸안고, 죽고 못 사는 그런 방송 프로그램으로 채널을 확 돌려버린다.

늙은 아버지는 어려웠던 옛날을 잊지 않으려하지만 젊은이들은 또 귀찮은 잔소리의 시작임을 눈치 채고 저만치 달아나 버린다. 눈앞에 있는 할아버지쯤은 눈만 돌리면 사라지는 구름 같은 존재다.

너와 나의 어머니의 일과는 하루 종일 풀무질에 매달리는 것이고, 우리들의 아버지는 푸르고 붉은 빛을 내뿜는 조개탄 불 속에서 시뻘겋게 달아오른 고철덩이를 끄집어내어 요령 있게 요리조리 쇠망치로 두들긴다. 때로는 잘근 잘근, 토닥토닥 그러다 어느 순간 불뚝 솟은 어깨 근육이 부르르 떨릴 정도로 온 힘을 다하여 내리친다.

아버지 뜻대로 형체가 바뀐 잘 다듬어진 붉은 쇳덩이를, 반 드럼통에 가득 담아 놓은 냉수에 확 집어던지면 피시식 소리를 내며 뜨거운 김이 피어오르고, 물속에는 담금질이 끝난 검푸른 빛을 띤 호미랑 쇠스랑이랑 낫들이 태어난다.

이 시대의 아버지는 이렇게 자기 세상을 마음대로 펴고 늘리고 다시 줄였다 폈다하는 풍운아였다. 모든 강철을 마음먹은 대로 갈고 닦을 수 있듯이 자식들도 당신의 마음속에서 뜻한 바 대로 움직여지는 것이라는 착각과 기대 속에 인생을 무두질하고 담금질하여왔다. 대장간 일을 하면서 살림은 글자 그대로 손톱 여물을 썰었다. 덕분에 돈을 벌어 작은 철공소를 운영하게 되었다.

못 배운 것이 한이 되었던 우리들의 아버지는 초가지붕 위에 표주박 열리듯 주렁주렁한 자식들만큼은 모든 정성을 들여 대학까지 보냈다. 그러나 오늘 이 아버지의 존재란 애지중지했던 표주박들이 별로 회상하고 싶지 않은 과거의 주인공이며, 강아지만큼도 사랑받지 못하는 녹슨 고철덩이다.

시대의 서글픔은 여기서 끝나지 않고 있다. 국내에서 최고로 유수한 대학교 학생들을 대상으로 실시한 조사에서 부모가 몇 살까지 살았으면 좋겠냐는 질문에 대다수의 대학생들이 60세라고 대답했단다. 부모님 하면 떠오르는 것이 뭐냐고 물었더니 내가 물려받을 유산을 많이 갖고 있어야 할 사람이라고 했단다.

너희도 부모 되어 아이들 키워 보면 알겠지만 철드는 것을 내가 볼 수 없는 것이 아쉽구나.

한참 전부터 대기실 의자에 앉아 나를 바라보는 노인의 눈치는 왜 그런지 편안해 보이지를 않았다. 안절부절못하다가 여차하면 가버릴 기세다.

간호사에게 눈짓하여 순서를 약간 바꾸어 할아버지를 먼저 불렀다. 세월의 깊은 흔적이 짙게 드리운 얼굴이지만 그래도 노익장을 과시하는 자신만만함이 있었다.

85세라는 나이가 의심스러운 아버지는 등 뒤에 서 있는 손녀 같은 간호사의 눈치를 살핀다. 눈치를 챈 간호사가 살며시 진료실 문을 닫고 사라진 뒤에야 약간의 편안한 분위기가 되었다. 허지만 뭔가를 말하려다 머뭇거리는 것은 처음부터 가닥을 잡지 못하는 무성영화 속의 변사와 같다.

이럴 때 환자의 막힌 말문을 열게 하는 것은 의사의 소임 중에 하나다. 할아버지가 내뱉은 첫 마디는 병원을 찾은 환자로서는 참으로 의외의 말이었다.

"이거, 참 이해해 주시오."

"할아버지 제가 자식 같은 사람이니까 뭐든지 마음 턱 놓으시고 편안하게 말씀하셔도 됩니다."

귀머거리만 사는 세상에 그렇지 않은 단 한 사람이 있다면 그는 평생 단 한마디도 말할 수 있는 기회가 없다고 한다.

할아버지는 당신의 말을 들어주는 사람이 없는 세상에 홀로 살다가 오신 것이 분명하다. 구구절절이, 그것도 거침없이 말을 쏟아내시는 이분은 방금 전 뭔가에 쫓겨서 당황해하던 그 사람이 아니었다.

같은 처지의 외로운 아버지들의 자생적 모임.

그들만의 즐거움을 위한 일이 있고 세상 사람들이 잘 모르는 철학이 담겨져 있는 만화 같은 이야기.

그러다 만난 커피 파는 숲속의 여인으로부터 얻은 화류병 때문에 몇날 며칠을 고민하다 오늘 나를 찾아오게 된 전설 같은 이야기.

오늘 아침 바쁘게 출근하는 아들을 엘리베이터 앞까지 따라 나가 내가 몸이 좀 불편하여 병원에 좀 가려하니 돈을 좀 달라고 했는데, 이 눈치 없는 놈이 아파트 대문을 활짝 열어젖히고 제 마누라한테 온갖 신경질을 내며 당신은 집에서 뭘 했기에 아버지가 편찮으신데도 모르고 있었냐고 소리만 냅다 지르고 휙 나가버린 황당한 이야기.

아닌 밤중에 홍두깨 맞은 듯 어쩔 줄 모르고, 당장 병원으로 모시겠다는 며느리를 온갖 감언이설로 달래놓고 혼자 병원에 오게 된 진땀 흘린 무용담.

진찰 결과 할아버지는 고민하실 만하셨다. 아무리 혼자 고민을 해도 병이 저절로 나을 수는 없었기 때문이다.

"할아버지 걱정 마세요. 제가 주사 한 대 놔드리고 일주일만 약 드시면 깨끗하게 낫게 될 거에요."

안도의 편안함이 노익장의 얼굴에 가득해졌다. 머뭇거리던 나는 할아버지에게 한 말씀 더 드렸다.

"할아버지 존경합니다. 그리고 다음에 또 그런 일이 있으면 걱정하지 마시고 제게 바로 오세요."

내친 김에 한마디 더 하였다.

"할아버지 세상살이 정말 열심히 하셨잖아요. 이제는 눈치 보지마시고, 하고 싶은 대로 하세요. 절대 흉이 아닙니다."

아하! 내가 정말 오랜만에 사람 잘 만났다는 대만족을 보이시며 성큼성큼 당당하게 병원 문을 나서셨다.

오늘의 우리를 존재하게 한 우리들의 아버지들은 결코 버려진 고철덩이가 아니다. 그들은 본연의 역할을 다하고 이제는 생각조차 없이 무기력하게 기생하는 퇴물이 결코 아니다. 움직임은 우리보다 둔할지 몰라도 경륜으로 가득 찬 마음은 우리의 앞을 저만큼 앞지르고 있다.

아들과 며느리 그리고 딸들에 둘러싸인 60대 중반의 아버지는 마치 자기 생각은 아예 없는 희생과 같았다.

전립선암 초기라서 수술만 잘하시면 천수를 다할 수 있다는 설명에 이어서 요즘은 의술이 발달되어 수술할 때 남성의 기능에 관여하는 신경을 최대한 살리지만 그래도 수술 후에는 아무래도 수술 전보다는 능력이 좀 떨어진다는 설명을 하였다.

대한민국 아버지의 대부분이 그렇듯이 아버지는 똑같은 대답을 한다. 자기의 뒤통수를 걱정스러운 빛으로 바라보고 있을 여러 사람의 눈초리를 화끈화끈 의식하며, 지금 이 나이에 무슨 그런 것이 문제가 되냐? 병만 잘 치료해 달라는 말이다.

어려운 수술과 투병 끝에 암으로부터 건강을 회복한 아버지들은 수술 후 불과 1년 이내에 거의 같은 말씀을 한다.

아주 어렵게 입을 여신다.

이거 부끄럽고 미안한 이야기인데 요즘은 살아도 사는 것이 아니라는 불평 아닌 불평을 매우 조심스럽게 내 뱉는다.

"절대 흉이 아닙니다. 제가 적극적으로 치료해 드리지요."

옛날을 그리워하는 우리들의 아버지는 세끼 밥만 먹고, 잠 잘 곳만 있으면 모든 것에 만족하는, 마치 살아있는 시체와 같은 존재가 아니다. 그들에게는 노춘(老春)이라는 것이 있다.

반려동물(伴侶動物)보다도 못한 대접을 받는 귀찮고 무관심한 고깃덩어리가 결코 아니다. 젊은 시절을 살아본 노인분들이 사람다운 도반(道伴)으로 인정받고, 경륜과 지혜가 가득한 보배로 인식되는 날이 보고 싶다.

여의도 고수부지 단상(斷想)

벌써 여러 시간이 흘렀다.

진흙탕 속에 처박혀 있는 발은 시리다 못해 감각을 잃어가고 있다. 젖은 양말 속에서 발가락을 꼬물거려 본다. 움직임은 있는데 느낌은 무디다.

순리를 따르지 않는 세상을 힐책하듯, 계절의 엇박자는 억수 같은 장대비가 되어 여의도 고수부지를 갯벌로 만들었다. 살을 에는 추위를 제외하면 어릴 적 도롱이를 쓰고 장대비를 맞아가며 모내기를 하던 생각이 난다.

수만 명의 의사들은 응징의 푸른 눈빛으로 몇 시간을 꼼짝 않고 버티고 있었다. 시간의 흐름 따위로는 그들의 활활 타오르는 분노와 의지를 꺾지 못했고, 귓가에 스치는 매몰찬 칼바람도 그들을 흔들어 놓지 못했다. 저급한 사회주의 철학으로 오염된 세상 속의 외로운 의사상을 말해주듯, 더러운 시궁창의 고수부지 진흙탕 속에 그들이 힘겹게 서 있지만 아무도 그들을 내쫓지는 못했다.

주장자를 움켜쥐고 잘못된 역사를 심판하고자 하는 대선사의 모습이라고 할까? 인생을 살아감에 때로는 답답할 정도로 순진했던 이들을 누가, 무슨 힘으로 이렇게 무서운 투사로 만들었을까?

콩코드 광장에 붉은 피가 흐르지 않았다면 프랑스의 자유 시민들은 죽음과 같은 노예의 삶만 존재하였을 것이고, 오늘날과 같이 많은 사람들이 오벨리스크 분수대 밑에서 평화와 자유를 만끽할 수 있음은 상상도 못할 일이다.

비닐을 뒤집어 쓴 채, 심판자의 매서운 눈초리와 포효와도 같은 일갈과 절규는 인간의 존엄성과 자유의 성채를 지키기 위한 난공불락의 파수병과 같았다.

여기저기 헤매다가 간신히 만난 집사람과는 발을 떼놓기가 힘들어 눈인사만 나누고 말을 잊은 채 그 자리에 그대로 말뚝이 되었다.

사람이기에 따끈한 한 잔의 커피라도 마시고 싶은 마음이 간절하였지만 시궁창에 빠져있는 발을 옮겨 놓기가 힘들 뿐 아니라, 화장실을 자주 찾아야 한다는 것은 더욱더 힘든 일이라서 침만 삼키는 것으로 대신하였다.

모든 사람들은 얼굴만 겨우 내놓은 모습이고 얼굴에 웃음을 잃은 지는 이미 오래된 이야기다. 하늘을 배회하는 독수리의 붉은 눈매만 남아 있다.

이 대회가 치러지기까지 만났던 많은 의사들의 얼굴이 한순간 스쳐간다.

"의사들이 도대체 무엇을 하자는 거야?"

"우리가 이런다고 뭐가 바뀌나?"

전자와 같은 생각을 하는 사람들은 세상일에 무관심하여도 생활에 문제가 없는 선망의 대상이 되는 의사 선생님 같아서 매우 부러웠다.

후자와 같은 생각을 하는 사람들은 의사들이란 오로지 노예와 같은 삶과 정형화된 진료 환경에 순응하고 살아야 한다고 믿는 인사들이라는 생각이 들었다.

잘못된 것을 바꾸는 일은 물론 중요하다. 그러나 그것 이상으로 중요한 일은 의료 정책이 의사들의 의지와 관계없이, 대한민국 의료의 진정한 발전과 관계없이, 일부 왜곡된 시각을 가진 편협한 자들에 의하여 권력을 통하여 개악되는 것을 막는 일이다.

"매일 떠들어야 소용없다."

"나 대신 누가 하겠지."

이 두 가지 생각이 오늘날 대한민국의 초라한 의사상을 만들었고, 그 결과 이 많은 사람들이 여기에 모여 있게 된 것이다.

정확하게 말하면 초라한 의사들을 통하여 저급한 진료를 받아야 하는 국민들이 되어서는 안 된다는 상념이 이 모든 사람들을 이곳으로 부른 것이다. 자포자기적인 순응을 주장하는 사람들치고 의사로서의 정도를 가는 사람들은 매우 드물다.

여의도 둔치에서 가로수가 되었던 오늘 하루의 역사는 어디에 어떻게 기록될 것인가? 권력의 힘이 있는 자들의 농단을 맨손으로 막

아내는 피의 역사는 오늘도 내일도 흐를 것이다.

춥고 힘든 하루였다.

어둠이 짙은 스산한 골목의 낡은 목로주점에서는 세상을 한탄하는 식자들의 절규가 소주 한 잔의 풍류를 타고 흐르는 눈물과 함께 깊은 밤 속으로 사라져갔다.

영웅을 잠재운 병마(病魔)

조선에 이순신 장군이 있다는 것을 미리 알았다면 도요토미 히데요시는 조선을 침략하지 않았을 것이고, 임진왜란을 일으켜 자기 패망의 길로 빠져들지 않았을 것이다.

미국이 레이더라는 신기(神氣)들린 신종무기를 갖고 있다는 사실을 미리 알았다면 일본은 미국을 상대로 태평양 전쟁을 일으키지 않았을 것이고, 그때까지 차지하고 있던 점령지를 오늘날까지 갖고 있었을지도 모른다.

물론 우리에게는 소름끼치는 일이지만 불필요한 역사의 가정은 다양한 가능성을 예측해 볼 수 있다.

전 세계에 신사의 나라임을 자랑하던 영국도 인류 역사상 가장 명분 없고, 야비한 전쟁이었다고 비난받게 될 줄 알았다면 아편전쟁을 일으키지 않았을지도 모른다.

이렇게 전쟁이 끝난 다음 역사를 재조명해 보는 가정(假定)은 재미있기도 하고 안타깝기도 한 가운데 역사적인 교훈을 남기기도 한다. 그 전쟁과 관련된 역사의 뒤편으로는 확인되지 않은 애환에 휩싸인 수많은 일화들이 있다.

1815년 6월 18일 나폴레옹 보나파르트는 일생일대의 고비를 맞이한다. 이베리아 반도의 전쟁에서 승리한 영국의 영웅 웰링턴과 워털루에서 최후의 일전이 시작되었다.

역사의 기록에는 전쟁을 승리로 이끌던 나폴레옹 군이 영국군과 프로이센군의 협공으로 패전한 것으로 되어 있지만, 역사의 뒤안길을 수놓은 기록이라고 할 수 있는 야사에 따르면 그 당시 나폴레옹은 매독이 온몸에 퍼질 대로 퍼져서 도저히 말을 탈 수가 없었다고 한다. 때문에 명운을 건 일전을 앞두고도 진두지휘를 못하고 황제의 지휘소 천막 안에 갇혀 있는 채로 전쟁을 독려하였단다.

전투의 결과는 패전으로 끝나고, 결국 황제의 자리에서도 물러난 뒤 세인트헬레나 섬으로 유배되어 불귀의 객이 되었다.

매독은 그를 파멸 시킨 죽음의 병(病)이며, 동시에 영국에 승리를 안겨준 행운의 병이 됐다. 잘했든, 못했든 인류 역사에 우뚝 섰던 불세출의 영웅도 눈에 보이지 않은 매독균에 의하여 허무하게 쓰러진 것이다.

콜럼버스의 교역에 따라 유럽에서 신대륙으로 상륙한 매독 균은 순식간에 150만 명의 아메리카 원주민을 황천길로 안내한 사건도 질병이 인류에 얼마나 혹독한 해악을 끼쳤는지 뒤돌아보게 하는 장면이다.

제2차 세계대전에서 패하기는 하였지만, 독일의 육군 원수이자 전쟁 영웅이며 진정한 군인으로 존경 받는 롬멜은 어떠했는가.

1941년 2월 북아프리카 전선에서 대담한 기습 공격으로 승리를 이끌어내어 아군이나 적군으로부터 동시에 '사막의 여우'라는 명성을 얻는다. 이후 독재자 히틀러를 제거하고 전쟁으로 희생되는 독일인을 보호하기 위해 히틀러 제거 음모에 가담하였다 발각되어 히틀러로부터 자결을 강요받고 생을 마감한다.

한 시대의 영웅인 그도 전쟁에서 항상 이길 수는 없었다.

1942년 엘알라메인 전선에서 그는 영국의 몽고메리에게 패하여 본국으로 소환되는 쓰라린 경험을 하게 된다.

후세의 평가에 의하면 그 당시 독일군은 전력 면에서도 영국군을 도저히 이길 수 없었다고 전해진다. 하지만 마지막 결전에서 천하의 맹장 롬멜은 애석하게도 지독한 간염에 걸려서 지휘차량의 침대에 누워서 전쟁을 치러야만 하였다.

최고 지휘관이 빠진 전쟁, 그것이 가장 큰 패인일 수 있다는 것이다.

세기의 황제 나폴레옹과 진정한 군인이며 패전국의 영웅 롬멜 원수, 이 두 사람이 보여주는 역사적 사건을 통해서 보면 한 시대의 획을 긋는 영웅들도 병마 앞에서는 어쩔 수 없었음을 알 수 있다.

역사적 사실에 대한 가정은 재미있다고 하였다. 나폴레옹이나 롬멜 모두 정상적인 상태에서 적장들과 정면 승부를 했더라면 역사의 기록에는 또 다른 족적과 새로운 형태의 미사여구의 찬사가 남겨졌을지도 모른다.

이러한 사실을 통해 전쟁에서 지휘관의 역할이 얼마나 중요한 것인지도 역으로 되새겨볼 수 있다. 이런 현상은 전쟁에서 뿐만 아니라 모든 사회 조직에서 지도자의 능력과 노력이 얼마나 중요한지를 보여주는 일이라고 생각 한다.

제2차 대전에서 미국과 일본의 전쟁은 처음부터 승패가 갈린 상태에서 진행되었는지도 모르겠다. 다시 말해 양국 군대의 초급 지휘관들의 구호와 명령에서 승패의 인과응보를 엿볼 수 있다.

미국군 소대장 "나를 따르라!"

일본군 소대장 "돌격 앞으로!"

사람들은 막연하게 나도 지도자가 될 수 있다고 생각하고 있다. 사실 누구든지 지도자가 될 수 있는 기회는 열려있다고 보아야 한다. 그런 분위기는 자유 민주사회의 장점인 기회균등의 사회적 정의에도 부합되는 일일 것이다.

한 시대의 절대 황제나 전쟁의 영웅의 안타까운 패배를 슬퍼하는 것은 너와 나의 가슴속에 그들이 차지하고 있는 공간이 그만큼 컸기 때문일 것이다.

그러나 여기서 한발 더 나가 그들이 그 자리에 오르기까지의 과정을 되짚어보는 것 또한 중요한 일이다.

분명하게 추측되는 것은 아마도 그들은 젊은 시절 남들과는 비교할 수 없는 부단한 노력을 하였을 것이라는 점이다.

프랑스 땅이라고 해야 좋을지 말지 알 수 없었던 콜시카 섬 출신의 촌뜨기 나폴레옹은 파리에서 학교를 다니면서 사투리 발음으로 인해서 외톨이가 되었다. 그는 이 왕따의 상황을 도서관에서 많은 역사서를 읽으면서 극복하여 황제가 된 것이다.

노력이라는 철학을 통한 결과로 그만한 위치에 이르렀던 것은 분명한 그들의 공(功)이요, 질병이라는 족쇄에 발목이 잡힌 것은 뭐니 뭐니 해도 인지 못한 그들의 과(過)이다.

영웅을 쓰러트리고 한 국가의 운명을 좌지우지하는데 원인을 제공한 질병이라는 존재는 한낱 지난 역사속의 일화가 아니다.

부지불식간에 날아들었던 메르스(중동 호흡기 증후군)는 한 순간에 대한민국 사회를 혼돈 속으로 휘몰아 갔다.

전 인류의 축제라고 일컫는 리우 올림픽 게임을 불과 몇 개월 남겨 놓고 브라질에 창궐하는 지카 바이러스로 인하여 인류 재앙의 단초가 되지는 않을지 마음이 우울해진다.

한 동네 지구촌이 된 지금은 작은 병마가 한두 명의 영웅을 잠재우는 것이 아니라 한 국가 사회 전체를 불러 세울 수 있다는 새로운 인식이 필요하다.

여명의 두 얼굴

생각해 보면 참으로 오래된 기억 속의 일이다.

사라질 듯한 두 얼굴이 여명의 안개를 헤집고 눈앞에 와 살며시 포개지는 것은 무슨 일인지 모르겠다. 배꼽 밑의 깊은 곳에 묻어 두었던 기억이 눈앞에 펼쳐지는 사악함의 메스꺼움으로 목젖을 요란하게 휘저어 놓았는지도 모른다.

베개에 머리를 내던지자마자 불과 몇 분도 안 되어, 복숭아꽃 만발하고 종달새 노래 맞춰 호들기 불어대던 고향의 들과 산으로 달려가는 꿈속으로 빠져드는 순간이 가장 행복하였던 전공의(專工醫) 시절이었다.

먹는 것은 걸신(乞神)이요, 잠에는 귀신(鬼神)이고, 일하는 것은 등신(等神)이라는 자괴(自愧)에 빠져 있던 삼신(三神)의 시대를 살아가는 동안은 스스로를 돌아본다든지, 세상일에 대한 연민의 정이나 고뇌의 흔적을 찾아보는 것은 여유 있는 사람들의 포시라운 새타령

같아 보이던 때였다.

뭔가를 죽어라하고 열심히 한 것 같은데, 아는 것이 없고 등신 같아서였는지 몰라도 번갯불에 벼락 치듯 떨어지는 은사님들의 불호령이 인생무상과 삶의 회의가 되어 코끝에 맴돌곤 하였다.

전날 밤 나는 무엇이 옳은 것인지 감정의 두 끝이 휘몰아치는 회오리 속에 잠 못 이뤄 뒤척이다 흰 새벽을 맞이했다.

누워있어 봐야 어차피 등줄기만 아플 바에야 산더미 같이 쌓여있는 일을 하는 것이 낫겠다 싶어 까치가 머물다간 둥지 머리를 대충 가다듬고, 천근만근 짓누르는 눈꺼풀을 들어 올려 넥타이를 매었다. 은사님께 불호령을 맞지 않기 위한 첫 번째 덕목이 목줄에 달려있기 때문에 정장 차림이 아니면 큰일이 난다.

긴 밤을 지새운 병동 간호사들의 퀭한 눈매와 초췌한 얼굴이 눈앞을 스쳐 가는가 싶더니, 병상에 꼿꼿이 앉아 있는 또 다른 번뇌가 눈앞을 가로 막았다. 그리고 그녀 옆에 널브러져 있는 또 다른 육신은 거대한 비곗살을 들척이며 코를 골고 있었다. 나의 오장육부를 분노로 뒤엉키게 하였던 비계덩이의 탐욕스런 눈을 보지 않아 다행이었던 것은 이른 새벽의 희미한 형광등 덕분이었다.

지난 수일간 내 머리를 혼란하게 하였던 고뇌의 시작은 몇 단계를 거치는 동안 눈덩이가 되어 있었다.

이제 막 스무 살 밖에 안 되는 이 처녀의 신장을 떼어 어머니에게 준다는 것이 어리석은 나의 의학적 식견으로는 이해가 되지 않았다. 선생님께서는 왜 이런 이해 못할 결정을 하셨을까?

환갑을 훌쩍 넘긴 지금에 와서 생각하면 당연히 여쭈어 보아야 했던 일인데 왜 나는 여쭈어보지 못했는지 모르겠다.

입만 벌리면 게걸스러운 욕심으로 가득 찼던 비곗덩어리가 사람으로 보이지 않았다. '내가 너를 낳았으니까 내가 죽게 된 마당에 네 신장 하나쯤은 내게 주는 것은 너무도 당연한 일이다'라고 인간성을 상실한 뻔뻔함을 보였을 때 이미 나는 그녀를 증오하고 있었던 것이다. 벌써 의사로서의 냉철함을 잃은 것이다.

갸름한 얼굴에 유난히도 눈이 크고 얌전했던 어린 딸은 아무것도 모르고 끌려온 마구간의 귀염둥이 어린 양일 뿐이다. 내 가슴속을 스쳐가는 '희생(犧牲)'이라는 단어가 생각났다. 고등학교 시절 칠판에 '犧牲'이라는 단어를 한자로 분명하게 씀으로써 선생님께 칭찬을 들었던 일이 생각났다. 내가 쓰고도 참 어려운 한자를 잘도 썼다고 철모르고 으스대던 모습이 그 순간에 떠올랐다. 어쨌든 그때 나는 환자에게 연민을 품어서는 안 되는 금도(禁道)를 넘고 있었던 것이다.

주치의로서 며칠간 겹쳐지는 두 얼굴이 대하기 싫어서 그 병실은 되도록 방문하지 않았다. 지난밤의 뒤척임은 바로 오늘이 두 모녀가 수술을 받는 날이었기 때문이다.

어떻게 할까…, 어떻게 할까? 앞으로 결혼하여 아기도 낳아야 하고, 창창한 나날을 살아가야 할 어린 양의 삶, 딸의 신장을 받아서 새로운 삶을 꿈꾸고 있는 비곗덩어리의 삶. 가치의 소중함과 내 속에서 들끓는 정도와 감정의 대립이 나를 혼란스럽게 하였다.

그러나 이미 나의 손끝은 수술이 걱정이 되어 침상 위에 동그라니 앉아 있는 어린 양을 향하고 있었다. 내용도 모르고 병실 밖으로 걸어 나온 그녀의 두 어깨를 잡아 강하게 흔들었다. 그리고는 내 손이 말없이 비상구를 가리켰다.

그녀도 아무 말 없이 유유히 사라져 갔다. 마치 짓누르는 공포로부터 해방된 것처럼.

환자를 제대로 살피지 못한 답답한 의사라는 은사님의 불호령이야 이미 감수했던 일이라서 인생무상, 삶의 회의를 또 한 번 뇌까리는 일은 없었다. 마음속으로는 승리와 자신감에 넘치는 휘파람을 불었다.

병동 저쪽에서는 비곗덩어리의 대성통곡하는 소리가 끝없이 들려왔다. 넋두리를 늘어놓기로 말하면 그 종류에 있어서 모든 동물 중에 사람이 으뜸이라는 것을 나는 그날 처음 알았다.

나의 이 황당무계하기까지 한 혁명적 무용담을 알고 있는 사람은 없다. 4년이라는 전공의 전 과정을 통해 딱 한 번 은사님을 속인 죄 많은 제자가 되었다.

희생의 양이 될 뻔했던 그 여인은 어떻게 살고 있는지. 그 뒤 투석을 하러 다니던 그녀의 어머니를 먼발치에서 몇 번 보기는 했는데 과연 그 어머니는 어찌 되었는지?

나는 오랫동안 겹쳐지는 두 얼굴 사이에서 번뇌 아닌 고뇌를 해야 했다. 과연 어느 것이 옳은 일이었을까?

시간의 흐름 속에 모든 것은 묻히는 법인데, 두 얼굴이 간혹 흠칫흠칫 머리를 스쳐가는 이유는 무엇일까.

의료의 부평초 신세

오늘 아침 회진 시간에도 미스터 비탈리가 엄지손가락을 들쳐 세우며 스파씨바를 외친다. '고맙다'는 러시아 말이다. 그러나 사실 그의 이런 행동은 진정으로 고마워서가 아니라 어떤 의미에서는 항의성 표현이기도 하고, 한편으로는 자기를 치료해 주는 나를 안심시키려는 노련한 행동이라고 생각된다.

그도 그럴 만한 것이 이 환자분은 수술 받은 지 벌써 두 달이 되어가고 있는 러시아 사람이다. 방광암으로 방광을 전부 들어내고 대장을 이용하여 인공 방광을 만든 다음 다시 방광이 있던 그 자리에 집어넣어 요도와 연결을 해주는 큰 수술을 했다. 모든 과정이 순탄했는데 수술 상처가 덧나서 이렇게 오랜 시간을 끌고 있으니, 이역만리 외국의 병상에 누워있는 환자 입장에서 보면 오죽이나 답답하겠는가.

자기가 워낙 한국 병원에 오래 입원해 있으니까 한국 국적을 취득해야겠다고 농담을 던지기에 내가 대통령께 특별히 건의하겠다니까 배꼽을 잡고 웃는다. 그래도 이제는 주치의와 환자가 이만큼 농담을 나눌 수 있는 정도로 병세가 좋아져서 마음이 놓인다.

과거 우리나라에서는 유명 인사가 정치적 또는 사회적인 문제로 해외 도피를 하면서 흔히 하던 말이 신병 치료차 출국한다는 말이었다. 정말 심각한 병이 생겨서 치료차 외국으로 나가는 것은 물론 아니지만, 그 당시는 외국의 의료 수준이 우리보다 훨씬 좋았기 때문에 이렇게 말을 하여도 별로 어색하지 않게 받아들였었다. 그러나 최근에는 특별한 사람을 빼고는 이러한 말을 하는 경우는 거의 없다. 어떻게 보면 뻔한 거짓말을 하고 있다고 믿기 때문일지도 모른다.

재외 동포들이 신병 치료차 귀국하거나, 출산을 위하여 귀국하는 일은 이미 오래된 일이고, 몇 년 전부터 갑자기 몰려들기 시작한 외국인 환자들로 인해서 국내 의료계는 나름대로 국제적 위상이 높아지는 듯한 분위기다.

우리나라로 치료를 받으러오는 외국 사람들은 경제적으로 여유가 있는 사람들이며 질병 또한 상당히 심각하고 중환인 경우가 많다.

이들이 한국으로 몰려드는 이유는 뭘까?

우리의 의료 수준이 높다고는 하지만 전 세계 최고라고 할 수는 없음에도 불구하고 이들이 몰려오고 있다.

이해하기 힘든 이 현실이 뼈아픈 이야기를 가슴에 품고 있는 오늘의 한국 의료의 위상이다. 의료계 입장에서의 내우외환이다.

정치권력이 전환점을 맞이하게 되는 경우나 사회적 불안이 고조

될 때마다 한국 의료계는 하루가 멀다 하고 매스컴과 정치권으로부터 오뉴월에 개 패듯이 두들겨 맞았다. 그리하여 내용도 모르는 국민들 앞에 파렴치한 죄인이 되어 발가벗고 나앉은 사람들이 한국의 의사들이고 의료계다.

이 처참하고 참담한 몰골을 하고 있는 한국의 의사들한테서 뭘 치료받겠다고 오는 것인지 이해가 안 된다.

그러나 외국인들이 질병 치료를 위하여 어느 특정한 나라로 몰려들 때는 분명한 몇 가지 이유가 있다.

아무래도 가장 중요한 것은 의료의 질(質)이다. 자기네 나라의 수준과는 비교할 수 없이 훌륭한 의료 기술이 있기 때문이고, 둘째는 의료의 질 대비 상대적으로 저렴한 의료비용이다.

이들, 특히 최근에 우리나라를 많이 방문하는 러시아 환자들을 살펴보면, 한국 의료의 질은 매우 높은데 비하여 상대적으로 치료비는 저렴하며, 극동지역 러시아에서 방한하기에 비행 거리나 시간적으로도 매우 편리하기 때문이다. 이런 이유로 과거에 싱가포르로 몰려가던 그들이 우리나라로 발길을 돌린 것이다.

15년 전쯤 학술대회 참석을 위하여 극동 러시아의 하바로브스크를 방문한 적이 있다.

한때는 우리와 감히 비교할 수 없을 만큼 뛰어났던 러시아 의학이 대책 없이 붕괴되어 가는 현장을 목도했다.

의사의 사회적 신분은 벽돌공과 은행원의 사이쯤 되고, 월수입은 벽돌공의 반쯤 된단다. 사회생활에 미치는 정치 집단의 영향력이 워낙 크기 때문에 머리 좋고 똑똑한 일류 남성들은 모두 정치대학을 선호하고, 졸업 후에는 공산당 당원으로 사회생활을 시작하는 것이 대다수 러시아 젊은이들의 최고의 꿈이란다.

한편 의과대학을 지원하는 사람들은 사회적으로 중간 계층의 여성들이 대부분이란다. 그래서 의사들 중 여성들이 차지하는 비율이 매우 높았다. 여성들이 의학을 전공한다고 의학이 발전하지 못한다는 말은 당연히 논리적으로 성립되지 않는 말이다. 그러나 오늘날 러시아 의료계의 경우 여성들이 뛰어나서 남성들의 영역을 차지하는 현상과는 전혀 의미가 다른 것 또한 사실이다.

결국, 과거 역사의 어느 시대에 어떤 사회적 흐름과 분위기가 그 나라 국민들로 하여금 질병을 치료하기 위하여 해외로 떠도는 부평초 같은 신세가 되게 만든 것이다. 그럼에도 불구하고 '역사의 어느 시대'에 목소리 컸던 그 어느 누구도 책임지는 사람은 없다.

우리의 현대의학은 스스로가 생각해 보아도 엄청나게 발전하였다.

그러나 대한민국의 의사들이 사면초가의 말 못할 고민에 빠져있는 것 또한 현실이다. 마치 수십 년 전 소련의 의학이 붕괴되기 시작했던 상황과 아주 비슷한 사회적 분위가 엄습하고 있기 때문이다.

우리의 의학 수준이 이만큼 발전되기까지 국가 사회가 기여한 것은 과연 무엇인가?

전문가로서의 대접은커녕 멱살잡이를 면하지 못하고 있는 한국 의사들의 사회적 위상은 적절한 것인가?

우리 국민들이 바라보는 대한민국의 의사란 어떤 사람들인가?

정치 세력들이 그들의 사회적 입지를 확보하고, 아주 쉽게 유권자들의 말초신경을 만족시켜 주기 위한 방법으로 국민들 앞에 의사들을 지탄의 대상으로 만들었다.

이러한 일은 과거에 흔히 볼 수 있었던 사회 병리적 행태의 일환이다.

부적절한 정치적 윤리성을 극복하기 위한 수단으로 검경의 힘을 빌려 사학을 압박하고, 대리만족을 위해 깡패를 소탕하고, 스포츠를 육성하고 그리고는 전문 지식층을 몰아세우는 일을 통하여 보상적 만족감에 박수를 치는 국민들에게 아부하였던 것이다.

이십여 년 이상을 이렇게 살아온 사람들이기 때문에 더 이상은 비켜설 수 없는 천인단애에 두 팔을 벌리고 서 있다고 의사들 스스로는 그렇게 생각한다.

우리나라의 의학이 과거와 같은 핍박 속에서도 지속적으로 발전하여 오늘과 같은 발전된 모습을 보여주듯이, 오늘의 위기를 극복하고 미래에도 발전된 모습을 보여줄 것인지? 아니면 국제적으로 상당한 위상을 차지하고 있는 오늘의 이 모습이 한낱 과거의 한때 아름다웠던 추억으로 기억되는 추락의 날개를 달게 될 것인지?

아무도 모를 미래의 일이지만 분명한 것은 의사들이 이제 너무 지쳤다는 것이다.

얼마 전 의료수가를 통제하는 한 국가기관에서는 우리나라 의료수가는 원가 보존율이 73.9%라고 스스로 잘못을 인정하는 자료를 발표하였다.

모든 비용은 적을수록 소비자의 만족도는 증가하게 되어 있다지만 그것도 어느 한계점이 있게 마련이다. 아기의 정상적인 출산 비용이 애완용 강아지 출산비의 반에 반도 안 되는 것이 정말 좋아만 할 일인지 모르겠다.

우리 모두가 바라는 미래의 대한민국 의료의 질적 위상을 다시 한 번 생각해 보아야한다.

지하수가 한 번 오염되면 다시 정화되기까지 200년이 걸린다고 들었다. 분명한 것은 의료가 추락하면 다시 회복하기까지 100여 년이 걸린다. 그 사이 환자들은, 그리고 국민들은 어떤 상황에 처하게 될까?

곶감꽂이의 곶감이 다 떨어져가도 그것을 인식 못하고 달콤한 맛에만 도취되는 것이 사회 구성원들의 속성이다.

미래를 향한 마음을 통해 치료 때문에 헤매는 부평초 신세의 국민들은 만들지 말아야한다는 생각이 든다.

아무리 쥐어짜도 더 이상 나올 것이 없는 참기름 틀을 더욱 세차게 쥐어틀면 어느 날 밑창이 빠지는 법이다.

3.

물먹는 사회

그냥 Seoul, Korea

사람들마다 개성이라는 것이 있듯이 세상의 모든 민족들은 각각의 자존심 내지는 자긍심을 갖고 있다. 그러나 이것이 잘못되어 유아독존적 자만심으로 흘러갔을 때, 온 인류는 험악한 전쟁의 참화와 혼란을 겪었다는 것이 역사적으로 입증되어 왔다.

게르만 민족이 내세웠던 자만심은 세계대전의 단초가 되어 무수한 생명을 앗아갔고, 결국은 본래부터 그들이 문화적으로 우수한 민족은 아니었다는 부끄러운 사실을 온 세상에 드러낸 꼴이 되고 말았다.

우리도 우수한 민족임을 자랑으로 삼아왔고 언제나 마음 한 구석에는 한민족으로서의 자긍심을 갖고 살아왔다.

어떤 역사학자는 이렇게 말하고 있다. 지구상에 수많은 민족이 있지만 불의에 저항할 수 있는 자아의식과 능력을 갖고 있는 사람들이야말로 진정 우수한 민족이라는 것이다. 이처럼 불의에 저항해

온, 지구상의 민족은 손가락으로 꼽을 정도 밖에 안 된다는 것이다. 이런 기준으로 본다면 한민족은 아주 우수한 민족이라는 것이다.

그러나 요즘을 살아가는 후손들의 입장에서 생각해 보면 때로는 답답함을 느끼고 있는 것 또한 사실이다.

우리 선대의 조상들은 왜 좀 더 강하고 공세적으로 살지 못했나?

강성한 나라다운 나라를 세워보지도 못하고, 맨날 앉아서 당하고 난 뒤에 저항이니 의병이니 하는 수세적 역사의 주인공으로 살아온 것이다. 역사의 뒤안길로 전락한 마당에 문화민족 타령은 해서 무엇을 하겠다는 것인가. 약한 자의 변명을 문화민족이라는 허울로 장식하고 있는 것이다.

한때 이런 사고에 사로잡혀 있었던 나였기에 젊은 시절이었다고는 하지만 참으로 공격적이면서도 사려 깊지 못했구나 하는 후회가 든다. 그래서 공자께서는 장년 시절에는 혈기(血氣)가 넘쳐흐르니 싸우는 것을 조심하라고 하신 모양이다.(一生三戒 及其壯也 血氣方剛戒之在鬪)

함부로 총을 들어 힘자랑하며 온갖 패륜적 만행을 저지르다가 인류 역사상 최초로 원자폭탄이라는 불의 응징을 당한 사람들을 보면 만용의 결과가 어떤 것인지 알 것이다. 그들이 겉으로는 좀 윤택하게 살고는 있다지만, 정신적으로는 과거 총칼을 들어 세상에 저지른 죗값을 아직도 치르고 있는 중이며, 과거 행적을 통해 전 인류 앞에 그들 스스로가 얼마나 패악(悖惡)한 존재인지를 여실히 보여주었다고 생각한다.

그렇기 때문에 우수한 민족의 기준과 조건이 여러 가지가 있을 수 있겠지만 총칼의 힘과 패권을 추구하는 것은 결코 아니며 그 보다는 문화를 고귀하게, 그리고 사람을 귀하게 여기는 것이 제일 중요한 요소라고 생각한다.

우리의 문화적인 자긍심은 중국이나 이스라엘의 그것과는 사뭇 다른 면이 있다. 우리의 그것은 선비정신에 바탕을 둔 자존심이기 때문에 항상 상대방을 존경하고 배려하는 가운데 존재감을 자긍하는 것인 반면, 중국의 중화사상은 중국이 세상 문화의 중심이라는 독선적 생각의 출발이고, 유럽의 일부 민족과 백인들 사이에 존재하는 선민사상은 문화적으로 상당한 이기주의적 우월감 즉 자문화(自文化) 중심주의적 생각에 빠져 있는 것이다.

저들의 문화는 항상 공격의 대상이 되어 왔기 때문에 역사적인 부침이 심하였고 문화적인 단절의 아픔을 수도 없이 많이 겪은 안타까움이 있다.

그러나 우리의 긍지를 대변한다고 할 수 있는 선비문화는 음흉한 외세의 침습과 철없는 내부의 가당치 안은 공격으로 사멸되어 가고 있어 한민족이라는 존재감마저 흔들리는 위험에 처하여 있고, 지금과 같은 저출산율이 지속된다면 단군의 자손이 지구상에서 멸실될 것이라는 지난밤 텔레비전 뉴스는 밤잠을 설치게 한다.

오천년의 역사를 갖고 있다고 자부하는 한민족이 본격적으로 국제 사회에 알려진 것은 언제부터였을까. 결코 자랑스러운 일은 아니지만 세상 사람들이 전쟁이라면 지긋지긋해 하였던 제2차 세계대전의 상처가 채 가시기도 전에 발발한 민족상잔의 부끄러운 역사를 남기면서 이 세상에 얼굴을 내밀기 시작하였다고 할 수 있다. 한국 전쟁이 있기 전까지는 거의 알려지지 않은 동방의 조용한 나라.

아마도 6·25 참전 16개국에서는 자국 군대가 참전했으니까 좀 알고 있었을 수 있다. 그 나라들 중에 미국은 여러 가지 정치 사회적인 문제들로 인하여 우리를 가장 잘 알고 있는 나라다.

미국을 생각하는 정도와 방향은 제각각이겠지만, 미국을 전혀 모르는 우리나라 사람은 거의 없을 것이다. 그리고 우리 마음속에는 미국 사람들도 우리가 미국을 알고 있는 것만큼 우리를 잘 알고 있을 것이라는 막연한 생각을 하고 있는 것이다.

내가 미국에 연수를 간 것은 서울 올림픽이 막 끝난 1989년 여름이었다. 대학이나 병원의 식자들은 내 모습을 보고 일본인 아니면 중국인으로 생각하고 있다가 한국인이라고 하면 '아참 그래 한국도 있었지' 하는 정도의 이야기를 했다.

그때 느꼈던 것은 우리가 미국에 대하여 100을 알고 있다면 미국 사람들은 한국에 대하여 10 정도를 알고 있는 것 같았다. 좀 배운 사람들이 이 정도인데 하물며! 하는 마음으로 매일 사무실을 청소하는 마음 좋게 생긴 흑인 아저씨와 아줌마한테 '88 Seoul Olympiad'를 아느냐고 물어 보았다. 서로 한참을 쳐다보면서 무슨 소리인지 모르겠다는 표정을 지었다.

내 영어 발음에 문제가 있나? 하고 종이를 꺼내서 써서 보여 주었다. 그들은 서로 웃으면서 다시 말을 이어갔다. 네 말을 못 알아들은 것이 아니라 네 퀴즈 문제가 너무 어렵다는 것이다.

한참 상의하더니 아저씨가 내게 은근하고 다정하게 물어왔다.

"그것이 요즘 새로 나온 담배의 이름이냐?"

나는 더 이상 말없이 씩 웃고 지나갔다. 남의 일에 관심이 없는 것은 미국 사람들의 큰 장점이자 단점일 게다. 그래서 지방 신문에 외국의 정치 현황에 대해서는 기사화 되는 일이 거의 없다.

그런데 한 번은 내가 있던 버펄로 지역 조간신문의 1면 톱기사로 한국이 나왔다.

그날 아침 나는 아무것도 모른 채 병원에 도착하였는데 사무실 분위기가 영 아니었다. 내가 혼자 생활하면서 고생하는 모습에 대하여 측은지심의 정을 보이던 비뇨기과 흑인 여비서의 눈매는 아주 걱정스러운 것이었고, 평소에도 쌀쌀맞게 톡톡 쏘아 붙이던 간호사의 표정은 '그러면 그렇지' 하는 눈치였다.

커피를 한 잔씩 마시고 있는데 과장이 신문을 보여 주었다.

신문의 1면 톱기사에는 큼지막한 글씨로 '남한 시민의 야만적 행위'라고 써져있었다.

이렇게 격한 표현을 즐겨 사용하지 않는 사람들임을 알았기에 순간 벌겋게 상기되어 굳어버린 얼굴과 뛰는 가슴, 떨리는 손으로 신문을 훑어보았다.

반미를 외치는 것이 대한민국 진보의 진수라고 믿는 사람들의 반미 데모가 한창이던 시대였다. 그런데 이 반미 데모대가 한남동에 있는 미국 시민들의 집에다 화염병(Molotov Cocktail)을 투척한 것이다. 자유민주주의를 신봉하는 사람들 입장에서 보면 이렇게 평범한 시민을 위협하거나 공격하는 것은 절대 용서 받지 못할 야만적 행위인 것이다. 그래서 전 미국의 매스컴에서 Korean is savage가 유행이 되었다.

한국 사람으로서 도저히 얼굴을 들 수 없는 수치스러움이 한계에 도달했다. 그 뒤로 내 생각은 이렇게 바뀌었다. 격렬한 반미데모를 벌이는 사람들이야말로 치사한 사대적 친미주의자들이다. 그들은 미국을 자극해서 뭔가를 얻어 보려는 떳떳하지 못한 사람들이라는 생각을 버리지 못했다. 미국 사람들이 우리를 아주 관심 있게 바라보고 있을 것이라는 착각에 빠져 있는 사람들이라고 생각했다.

최근에는 또 다시 못 말리는 일이 벌어지고 있다.

북한에서 핵 실험도 하고 대륙간 탄도탄 발사 실험을 하면서 공격 목표가 미국이네 괌이네 떠들고 핵폭탄을 만들어 전 인류를 협박하는 짓을 서슴지 않고 있다. 한국인의 야만적 행태를 숨김없이 보여 주고 있는 또 다른 형태의 망신이다.

우리 입장에서야 하고 싶은 말이 분명히 있다.

"저 나쁜 짓하는 놈들은 우리가 아니고 북한(North Korea)입니다. 우리는 국제적인 평화를 주장하고 이를 위하여 노력하는 남한(South Korea)입니다."

지극히 맞는 말이다. 그러나 애석하게도 전 세계 국가의 일반인(ordinary man)들은 남한 사람과 북한 사람을 구별하지 못한다.

분명히 대한민국은 Republic of Korea(R.O.K)이고 북한은 Democratic People's Republic of Korea(DPRK)이지만 이런 표

현은 더욱더 모른다.

조금 관심 있는 사람들은 South Korea와 North Korea 정도를 구분하려 애를 쓰지만 우리가 생각하는 것만큼 분명하게 구분하지 못 한다. 한국인을 연상하는 상황에서 북한의 '야만적 행위'가 계속 보도 되면, 안타깝지만 외국 사람들의 마음속에 자리 잡는 생각은 아주 간단하다.

"한국인은 본래 야만인이야."

억울하지만 여기에 대하여 우리도 원죄가 있기 때문에 어쩔 수 없다. 이렇게 형편없이 매도당하고 가만히 앉아 있을 수만은 없기에 고심 끝에 찾아 낸 나의 생존수단은 그냥 'Seoul, Korea'다.

아주 작은 경험이지만 영어로 '나는 남한 사람이지 북한 사람 아니다.'라고 이야기할 필요 없이 우리의 실체를 그래도 긍정적으로 이해시키는 데에 있어서는 Seoul, Korea라는 말이 훨씬 잘 통하는 것 같다.

앞으로 우리나라에 대한 긍정적 이미지를 심기 위해서는 좋은 일을 할 때는 Seoul을 강조하는 것도 위기를 탈출하는데 일익을 담당하지 않을까 하는 욕심을 내 본다.

어떤 분이 이 글을 읽고 서울만이 대한민국의 대표냐? 하고 그 지긋지긋한 지역감정을 내세우면서 편협함을 드러낸다면 나는 섭섭한 마음을 감추지 않겠다.

물먹는 사회

세상의 모든 민족과 나라마다 그들 고유의 풍습과 의상이 있듯이 음식문화 역시 독특한 특징을 갖고 있다.

그러나 여러 가지 이유와 정황에 때문에 모든 분야에 걸쳐 현대화와 문명화가 이루어지면서 본래의 모습과 다른 것이 되어가고 있다. 특별히 세상과 담을 쌓고 사는 어느 특정 오지를 제외하고 세상의 모든 나라와 민족은 시공간적으로 바로 내 옆집 이웃이 되었다.

이러한 상황이 머릿속에 그려질 때는 가끔 엉뚱한 생각이 들기도 한다. 이렇게 지구촌 한 가족을 외쳐대고 추구해 나가다가는 언젠가 각 민족의 고유성이나 특색은 완전히 퇴색하고, 현재로서는 예측할 수 없는 기형적 문화가 생성되는 것은 아닐까 하는 우려, 그리고 그렇게 많은 왕래와 교류가 일어나고 있는데 국가 간의 전쟁은 예나 지금이나 똑같이 발생되고 있는 이유는 무엇일까?

참 어리석은 의문을 품고 살아가고 있구나 하고 자책해 본다.

아주 다양한 분야에서 변화가 일어나고 있지만 가장 큰 변화 중에 하나는 음식문화라고 생각한다. 각국의 음식은 빠른 속도로 이질 문화에 소개되고, 한편으로는 이미 동화되어 경우에 따라서는 또 다른 새로운 종류의 음식이 태어나기도 하였다.

요즈음에 유행하는 퓨전(fusion)의 바람은 세상의 모든 영역이 새로운 것을 만들어 내기에 여념이 없어 보인다. 융합이란 단순하게 합쳐지는 것이 아니라 합쳐져서 새로운 뭔가를 탄생시키는 것이기 때문에 그만큼 고통이 뒤따르기도 하는 것이다. 아마 나의 쓸데없는 걱정도 이런 고통의 하나가 아닐까하고 자위해 본다.

과거의 나에게는 고유하고, 남에게는 생소하였던 나름대로의 식생활 문화가 매우 친숙해지고 공유할 수 있는 세상을 서서히 넓혀가고 있다.

과거 1년 남짓 미국에 머물며 공부하고 있을 때 그들의 식생활 습관 중에 아주 미미하면서도 놀라운 사실을 알게 되었다.

미국 사람들이 내가 생각했던 것보다는 소금을 많이 먹고 있는 것 아닌가 하는 생각이다.

일반적으로 성인병과 연관하여 미국에서는 1일 소금을 6g이하만 섭취할 것을 권장하고 있다. 부끄러운 일이지만 우리나라는 자세한 통계가 없어서 미국의 권장량을 원용하고 있는 형편이다.

외국 생활 중에, 혹은 외국을 여행하는 사이에 매우 귀찮으면서 당황하기 쉬운 일이 레스토랑에서 음식을 시키는 일이다. 가장 큰 이유는 원활하지 못한 언어 소통도 문제겠지만 음식의 구체적인 내용도 잘 모르거니와 어떻게 먹는 것인지도 모르는 경우가 대부분이기 때문이다.

외국 사람들은 주문을 받을 때 음식에 대하여 아주 친절하게 설명을 하는데 이것이 오히려 번거롭게 느껴지는 경우가 다반사다. 그렇다고 해서 흔히 알고 있는 스테이크 같은 음식만 매번 먹을 수도 없거니와 잘못 하다가는 그 나라의 특징이 가득 담긴 음식을 접해 볼 기회가 없어지게 되는 것은 참을 수 없는 바보짓이다.

한 번은 병원 카페테리아로 점심을 먹으러 갔다. 넉넉한 행주치마를 두른 매우 뚱뚱한 흑인 아줌마가 아무 표정도 없이 너 무슨 빵을 먹겠냐고 물어 보는 게 아닌가. 플라스틱 박스 속에 여러 종류의 빵을 바라보니 이름은 알 수 없지만 둥글넓적하고 커다란 빵 위에 흰 설탕을 듬성듬성 발라놓은 것이 보였다. 너무 커서 내가 저것을 다 먹을 수 있을까? 하고 속으로 의아심을 가졌지만 그것을 맛보기로 하였다. 빵 이름을 몰라서 겨우 손가락질을 하여 식판에 받아들고 자리에 앉아다.

구수한 밀가루 맛에 달콤한 맛을 기대하며 빵 한쪽을 입에 넣는 순간, 입속의 빵을 뱉을 수 도 없고 그렇다고 삼킬 수도 없는 고민에 빠졌다. 그러나 주위 사람들이 내가 어떻게 하나 하고 쳐다보는 있는 것 같은 말도 안 되는 우려 속에 두 눈을 꾹 감고 삼켜 버렸다. 달콤한 설탕인 줄 알았던 빵 위의 넓적넓적했던 흰 반점들이 전부 소금덩어리였던 것이다.

입안은 온통 짜다 못해 쓴맛으로 변해버렸다.

그런 일이 있은 뒤 빵뿐만 아니라 피자나 기타 식품에서도 내가 생각했던 것보다 훨씬 많은 소금이 들어가 음식이 상당히 짜다는 사실을 알게 되었다. 물론 우리는 기본적으로 소금에 푹 절인 음식을 많이 먹기 때문에 미국 사람들보다 많은 소금을 섭취하고 있는지 몰라도 사람들이 그때그때 순간마다 접하는 음식에 대한 입맛은 별 차이가 없는 것이 아닌가 생각된다.

대학 캠퍼스나 관광지나 할 것 없이 겉저고리를 벗어 허리춤에 질끈 동여맨 남녀 학생들이 조잘조잘 재미있게 떠들고 다니는데 너나 할 것 없이 플라스틱 생수 병을 하나씩 들고 다니며 콜라 마시듯 물을 마시고 다닌다. 그것 참 이해할 수 없는 일이었다.

저 많은 젊은이들이 전부 요붕증 환자는 아닐 터인데 왜 손에 물통을 들고 다니는지 모를 일이었고 사실 이 의문점은 아직도 풀리지 않은 채 남아 있다.

요붕증이란 쉽게 말하면 환자가 마신 물이 거의 모두 소변으로 빠져 나오기 때문에 이런 환자들은 어디를 가려면 큰 주전자에 물을 가득 담아서 들고 다니며 계속 마셔대야 견딜 수 있는 병이다.

미국 젊은이들의 그런 모습이 하도 머릿속에 남아 있어서 귀국 후 유난히 관심을 갖고 한국의 젊은이들을 살펴보니까 물먹는 하마가 되어 있기는 매한가지였다.

남녀 대학생들은 교정이든 도서관이든 강의실이든 플라스틱 물병을 아주 자연스럽게 들고, 메고 다닌다.

나는 이 젊은이들의 물 마시는 문화를 잘 모른다. 젊은이들이 음식을 특별히 짜게 먹기 때문에 반사적으로 물을 마시는 것은 절대 아닐 것이고 정신적 결핍이 불러온 하나의 보상적 행위는 더욱 아닐 것으로 생각한다.

이런 풍경도 하나의 유행임에는 틀림없는 것 같다. 맨해튼이나 센트럴 파크 혹은 런던이나 파리에서 일어나는 거리 풍경을 아마도 일주일이면 서울에서 볼 수 있을 것이라고 생각한다. 미래의 어느 날 서울 거리의 젊은이들이 플라스틱 생수병이 아니고 커피포트를 들고 다닐 날도 있을 수 있다.

물론 비뇨기과 의사인 나의 식견으로 볼 때 물을 많이 먹는 것이 건강에 해로울 것은 없지만 그들이 건강을 생각하여 물을 들고 다니며 마시는 것은 결코 아니라고 생각한다.

수돗물이 오염되어서? 아니면 또 하나 새로운 젊음의 문화?

잘 알 수 없는 일이지만 요즘 수돗물에서 바이러스가 검출된다는 등등 우리를 점점 불안하게 만드는 요소들이 속속 밝혀지고 있는 점에 비추어볼 때 그들은 우리보다 선각자인 듯싶다. 다만 그들이 갖고 다니는 물에는 젊음에 걸맞은 깨끗한 물만이 담겨져 있을 것이며 결코 오염된 생각과 오염된 물질이 없기를 간절한 마음으로 기원해 본다.

어찌되었건 지금 우리는 여러 가지로 물먹는 사회에 살고 있는 것이 틀림없다.

상(賞)이라는 것

전문의(專門醫)들은 다양한 학술 활동을 위하여 여러 세부전공 학회에 가입하여 창의적 학술 활동을 하지만 소위 모(母) 학회라는 곳을 중요시한다. 그곳이 전문의로서는 자기가 속한 근본적 뿌리가 되는 학회에 해당하기 때문이다.

나도 조교수, 부교수 시절 모 학회의 임원으로 운영에 참여할 때는 온갖 열정을 다하여 학회의 일을 하였다. 솔직히 말해서 젊은 시절 학회의 어른들께서 부르셔서 학회 일을 하라고 지시하시면 가문의 영광으로 생각하고 정말 식음을 전폐할 정도로 열과 성을 다하여 일을 하였다. 돈을 받고 하는 일도 아니요, 학회에서 입지가 넓어지는 것도 아니지만 오로지 사명감 그 자체로 순수한 마음으로 봉사하는 것이다. 이렇게 자기가 속한 학회에 대한 애착과 헌신적 기여는 나이 60줄에 대학이나 봉직 의사로 일하고 있는 사람이면 대부분 경험하였을 것이다.

과거에 몸담고 열심히 뛰었던 모(母) 학회의 이사장이 전화를 했다. '무슨 일이기에? 특별히 잘못된 일이라도 생겼나?' 하고 순간 덜컥 겁부터 났다. 학회운영의 최고 책임자인 현직 이사장이 이미 학회 일에서 손을 뗀 지 오래된 선배에게 전화를 할 때는 단순한 안부 전화가 아니기 때문이다.

나도 잘 모르는 과거 일에 대한 추궁이거나 또는 기억에 남아있지 않은 어떤 사실을 물어오면 어쩌나 하는 공연한 걱정이 순간 머리를 스쳐 지나갔다. 후학들이 학회를 책임지고 운영할 때는 선배로서 이래라 저래라 하지 않는 것이 관행이기 때문에 더욱더 그렇다.

이사장의 자세한 설명을 듣고 난 뒤, 나의 이런 우려는 오뉴월 땡볕에 아이스크림 녹듯 한 순간에 사라졌다. 내용인 즉 이사회에서 무슨 큰 상(賞)을 하나 새로 제정했는데 내가 제1회 수상자로 선정되었으니까 돌아오는 학술 대회에 꼭 참석하여 수상(受賞)하라는 것과 아울러 후학들에게 덕담을 해달라는 것이다.

사람이 나잇살이나 먹어 가지고도 상을 준다니까 방금 전까지 우려했던 마음이 동남풍에 먹구름 걷히듯 사라지고, 기분이 상쾌하여지는 꼴이란, 스스로 생각해도 서푼짜리 밖에 안 되는 경박한 인품과 낯 두꺼운 체면을 갖고 있다고 생각하니 자괴감에 나도 모르게 얼굴이 달아올랐다. 더군다나 평소 '이 세상의 모든 상은 허허실실이 있는 것이다'라고 목소리를 높이던 사람이 아니던가.

천박한 이야기일지 모르지만 상이라는 것은 사람의 마음을 굉장히 적극적이고 긍정적으로 만드는 묘약인 듯하다. 그래서 어른들은 옛날부터 칭찬과 상을 주는 것에 인색하지 말라고 하셨는지도 모른다. 허지만 상이라는 것은 또 다른 형태의 짐인 것은 틀림없다.

가만히 보면 상도 항상 받는 사람이 자주 받는 것이 요즘의 세태다. 상을 받는 특별한 재주가 있는지도 모르겠다. 그런 측면에서 보면 상을 받는 일하고는 상당히 거리가 먼 삶을 살다 보니까 상을 받았을 때 느낌을 잘 이해하지 못하고 살아왔다.

상을 안 받은 것이 아니라 능력이 없어서 상을 받을 만한 일을 못했다는 것이 솔직한 표현이겠다. 과욕이 인생을 망칠 수 있으니 경계하라는 성현의 말씀을 가슴에 간직하고 살아가야 할 노년에 접어드는 주제에도 불구하고 상에 관해 이야기한다는 것이 참 면구스럽고 민망한 일이지만 막상 상을 받게 되니까 참 기분은 좋은 성싶다.

그러고 보니 표창장(表彰狀)과 연관된 잊지 못할 추억이 있다.

한때 직원이 2,500여 명에 달하는 의료원의 책임자로서 5년간 봉직한 일이 있다.

한 번은 병원이 국가고객만족도 평가에서 최우수 평가를 받음으로서 병원의 평판과 신뢰도가 급상승하였다. 이 국가고객만족도 평가는 의료기관만을 대상으로 한 것이 아니라 대한민국 전체 기업을 대상으로 평가를 실시하는 일인데 공교롭게도 그 당시는 내가 속한 의료기관이 의료기관 전체에서 1위를 하였을 뿐 아니라, 대한민국 전체 기업을 대상으로 실시한 평가에서도 1등을 한 것이다. 사실 이런 경우는 매우 드문 일이며 해당 기업으로서는 아주 영광스런 일이고 가슴 벅찬 것이다.

이 모든 것은 전체 직원들의 공로에 의한 것이지 단순히 CEO의 뛰어난 역량에 의한 것이 아니었다. 왜냐하면 평가 방법 자체가 그렇게 구성되어 있다. 전 직원이 합심하여 고객에게 감명을 주지 않고는 점수를 획득하기 힘든 구조로 되어 있다.

법인 이사회의 보고와 허락을 받아서 전 직원들에게 포상을 하기로 결정하였다. 모든 직원들에게 직급에 관계없이 일정 금액의 포상금을 지불하기로 한 것이다.

책임자에게 주어진 권한을 통하여 어버이날 5일 전에 포상금을 전 직원들께 일시에 지급하기로 하였는데, 이유는 직원들이 어버이날에는 아무래도 씀씀이가 생겨날 것 같아서 내린 결정이었다.

그런데 현금 포상을 결정하고 나니까 어딘가 좀 허전하였다. 세상의 모든 일을 현금으로 해결하고, 직원들의 마음을 마치 돈으로 평가한 것 같고, 여하튼 천박한 행동으로 이어진 것 같은 아쉬움이 가슴속 저 밑바닥에서 꿈틀거렸다.

직원들의 순수한 마음과 열정을 담을 수 있는 산뜻하고, 영롱한 아침 이슬과 같은 것은 없을까? 고민하던 끝에 번개 같이 머리를 스쳤던 생각이 전 직원에 대한 표창이었다.

요즘은 초등학교 한 반에서 전원이 1등 또는 전원을 1등과 2등으로 매겨 상을 줌으로써 상의 본질을 훼손하고, 오히려 비교육적 행위를 저지르고 있다고 난리법석을 떨지만 막상 제 자식이나 손자 손녀가 고사리 같은 손에 상장을 들고 집에 들어오면 이것저것 따져 볼 겨를도 없이 품에 안고 싶은 것이 인지상정 아닌가.

내 추측에 우리 직원들이 보냈던 어린 시절에는 상을 받는다는 것은 정말 드물고 희귀한 일이라서 마치 상을 받는 사람들은 따로 정해져 있는 것 같은 생각으로 세월을 보냈을 것이다. 그 시절에는 상을 주는 일이 워낙 드물었기 때문이다.

한밤중에 긴급 참모회의가 소집되어 이 문제를 논의하였는데 일거리가 생기는 것을 좋아할 사람은 이 세상에 그 어디에도 없다는 것이 다시 한 번 증명되었지만, 욕먹을 각오로 일을 밀어붙였다.

나의 희망사항은 앞으로 3일 이내에 전 직원 2,500명의 표창장을 만들되, 표창장의 문안은 인쇄를 하여 똑같게 하지만 수상자들 각자의 소속과 이름은 반드시 붓으로 정성스럽게 쓸 것이며, 아울러 봉투에도 각자 이름을 써서 현금을 넣으라는 것이다.

희망사항을 빙자하여 엄청난 일거리를 지시했으니 해당부서의 반대와 항의에 직면할 만도 하였다.

서너 개 부서에 특근이 하달되었고 처음에는 해당 특근 직원들의 입이 댓 발은 나왔지만, 동료 직원들의 사기진작에 관한 일이라서 결국 협조를 잘 받아 모든 일이 별 탈 없이 잘 완료되었다.

이때 한 가지 또 새롭게 밝혀진 것이 구성원들 중에 서예를 잘하는 직원들이 의외로 많았다는 것이다. 이들은 입사 후 처음으로 이부서 저부서로부터 대접 받아가며 초청을 받아 목에 힘을 줄 수 있었다.

우여곡절을 거쳐 모든 직원들이 자기 이름이 아주 곱고 예쁘게 쓰인 표창장과 함께 별도의 봉투에 현금이 담긴 특별 상여금을 받았다. 그런데, 이 세상에 현금만큼 대단한 위력을 발휘하는 물건이 어디 있나? 이렇게 생각했던 많은 직원들의 예측은 여지없이 무너졌다.

여기저기 직원들로부터 감사의 메시지가 날아들었는데 대부분은 표창장에 대한 감사였다. 처음에는 돈에 대하여 직접 감사의 표시를 하는 것이 좀 겸연쩍어서 표창장을 빌미로 감사를 표하는 것이려니 생각했다. 그러나 나의 이런 생각도 여지없이 빗나갔다.

한 보름쯤 지난 어느 날 회의를 마치고 사무실로 돌아오는데 방문 앞에 한 젊은 여직원이 뭔가 망설여지는 모습으로 서 있었다. 나를 찾아온 사람이니까 방으로 들였다. 사실 노동조합과 연관된 너무도 많은 건의나 항의가 봇물을 이루던 시절이라 이 여직원도 그런 일로 방문했으려니 하였다. 이러한 나의 예단은 또 한 번 성급한 경솔함으로 이어졌다.

이 직원의 아들이 초등학교 3학년이란다. 엄마가 받아온 표창장을 책상 위에 세워 놓고, 엄마를 정말 자랑스럽게 생각하며 친구들에게 엄마 자랑을 하고 다닌다는 것이다. 그래서 이번에는 엄마가 감격했다는 눈물 나게 아름다운 이야기였다. 더하여 그 직원은 내게 이런 말을 전했다.

"저, 이 세상에 태어나서 표창장이라는 것 처음 받아 봤습니다. 정말 감사합니다."

직원이 돌아간 다음 홀로 앉아서 이런 생각을 했다.

"정말 표창장을 받을 만한 사람이 받았구나."

"표창의 힘이라는 것은 마력을 지니고 있구나."

상이라는 것이 이렇게 위대할 줄은 몰랐다. 또한 상이라는 것은 자기 스스로가 감격할 줄 아는 사람이 받아야 한다는 나름대로의 새로운 지혜를 터득하였다. 그리고 이 사건은 내가 지금까지 살아오면서 한 일 중에 몇 안 되게 잘한 일로 내 머릿속에 기억되어 있다.

사람들이 자기의 일을 열심히 하는 데는 여러 가지 합당한 이유가 있다. 자기 삶의 한 부분으로서 주어진 책무를 열심히 하는 경우가 대부분일 것이다. 여하튼 누군가가 알아주기를 바라면서 자기 일을 열심히 하는 사람은 매우 드물 것이다. 만일 열심히 일을 하는 모든 사람들이 누가 알아주기를 바라면서 일을 한다면 아마도 곧 싫증을 내고 손에서 일을 던져버리게 될 것이다. 왜냐하면 내가 하는 일의 가치를 남이 알아준다는 것은 기대하기 힘들기 때문이다.

비슷한 맥락으로 상을 타기 위하여 자기 일을 열심히 하고, 뭔가 모범을 보이는 경우가 있다면 이 또한 잘못된 출발이다. 상이라는 것은 참 자랑스러운 일이고 받는 사람 본인이 감사하고 귀하게 생각해야 의의가 있기 때문이다.

과거 이명박 정부 시절에 '국민 포상제도'라는 것을 만들어 세상에 훈훈한 바람을 일으킨 적이 있다. 다시 말해 내 주위에 상을 받을 만한 사람이 있으면 국민이 직접 정부에 포상을 상신하는 제도다. 이렇게 해서 인천 국제공항에서 수십 년을 청소원으로 일하던 아주머니가 국민훈장을 받는 등 숨어서 우리 사회를 위하여 봉사하고 노력한 분들에게 감사의 뜻을 전한 바 있다.

사실 한 나라의 국민으로 살아가면서 국가에서 훈장을 받는다는 것은 가문의 영광이다. 아마도 살아온 삶의 전체를 인정받는 기분이들 것 같다.

이와는 달리 가장 나쁘고 창피스런 것이 나누어 먹기식 시상이라고 생각한다. 무슨 그럴싸한 이유를 달아서 이번에는 나, 다음에는 너. 하는 식의 상을 받고나면 과연 감격할 수 있을까?

박근혜 정부 들어서 퇴직 공무원 2만 6천명에게 훈장을 수여했는데 이것은 전쟁과 같은 국가 위기 상황이 아닌 것을 고려하면 역사상 최고라고 세상에서 비아냥거리는 소리가 고개를 넘어 들려온다.

33년이라는 오랜 세월을 특별한 잘못이 없이 공직을 마치는 사람에게 훈장을 준다고 하던데 뭐 그리 잘못된 일이냐는 의견도 함께 들려오고, 공무원도 분명히 월급 받으면서 신분이 보장된 가운데 정년까지 직장생활을 했는데 '그것만 갖고 훈장을 주는 것이 합리적이냐? 훈장은 뚜렷한 공을 세운 사람한데 주어야 의미가 있는 것 아니냐?'는 격앙된 목소리도 들려온다.

쉽사리 어느 한 편이 될 수 없는 일이지만, 우는 아이 떡 하나 더 주는 식의 의미 없는 포상은 상으로서 의미를 상실하는 것이라는 말인 듯하다. 아울러 일반 국민들에 비하여 공무원들에게 돌아가는 훈장의 수여 빈도가 너무 지나치다. 부끄러운 줄 알아라, 하는 말이 될 듯하다.

이 세상에서 가장 귀하고 아름다운 상은 어떤 것일까?

영혼이 맑고, 가을 아침 햇살에 영롱한 이슬방울과 같은 마음으로 자기 자신을 평가하여 스스로에게 상을 줄 수 있다면 그때 주어지는 상이야말로 진정 아름답고 귀한 상이 될 것이다.

좁아진 세상에도 갈 수 없는 곳

- 이준 열사 기념관 참배기

비행기를 탈 때마다 걱정거리는 이 거대하고 무거운 쇳덩이가 이렇게 많은 사람들과 짐을 싣고 과연 하늘로 날아오를 수 있을까 하는 것이다. 그러나 여느 때와 마찬가지로 쓸데없는 내 걱정은 새털구름이 되어 허공 속으로 사라지고 육중한 점보기는 하늘 위로 여봐란듯이 가뿐히 치솟아 올랐다.

세상의 물리(物理)를 깨달은 인간의 영혼은 역시 신(神)의 바로 다음 자리에 갖다 놓아도 전혀 손색이 없을 듯하다.

한편의 기내 영화와 몇 곡의 노래가 귓전을 울렸나 했는데, 어느 사이 짙은 안개와 검은 그림자를 드리운 북유럽의 제 얼굴이 코앞에 닥치면서 비행기는 천년 고도의 입술과 같은 쉼폴공항에 커다란 독수리가 되어 사뿐히 내려앉았다.

물 위에 떠있는 전설이 사람들의 정을 싣고, 일천 오백 개 다리

위에 지혜를 아로새긴 댐의 도시 암스테르담이다.

자전거에 하루를 싣고 달리는 촉촉한 삶과, 여명을 헤집는 호수의 백조는 세상사의 어지러움을 알 리가 없을 것 같은데 자동차는 어느 사이 히테호른을 향하고 있다.

흰 적삼 팔을 들어 휘어적 춤을 추는 모습의 바람개비 풍차는 붉은 눈의 갈매기 떼가 되어 이방인의 낯선 발길을 굼뜨게 한다.

히테호른의 토탄(土炭)이 사라진 자리에는 옛 사람들의 정취만 남고, 검은 물의 호수에는 청둥오리만 한가롭다.

비 내리는 호숫가에 인적은 드물지만 한적한 카페의 벤치에 몸을 기대어 바라보는 풍경은 소박한 아름다움의 평화다.

피곤함에 잠시 눈을 붙였다 떠보니 이내 헤이그에 접어든다. 인천을 떠난 지 얼마 되었다고 벌써 천만리 머나먼 이곳에!

여행하면서 느껴지는 여러 가지 일 중에 하나는 뭐니 뭐니 해도 세상이 너무 많이 좁아졌다는 생각이다. 45억 년의 나이를 먹은 지구가 쪼그라든 것은 아닐 테고, 이 나라 저 나라를 왔다 갔다 하는 여행 수단이 발달되었다는 뜻이다.

우리나라에서 15시간 내외를 비행하면 지구상 중요한 웬만한 나라에 모두 갈 수 있다. 생각해 보면 참으로 가공할 속도이고 세상은 그만큼 좁아지고 가까워진 것이다.

과거 어떤 유명한 경영자는 '세상은 넓고 할 일은 많다'고 하였다. 그가 말하는 '세상은 넓다'라는 개념은 전 세계가 좁아져서 이곳저곳

속속들이 알다보니까 세상의 다양한 문화와 경제적인 상황을 이해하게 되었기 때문에 상대적으로 해야 할 일도 많아졌다는 의미라고 생각한다.

그러나 사람들의 조바심은 여기서 멈추지 않고 좀 더 빠른 이동수단을 통해 지구를 점점 좁게 만들고 싶어 한다. 아프리카의 거대한 초원을 내 집 정원으로 두고 싶어 하는 마음일 게다. 그래서 일부 선진국에서는 초음속 여객기를 개발한다거나 미사일 수준의 여행 수단을 만들겠다는 노력을 계속하고 있다.

이곳은 국제사법재판소가 있는 헤이그다. 우리에게는 이준 열사를 비롯한 세 분의 열사가 머리에 먼저 떠오르는 곳이다. 당시에 겪었던 통한의 억울함을 되새겨 보지 않을 수 없는 곳이다.

1907년 제2차 만국평화회의에 참석하여 일본의 침략행위를 폭로하기 위해 요즘으로 말하면 검사와 같은 법률적 직업을 갖고 있던 이준(李儁) 열사는 고종 황제의 밀서를 갖고 부산에서 배를 타고 블라디보스토크에 도착했다.

여기서 화서학파의 항일투사인 만주의 이상설(李相卨) 선생을 만나 광활한 시베리아를 거쳐 페테스부르크에 도착했다.

아관파천이 계기가 되어 주미, 주불, 주러 공사를 지낸 이범진(李範晉)의 아들로서 선진 문물을 충분히 터득하고 영어, 러시아어, 불어에 능숙했던 러시아의 이위종(李瑋鍾) 선생과 만나서 열차편으로 헤이그에 도착하였다.

회의가 열린 때는 4월이었으니까 아마도 황량한 시베리아를 횡단

하는 열차는 눈 속을 헤치고 달렸을 것이다. 국운을 양 어깨에 걸머멘 열사들의 초조한 마음과 열악한 환경의 고독 속에 두려움과 싸웠을 세 분의 정황이 눈앞을 스치고 가니 연민의 정과 함께 그 위대한 기개(氣槪)에 감사의 눈물이 핑 돈다.

척박한 환경에서 너무도 먼 거리를 오랫동안 여행하였기 때문에 일설에 의하면 헤이그에 도착하였을 때 이미 만국회의가 끝이 났었다는 이야기도 있고, 제때 도착하였으나 영국과 일본의 집요한 방해로 회의 참석을 허락 받지 못했다고 한다. 여하튼 중요한 것은 이분들께서 영국과 일본의 방해로 회의에 참석하지 못한 것은 사실이다.

오랜 여행의 여독도 있었겠고 목적을 달성하지 못한 울화가 겹쳐서 이준 열사는 헤이그 현장에서 분사(憤死)하셨다.

만국평화회의에 직접 참석하여 대한 제국의 입장을 만천하에 소상히 밝히지는 못했어도 그 당시 발행된 신문에 이위종 선생의 유창한 불어 실력으로 인터뷰한 기사가 실려 있는 것으로 보아 반쯤은 성공했다고 하여도 좋겠다.

이준 열사 기념관에 참배하며 숙연한 마음으로 한 편의 시를 지어 본다.

헤이그의 세 분 열사

허리 곧은 삼학사의 영혼이
이백칠십여년 숨을 쉬어
만국평화회의 헤이그에 이르러

세 분의 지사에게 높은 뜻을 의지하니
하늘이 이들에게 마음의 삶을 내리셨다

생명을 쪽배삼아 험한 파도 헤쳐 넘고
고단한 몸을 맡긴 시베리아 횡단열차
민족의 한을 품에 안고 찾아 온 이국 땅
허공을 감도는 꿈 못 이룬 지사의 원혼

애통함을 불태운 선각자의 몸
향로 밑에 재가 되어 나라를 구하고
피눈물로 써내려간 족자 위에 남긴 뜻
차마 바라볼 수 없어 무릎을 꿇는다

서산으로 기우는 해를 말하지 마라
천박함은 세치 혀에 매달린 의지
두 손 모아 분향할 때 눈물로 뛰는 가슴
흰 옷을 걸치는 배움의 시작 애국과 애족.

(헤이그 이준 열사 기념관에서)

요즘과 같이 세상이 좁았다면 위 세 분 선열들이 열의를 펼치기가 훨씬 순조로웠을 것이고 이준 열사는 순직하지 않았을 수도 있었겠다는 생각이 밀려든다.

비행기 여행을 통해서 세상이 가까워지고 좁아진 것은 이제 더 이상 놀라워할 일도 아니고 사람들의 관심의 대상도 아니다.

내가 그 어떤 현장까지 직접 가야 한다는 것 자체가 이미 시대에 뒤떨어진 현상인지도 모른다. 우리는 이미 국경 없는 시대에 살고 있는 것이다. 인터넷의 발달로 서울에서 발행된 조간신문의 기사에 대한 뉴욕에서의 독자의견을 그 다음날 서울서 받아보는 세상이 되었다.

며칠 전 저 멀리 남미의 페루에서 보낸 이메일이 한 통 도착했다. 연구에 대한 정보를 주고받는 일은 다반사이기에 대수롭지 않게 생각했는데, 내용을 자세히 훑어보니까 잘 이해가 가지를 않았다.

거의 10년 전에 신장의 결핵에 대한 연구 논문을 집필하여 국내의 학술지에 발표한 일이 있는데 그 논문의 전체 내용(full article)을 좀 보내달라는 것이었다. 물론 초록은 영어로 발표하였으니까 연구 검색어를 검색하다 논문이 발견될 수는 있다고 하지만 본문은 전부 우리말로 되어 있는데 그것을 어쩌려고 달라는 것일까?

그래서 이 상황을 바로 이메일로 보냈다.

십분도 안 되어 답장이 왔다.

'우리 연구소 연구팀에 한국사람 연구원이 있으니 걱정 말고 보내라.'

더 이상 어떤 말도 없이 즉각 보내 주었다. 그리고 몸서리치게 느꼈던 더욱 가까워진 세상. SNS 같은 매체는 개인 사생활의 노출이 오히려 염려스러운 수준을 넘어서고 있다. 아프리카 어느 곳의 사정이 SNS 전파를 타고 삽시간에 전 세계에 알려지는 무지막지한 상황에 인간성의 상실을 걱정해야할 판이다.

차라리 어딘가에 숨고 싶어도 숨을 곳을 찾을 수 없는 지경이다.

어릴 날 어른들 몰래 아카시아 숲이 우거진 곳에 숲의 굴을 만들고, 가마니를 바닥에 깐 다음 우리들만의 보금자리를 만들고 놀던 추억이 떠오른다. 그때 우리는 그곳을 '우리들의 동굴'이라고 불렀다.

나만이 존재하는 이런 종류의 아늑한 보금자리가 그립다. 아마도 이것은 걷잡을 수 없는 속도로 세상이 가까워지고 좁아지는데서 오는 존재감의 상실에 대한 반작용인지도 모르겠다.

어디 이뿐이겠는가? 길을 걷거나 전철을 타도 다문화인들은 이제 바로 내 이웃 사람들이다. 이들과 문화적인 나눔의 방해는 오직 한 가지 언어의 장벽뿐인데 이제 이것도 곧 인공두뇌의 개발로 자연스럽게 해결의 실마리를 찾아간다고 한다.

모든 것이 우리 서로를 이렇게 가깝게 하고, 세상을 좁게 만들었지만 여전히 남아있는 장벽은 우리 마음속의 생각이다. 소통을 거부하는 마음, 벽을 쌓는 마음을 갖고 있는 한 세상은 아직도 몰고 먼 이웃이다. 우리 속담에 대문 밖이 천리라는 말이 되새겨지는 이유가 여기에 있다.

한편, 불행하게도 우리는 대문 밖이 저승인 곳을 이웃하고 있다.

나는 비행기를 타고 108년 전 우리 조상님들의 흔적을 찾아 참배했던 소회를 말하면서 여러 가지 이유로 인해서 세상이 점점 좁아지고 가까워지는 세상사에 대하여 이야기 하였다. 마음이 있는 곳은 어디든지 갈 수 있고 그들의 문화는 더 이상 그들만의 것이 아니라 곧 나의 문화가 되는 세상에 대해서도 이야기 했다.

이런 즈음에 비행기가 갈 수 없고, 인터넷이 도달하지 않는 곳이 지구상에 있다. 아무리 마음을 주고, 그리워해도 갈 수 없는 금기의 땅. 한때는 내 조국의 땅이었지만 지금은 허리가 댕강 잘라져서 갈 수 없는 북녘의 하늘아래 놓여 있는 곳. 진정 멀고 먼 곳이 되어 버렸다. 멀어져서는 안 될 곳인데 점점 멀어져 간다.

이맛살에 주름이 깊어만 간다.

그들도 헤이그의 세 분 열사를 기리고 있을 텐데 말이다.

참으로 나쁜 이웃

구월 초순의 날씨는 오존층이 무너진 까닭인지 몰라도 잔뜩 찌푸린 하늘에 찝찝하고 후덥지근하다. 마치 가을이란 아예 기대하지 말라는 메시지를 전달하는 것 같다.

사람들이 스스로 한 못된 짓을 깡그리 잊어먹고, 가을날의 청명하고 드높은 푸른 하늘을 기대하는 것을 보면 참 몰염치의 극치라는 생각이 든다.

날씨가 문제인지, 내 마음이 문제인지 몰라도 공연히 화가 나고, 생각하면 할수록 혈압이 올라가는 것이 느껴진다.

사실 이런 날에는 글을 써봐야 제대로 된 글이 나올 리가 없는데도 쓰지 않고는 마음을 달랠 길이 없다.

쓰고자 하는 내용이 담아야 할 제목부터 참 마음에 들지 않는다. 그러나 끝이 어디인지 몰라도 그대로 필(筆) 가는 대로 써 보기로 했다.

사람의 천성이 착한 것이냐 아니면 악한 것이냐에 대한 화두는 성선설과 성악설의 대립을 통해서 수천 년간 논란이 있었음에도 아직까지 결론 난 것이 없다. 본래 이 두 가지 논리는 태어날 때부터 절대 결론이 나서는 안 되고, 날 수도 없는 양론이다.

결론이 나면 맹자나 순자 둘 중의 한 분은 역사의 뒤안길 신세가 될 터인데 그런 일은 누구도 바라는 바가 아니다.

어느 한 편에 서서 말하려 해도 글 쓰는 사람의 생각이 그 방면에 해박하지 못할 뿐 아니라 접근하려 해도 접근할 수 있는 학문적 기반이 없는 것이 아쉽다.

어떻게 보면 여기서 말하는 선(善)과 악(惡)은 상호 대립적 개념이 아니라 절대적 성격을 띠고 있기 때문에 아예 비교할 수 없는 것인지도 모른다.

사람의 본성은 착한 것이라는 쪽에 좀 더 많은 사람들이 호감을 갖는 것은 역시 감정적으로 악보다는 선이 더 우선하고 친근하기 때문이 아닐까 하는 생각을 해본다.

철학적인 개념을 펼쳐가면서 어떤 문제를 이야기하고자 하는 것이 아니라, 우리가 일상 살아가면서 가끔 누구를 크게 한 번 욕하고 싶을 때가 있다.

그때를 위해서도 선과 악 양론은 통합되어서는 안 되겠다. 영원히 나란히 달리는 기찻길이 되어야 한다.

나잇살이나 먹어서 누구를 욕한다는 것은 체면을 깎아 먹는 일이다. 그러나 이 글을 읽는 독자분들에게 한 번 물어 보고 싶다.

몇 날 며칠을 생각해 보고 또 생각해 봐도 '나쁜 놈'이라고 치부할 수밖에 없는 사람이 주위 없었는지?

걸으면서 생각해 보고, 누워서 되짚어 보고, 잠에서 깨어나 그 다음 날 또 다시 생각해 봐도 '나쁜 놈'이라고 판단되는 경우는 정말 그렇게 생각해도 되는 것 아닌가 한다. 우리가 성인이나 군자가 아닌 바에는 그럴 수밖에 없다. 이럴 때 속 시원하게 내뱉을 말이 있다.

"너는 타고 나기를 악(惡)하게 태어나서 어쩔 수 없구나. 아무리 교육을 해도 사람 되기는 영 글렀으니까 어쩔 수 없다. 너 같은 사람은 공자님도 가르치시기를 거부하셨을 것이다."

오장육부가 다 시원해지는 느낌이다. 이런 처참한 말로 쏘아 붙어야만 속이 시원한 사람들이 옆에 이웃하여 살아가고 있다면 우리 삶의 환경 조건은 최악인 것이다. 그런데 우리 모두는 이런 환경에 직면하며 살아가고 있다.

만일 어떤 누가 나의 너무나도 뼈저린 마음속 깊은 상처에 소금을 뿌려 놓고 괜찮으냐고 물어보는 이웃이 있다면 나의 삶의 질은 어떻게 될까? 이사를 가버리든지 아니면 평정(平定), 둘 중에 하나뿐이다.

2015년은 을미(乙未)년이다. 잠을 자다가 꿈속에서라도 생각이 나면 벌떡 일어나지는 을미사변(乙未事變)의 반인륜적 참극이 일어난 바로 그 해이다.

120년 전 세계 인류 역사상 문화민족에서는 찾아볼 수 없는 끔직한 만행을 저지른 일본인들이 새삼스레 대한민국의 대통령을 직시하여 '민비 같은 여인'이라고 했단다.

흉폭한 자들은 고종 황제와 황태자가 보는 앞에서 명성황후를 끌고 가서 장안당(長安堂) 뒷마당에서 흉악하게 살해하고 녹산에서 석유를 뿌려 불 질러 버렸다.

인간의 기본적 본성이라고는 찾아볼 수 없었던 이들은 명성황후가 마지막 운명하는 처절한 모습을 아주 자세히 기록으로 남겼다.

지금도 그때의 정황을 머릿속에 그려보면 말로써 형언할 수 없는 분노, 그리고 남의 나라 흉노들의 총칼 아래 황후가 무참히 살해되어도 힘이 없어서 어떤 저항도 못하고 앉아 당하기만 했던 우리의 과거가 원망스럽기 한이 없다.

패륜의 극악한 만행을 저지른 저들은 아직까지도 조선 내부의 분란에 의한 일이라고 변명하고 있다. 마치 강제로 차출한 일본군 위안부를 돈을 벌기 위해 자발적으로 전장을 전전했던 몸파는 여인들로 폄하하는 것과 같은 행동을 하고 있는 것이다.

물론 이 을미사변을 계기로 전국의 유림들이 을미의병이라는 항일의병을 봉기하였지만 역설적으로 이들은 일제의 통제 하에 있던 정부군의 진압 대상이 되었다. 우리의 역사 속에 제살 깎아먹기의 대표적인 수난의 소용돌이였다.

을미사변은 우리의 과거사에 유례를 찾아볼 수 없는 뼈를 깎는 고통이며, 피가 거꾸로 솟구치는 잊을 수 없는 사건이다.

그러나 이웃이라는 일본은 반성이나 참회는커녕 너무도 당당한 행위였다는 듯이 당시 명성황후의 판단 착오가 불러온 결과라고 주장하고 있다.

아울러 이를 빗대어 대한민국의 대통령을 협박하고 조롱하고 있는 것이다. 명성황후를 비하하는 '민비'라는 말을 써가면서 말이다.

좀 더 확대 해석하면 박대통령에 대해서도 자기들 마음을 거슬리면 방법은 다를지 모르지만 과거와 같이 극악한 행위를 할 수 있다는 패악적 저의를 드러내고 있는 것이다.

앞에서 실컷 연습했던 말로 주제 파악이 되도록 쏘아 붙이고 싶다. 오장육보가 시원하도록 말이다.

그러나 저들의 생각 속에 '한민족은 참 저급하다'라는 오만함이 뿌리를 내리게 된 동기에는 불행하게도 우리 스스로가 자초한 면이 있다.

가해자인 저들은 절대 잊지 않고 있는 반면 피해자인 우리는 모든 것을 잊고 살아가고 있는 것이 바로 그 원인이다. 삶의 행태가 완전히 뒤집힌 것이다.

미래지향적인 차원에서 상호 호혜적인 선린우호의 협력을 추구는 것은 중요하고, 그러기 위해서는 불행한 과거에만 매달려 있을 수는 없는 것도 현실이다. 그러나 이러한 이상을 추구함에는 상호 존중의 기본적 가치관이 중요한 것이다.

저들은 참으로 나쁜 이웃이다. 일본인의 오만불손한 언행은 과거에도 무수히 많았다. 그때마다 우리는 대책 없이 슬그머니 물러나 앉았다. 이렇게 저급한 민족으로 취급 받고 무시당하고 살지 말아야 한다. 그러기 위해서는 경제적으로 잘 사는 것도 매우 중요하지만 쓰라린 과거를 제발 잊지 말고 살아가야 한다.

금년(2015년)이 명성황후께서 처참하게 시해된 을미사변 120주년이라는 사실을 알고 있는 대한민국의 국민은 과연 얼마나 될까?

누가 그런 말을 했다. 고고인류학적인 기준으로 보면 몽고인, 만주인, 한민족, 일본인의 뿌리가 하나라고 말이다. 그런데 저들은 우리와는 달라도 너무 한참 다르다.

하기야 한 어머니의 배 속에서 태어난 형제도 뭘 보고 어떻게 컸느냐에 따라서 요순 같은 사람이 도기도 하고, 도척(盜跖)이 같은 사람이 되기도 하니까 까마득한 옛날을 이야기해서 뭣하겠는가.

남쪽 바다 건너에서는 문화적, 역사적인 적악의 닻을 올리고, 북에서는 명색이 피를 나눈 동포라는 무리들이 괴한으로 변하여 핵폭탄을 들고 눈을 부릅뜨고 있다.

참으로 나쁜 이웃이 따로 없다.

비좁은 틈바구니에 끼어 있는 우리의 모습이 가뭄에 시들어 가는 봉선화 같은데. 불 꺼진 여의도에서 들려오는 소리는 고기 한 점 더 먹겠다고 으르렁 대는, 사람 아닌 짐승의 소리다.

편치 못한 연말연시

젊었을 때는 새해 달력을 받고 제일 먼저 하는 일이 연휴를 찾아 미리 동그라미 쳐놓고, 무엇을 할까 계획도 세우고, 그때 필요한 돈을 어떻게 만들어낼 것인지 고민도 하던 일이 많았다.

직장인들에게 연휴란 그야말로 하늘이 내린 특별한 선물이기 때문이다. 단 한 시간도 잠을 자지 않고 밤을 하얗게 뜬눈으로 새우는 한이 있더라도 알차게 보내겠다는 야심찬 계획도 세웠었다.

그러나 이 연휴를 보내는 모습은 세월의 흐름과 여건에 따라서 바뀌어 왔다.

직장 초년생이었을 때는 각자 정신없이 앞만 보고 뛰면서 시간을 불태우던 나이였기 때문에 여유를 갖고 같이 즐길만한 친구들을 만난다는 것 자체가 힘들었다. 그렇기 때문에 대부분의 연휴는 기대와는 달리 낮잠과 함께 TV속으로 사라져 버리는 경우가 많았다.

결혼 후에 연휴는 이미 내 것이 아니었다. 그것은 가족의 소유였으며 이 가족을 위한 시간을 나는 어떤 노동을 하며 보내는 것이 가정의 평화에 기여하는 것일까를 고민해야만 했다.

그런 와중 속에서도 오랜만에 가족끼리 단출하게 뭣 좀 하려고 계획을 세우면 하늘이 노여워하는 것인지 몰라도, 좋은 일이든 궂은 일이든 집안에 무슨 일이 꼭 생겨났다.

다행히 그 일이 처가 쪽에서 생기면 그래도 마누라 눈치 볼 일은 없어 괜찮았지만, 만일 본가 쪽에서 예기치 않은 일이 터지는 경우는 입장이 아주 난처해지게 마련이었다. 이런 경우 대부분의 남편들은 똥마려운 강아지 꼴을 하고 좌불안석으로 마누라 눈치 보기에 여념이 없게 된다.

그러나 이렇게 눈치 보는 일 자체도 나이테가 쌓여가는 삶 중에 아주 잠시 일어나는 번갯불 같은 순간일 뿐이다.

아이들 결혼시키고 나서 얼굴에 연륜의 주름살이 깊어지면 남겨지는 것은 두 내외뿐이고, 넘쳐흐르는 것은 시간일지도 모른다. 연휴는 아이들이 자기들끼리 보내야지 부모가 끼어들 틈이 없다. 아니 끼어들면 세상물정 모르는 노친이 되는 것이다.

이제는 연휴에 관하여 더 이상 누구의 눈치도 보고 싶지 않고, 아울러 기대를 하지도 않는다.

나이가 들었다는 증좌일까?

연말연시나 연휴 때 꼭 TV를 봐야하는 것이냐고 묻는다면 특별히 할 말은 없지만 현실적으로 가장 가까운 곳에 있는 오락물이라는 것은 사실 아니겠는가. 보통 때도 TV를 즐겨 시청하는 것은 아니지만 연말연시 연휴 때가 되면 내가 왜 시청료를 내고 있는지 의구심이 든다.

정년퇴직까지 아직은 쥐꼬리만큼 시간이 남아있어 마지막 발악을 하듯 이것저것 하다 보니까 늦은 시간 귀가로 인하여 평소에 텔레비전을 가까이 접하지 못하는 것이 가장 큰 이유지만 솔직하게 말해 방송이 담고 있는 내용이 영 마음에 들지 않는 것도 즐겨 보지 않는 이유다.

아주 드물게 방영되는 심층취재 혹은 문화적 기록물이나 교양물에 관한 방영은 예고 방송 후 손꼽아 기다렸다 꼭 시청하는 스스로의 모습을 보면 선천적 TV기피증 환자는 아닌 성싶다.

시청자의 취향이 제각각이기 때문에 방송 내용이 적절하다 아니다를 단순하게 말할 수는 없지만, 전체적인 흐름에 있어서는 심각하게 고려해 볼 필요가 있다는 생각은 든다. 왜냐하면 '텔레비전 방송의 주인은 방송사다' 하는 숨겼으면 좋을 법한 방송사의 속내가 너무도 고스란히 시청자들 눈에 비치기 때문이다.

전문가 아니면 잘 알 수 없는 지상파, 공중파 방송 간의 싸움은 하루가 멀다 하고 뉴스에 오르내리는데 사실 무엇이 어떻게 되어야 시청자를 위한 것인지는 잘 모르겠다. 언뜻 보기에는 자기들의 이권 다툼만 있지 방송 소비자의 권익과는 무관해 보인다.

이러다 어느 날 시청자들만 등터지는 것 아닌가 하는 걱정도 든다. 여하튼 연휴에는 원하든 원치 않든 TV와 가까워질 수밖에 없다. 그래도 다행인 것은 TV가 안방과 마루에 각각 있어서 집사람하고 채널 쟁탈전을 벌일 필요가 없다는 것이다.

그러나 채널을 이리 돌리고 저리 돌려도 모든 방송 내용이 그게 그거다. 최근 부쩍 늘어난 요리법 강좌, 특히 남성 요리사와 연예인의 출연은 어느 방송을 틀든 공통적이다. 마치 전 국민을 요리사로 만들 모양이다. 앞으로 요리 못하는 남자는 장가가기도 힘들고 가장 구실도 못하게 될 듯하다. 그런가 하면 의료인인지 무당인지 구분되지 않는 사람들이 전문가라고 떡하니 앉아 있는 것도 참 볼썽사납고, 여기 저기 등장하는 그 많은 사람들보다 훨씬 더 귀한 강아지들의 등장도 지나치다는 생각과 함께 마음에 들지 않는다.

가족 관계가 서서히 기울어갈 때 새롭게 등장하는 사회적 현상이 반려동물에 대한 관심이 이상스럽게 높아지는 것이다. 어떤 동물에 대한 애호가들의 특별한 삶과 보통 사람들의 일반적인 삶은 분명히 차이가 있어야 한다.

가족이 있어야 할 곳에 반려동물이 있는 것 같아 마음이 찜찜하다. 할아버지 할머니보다 강아지나 고양이를 훨씬 중요하게 생각하는 것이 요즘 아이들의 세태라고는 하지만 그것은 어른들이 그렇게 만들고 있다는 생각을 버릴 수 없다.

우리 내외는 다짐을 하였다. 늙어서 천대 받지 않기 위한 방법의 하나로써 어떤 일이 있어도 내 생전에 우리 아파트에서는 동물을 키우는 일은 없을 것이다. 내 집에서 반려동물을 키우는 일은 애시당초 거론조차 못하게 막기로 하였다.

참 슬픈 일이다. 늙어서 사람대접 좀 받으려고 동물하고 경쟁을 벌여야 하다니.

시골에서 자란 사람이 왜 그렇게 동물을 싫어 하냐고 한 지인이 내게 묻기에 말해 줬다. 나는 소를 엄청 좋아한다. 아울러 소는 외양간에 있어야 하고, 개는 개집 속에서 살아야 각각 행복한 것이라고.

평소에도 그 얼굴이 그 얼굴인 연예인들이 이 방송 저 방송 뱅뱅 돌아가며 억지로 뽑어내는 헛웃음 그리고 저급한 막말, 참 식상하다. 아무리 연예인이라지만 사생활이 홀라당 까발려진 마당에도 키득거린다. 까발려졌다기보다는 스스로 까발렸다는 말이 옳겠다.

연말이면 더욱 기승을 부리다 못해 자기들끼리 돌아가며 주고받는 상(賞)에 눈물짓고, 시상식 끝나면 시비가 터져 나오고, 그런 내용이 또 방송을 타고, 여하튼 머릿살이 긁힐 노릇이다.

한 해의 다사다난한 사건의 주인공이 바로 텔레비전 그 자체라는 생각이 든다. 그렇지 않아도 정신없는 연말연시를 더욱 혼란스럽게 한다.

얼마 전까지만 해도 길거리에서 귀청이 떨어져라하고 울려대던 캐럴송이 사라졌다. 그렇다고 해서 의미가 퇴색되는 것이 아니고 오히려 차분하게 성탄을 맞이하고 있다. 우리나라에서 이 길거리 캐럴송이라는 것이 없어지기까지는 아마도 60년쯤 걸린 듯싶다.

인생도 지천명(知天命)을 알고 60살은 되어야 철이 든다더니 사회적 현상도 그쯤 돼야 제자리를 잡을 모양이다. 우리나라에 TV가 들어온 것을 생각해 보면 이제 철날 때가 되지 않았을까? 기대해

본다.

지난 50여 년을 읽어온 신문이다.

디지털시대가 신속함을 대표한다고 말하지만 글자 한자 한자와 심도 있는 내용을 다루는데 있어서는 아직도 아날로그를 따라 잡지 못하고 있기 때문에 매일 새벽 출근 시간의 필수품은 신문과 전철이다.

이른 아침 조용한 전철 속 승객들은 대부분은 고개를 숙이고 있다, 졸고 있든지, 스마트폰 속으로 빠져들든지, 아니면 보청기(ear phone)를 끼고 노래를 듣는다. 신문을 들여다보는 사람은 항상 나 혼자다.

그런데 요즘은 이것도 좀 문제가 생겼다. 자식 놈이라고 키워 놓았더니 애비가 보는 신문에 아주 비판적이다. 왜 아버지는 그런 형편없는 신문을 보시냐고 불만이 가득한 볼멘소리를 가끔 한다.

도대체 네 놈이 뭔데 애비가 50년 가까이 본 신문을 갖고 말이 많으냐? 못된 놈 같으니. 맨 날 속으로만 외쳐대는 말이다.

그런데 이 애지중지하는 신문이 읽을거리가 나날이 줄어들고 있다. 신문의 대부분을 정치 이야기가 차지하고 여러 가지 교묘한 형태의 광고가 끼어들고 있기 때문이다. 신문에서 정치 이야기를 빼놓을 수야 없겠지만 우리나라 정치나 국회의 역할이 신문에서 그렇게 열심히 크게 다루어 줄 만큼 국민들로부터 신뢰를 받고 있는지 아주 의문스럽다.

언론을 좌지우지하고 있는 기자를 비롯한 언론인들 스스로가 정치에 서서히 몰입해 가고 있는 모양새다. 그렇기 때문에 그 잘난 한국 정치가 언론의 중심에 서서 판을 치는 꼴사나운 일이 벌어지고 있다. 그래서 독자들은 외로워지고 있다. 내 손에 들려 있는 신문으로부터 내가 외면당하고 있는 것이다. 그나마 연휴 때는 신문이 반쪽이 된다.

집에 처박혀 혈압을 올리고 있는 내 모습이 안타까웠던지 집사람이 한마디 한다. 건강에 해로우니까 아무것도 하시지 말든지, 아니면 흥분하지 마시고 잠자코 있으란다.

이렇게 집에서는 할 일이 없으니까 연말연시면 사람들이 모두 모두 해외로 나가나?

인천공항이 사상 최대로 붐볐단다. 물건도 많이 잃어버렸고.

해외여행을 갈만한 형편이 못되는 가장은 웬만한 불만쯤은 좀 참고 못 본 척하는 것도 자식들한테 면박 당하지 않는 방법인지도 모르겠다.

젊을 때는 아무리 길어도 긴 줄을 모르고 보내는 연휴였건만 이틀을 못 참고 결국 사무실로 발걸음을 옮겼다.

책을 잡고 앉으니 속은 참 편안한데 곧이어 휴대전화 울리고 들어온 문자에는 어느 지인이 세상을 달리 했단다.

이렇게 해서 또 다른 한 해는 시작 되나 보다.

이 회사가 그 회사야

미국을 우리는 흔히 다민족 국가라고 말한다.

우리가 오천년의 역사를 자랑하는 단일민족의 순수성을 자랑하는 말과 대비되는 뜻이라서 오히려 금방 이해가 되는 말이다.

다민족 국가의 특징은 여러 종류의 민족들이 모여 국가 사회를 형성하여 나름대로의 번영을 추구하고 있는 나라들이다. 여러 민족들이 모여 한 사회를 이루기 때문에 문화의 다양성이라든가, 사회 발전을 위한 다원적 힘이 창출될 수 있다는 장점도 있지만 경우에 따라서는 정치, 경제적 이해에 따라서 갈등과 반목을 경험하기도 한다. 그렇기 때문에 이러한 사회에서는 사회적 규범이나 약속이 그 사회를 지탱하는 가장 큰 힘이 되는 것이다.

사회적 약속의 멋진 한 예를 우리가 흔히 보아왔던 서부개척 시대를 배경으로 한 총잡이들의 결투 장면에서도 발견할 수 있다. 서로 등을 맞대고 열 걸음을 걸어간 다음에 권총을 뽑아 사격을 하는 것은 하나의 약속이기 때문에 지켜져야 하는 것이고 이 약속을 위반하는 자는 주위 사람들에 의하여 저격을 받게 되어 있다.

그러나 이러한 사회적 규범과 약속은 그 사회를 유지하기 위한 최소한의 조건에 지나지 않는다. 이 최소한의 사회적 조건이 바로 민주주의라는 계약일지도 모르겠다.

5현 시대의 로마제국의 시민들은 그들이 사랑할 수 있는, 그리고 사랑하는 국가가 있었기 때문에 번영과 평화를 추구하면서 강력한 제국을 건설할 수 있었다고 많은 역사학자들은 이야기한다.

우리가 단일민족 국가임을 자랑하고 있고, 글을 쓰고 있는 이 사람도 매우 자랑스럽게 생각한다. 하지만 사실 우리 민족 국가 중에서 가장 강성했던 고구려는 단일민족 국가가 아니었다. 그럼에도 불구하고 아주 강대한 나라를 형성하였던 것을 생각해 보면 그때도 여러 민족이 화합할 수 있었던 그 무엇이 있었을 성싶다.

많은 민족으로 구성된 미국이 여타의 다민족 국가와는 달리 전 세계적으로 가장 강성한 국가로 발전할 수 있었던 저력은 무엇일까? 사람들마다 다양한 이유를 예로 들겠지만 나는 '성조기 앞에서 모든 미국인은 평등하다'라는 인식이 오늘날 하나가 되어 번영된 미국을 만들었다는 주장에 적극 동조한다. '평등한 하나'라고 생각하는 사회적 인식은 국민들이 냉소주의로 빠지거나, 방관자적인 태도가 아닌 적극적이고 긍정적인 생각을 갖게 하는 저력을 형성한 것이다.

우리 국가사회는 과거 10여 년을 통하여 갈등과 투쟁, 냉소와 질시, 독선과 아집, 집단 이기주의자들의 붕당적 선동 등으로 인하여 찢어질 때로 찢어지고, 부서질 때로 부서지는, 이루 말할 수 없는 혼란을 겪었다.

그 결과 사회를 유지할 수 있는 최소한의 약속이나 규범도 사라져가고 있을 뿐 아니라, 수천 년 동안 우리가 자랑스럽게 여겨왔던 모든 인간적 예의나 귀감은 오늘을 살아가는데 버거워서 버려야할 짐보따리로 전락되고 말았다.

이러한 사회적 분위기는 모든 직종의 조직 사회에서도 여실히 들어나고 있다. 냉소주위의 팽배, 부정적 패배주의의 확산, 자기중심적이고 소아병적인 주장, 타협을 모르는 질주, 깊어가는 불신 등으로 많은 사람들이 고통 받고 좌절과 실의에 빠져 있다.

마음대로 돌려댈 수 있는 세치 혓바닥이 있고, SNS나 익명으로 접근할 수 있는 컴퓨터 앞에서 움직일 수 있는 손가락만 있으면, 당장 안하무인의 무법자로 돌변하는 사람들이 넘쳐나는 사회가 되었다.

우리 사회는 이제 더 물러나려고 해도 물러설 곳이 없는 천인단애(千仞斷崖)의 벼랑에 서 있다고 말할 수 있다. 이 사회의 구성원 모두가 서로를 사랑하고, 양보할 수 있는 지혜가 없다면 공멸할 수 밖에 없는 지경에 이르렀다.

개인적으로 잘 알고 있는 한 사람이 수년 전에 기울어져가는 한 중소기업에 근무하고 있었다. 그 회사는 자중지란의 시기와 질투, 냉소적 자기비하가 팽배하여 기울어져가고 있었다.

장기판의 훈수라는 것은 어깨너머로 보는 사람이 객관적 입장에서 수를 잘 볼 수 있기 때문에 천하의 묘수를 불러낼 수 있는 것이다. 회사가 기울어가고 있다는 것이 많은 사람들 눈에는 훤히 보이는데, 오히려 그 회사 사람들은 전혀 인식하지 못하고 매일매일 싸움판의 공연을 연출하고 있었다. 나의 지인도 회사를 거의 포기하고 출근도 하기 싫다는 말을 자주했다.

그러던 어느 날 어쩌다가 그 친구가 기울어가는 이 회사의 총책임자의 자리에 오르게 되었다는 연락을 받았다. 망해가는 회사의 사장이란 대개 빚잔치의 주인공이 되든지, 아니면 회사를 말아먹은 주인공이라는 오명만을 뒤집어쓰게 되어있는 자리다.

축하를 할 수도 없고, 위로를 할 수도 없는 몇 년의 세월이 흘렀다. 그런데 망해가던 그 회사가 "이 회사가 그 회사냐?" 하고 모든 사람들이 의아해 할 만큼 놀랍게 단단한 회사가 되었다.

한 잔의 소주잔을 부딪치면서 들어본 이면사는 매우 간단하였다. 자기가 한 일은 오직 하나, 회사가 망해서 청산되기 일보직전이라는 사실을 진실한 마음으로 회사원들에게 알려 주었을 뿐이라는 것이다.

생각하기조차 끔직한 일이지만 우리나라가 망한다면, 아마도 망국의 매국노라고 욕먹는 사람들도 나오고, 반면 국민들로부터 존경받는 애국자들도 나올 것이다. 왜냐하면 역사는 항상 지나간 다음에 평가되기 때문이다. 그러나 망한 다음에는 아무 소용없는 일이다. 이미 기울어진 역사 속에 고통 받는 사람들은 지고지순의 국민들이고, 사회 구성원들이기 때문이다. 이들이 고통 받고 있는 상황에 과거 망국의 원인을 제공한 자들을 역사의 심판대 위에 올려놓아 봤자 아무 소용이 없다.

현재 우리나라 최고의 기업이고, 세계적인 기업이 된 모 재벌 회사의 창업주는 생전에 사장단 회의를 할 때 이런 말을 하였다고 한다.

"부도를 내는 사장들은 곧 매국노다."

회사의 사장은 회사원들 뿐 아니라 사원들의 가족까지도 책임을 지고 있기 때문에 회사를 부도내서 그 많은 사람들을 길거리로 몰아내는 행위는 곧 국가 반역에 버금가는 죄를 짓는 것이라는 의미다.

지금은 나라도, 구성원 개개인도 참으로 어려운 때임에는 틀림없다. 솔로몬의 지혜와, 적극적이고 긍정적인 마음의 사랑만이 우리 모두와 우리 이웃을 풍요롭게 할 수 있다.

자유민주주의를 추구하는 나라의 국민임에도 불구하고 여의도의 저 큰집은 좀 없어졌으면 좋겠다는 생각에 사로잡히는 경우가 참 많다. 이제는 그런 처참하고 저급한 생각을 안 해도 되는 날만 있었으면 하는 바람이다.

지난날 우리의 처참한 모습만을 기억하고 있는 외국 사람들이 오늘의 우리를 보면 "이 나라가 그 옛날의 그 나라야?" 하고 경탄의 함성을 지를 것이 분명하다.

그러나 참으로 걱정 되는 것은 앞으로 그 어느 날 그들이 "그러면 그렇지 별 수 있나." 하는 폄하의 탄식이 섞인 말로 우리를 조롱하는 소리를 듣게 될까봐 잠이 안 온다.

경국지색에 버금가게 아름다운 꽃송이도 언젠가는 꽃비늘 되어 바닥에 떨어져야 열매를 맺듯이 오늘의 편안함에 꽃놀이만을 즐기면 미래라는 결실은 얻을 수 없다.

놀랍고 화나고 부끄러운 일

여행이 주는 감회는 막연한 희망과 미지의 세계를 경험할 수 있다는 기대가 뒤범벅이 되어 작은 혼돈에 휩싸이는 것이다.

여행이란 사람들에게 활력을 주고 언짢았던 뭔가까지도 용서할 수 있는 마음의 여유와 함께 벅차오르는 영혼 때문에 약간의 난맥상까지도 불러일으키는 것이다.

사전적 의미는 일이나 유람을 목적으로 다른 고장이나 외국에 가는 일이라고 정의하고 있다. 뻣뻣하고 재미없는 해석이지만 본래 사전적 해석이라는 것이 감성이 배제된 것이니까 그러려니 하면 그만이고, 새삼스럽게 여행의 정의를 논할 필요도 없지만, 요즘 세상에는 워낙 일상화되어 있고 삶을 풍요롭게 하는 활력소이기에 한 번 되새겨 보았다.

미국 사람들은 1년에 한 번씩 계획하고 있는 여행을 위하여 살아가는 사람들이 아닌가 할 정도로 열심히 준비한다. 연중 휴가를 어떻게 계획하고 어디를 어떤 식으로 방문할 것이고, 그곳에서는 어떤 것을 즐길 것인지, 무엇을 볼 것인지, 경비는 얼마를 어떤 방법으로 준비할 것인지 등 아주 세세하게 준비한다. 그들이 이렇게 열심히 준비한 여행을 방해하는 것은 중대한 사생활 침해이며 나아가서는 그들의 삶을 부정하는 것이나 마찬가지인 것 같다.

여행에 대하여 우리들과 기본적인 견해도 약간 다르고 살아가는 정황도 다르기 때문에 뭔가를 서양 사람들과 직접 비교한다는 것은 좀 무리가 있지만, 어떤 선배가 이런 귀띔을 해주었던 일이 기억났다.

물론 그의 조언이 스스로 터득한 것인지 아니면 단순히 다른 사람의 의견을 전하는 것인지는 몰라도, 어쨌든 그분의 전언에 의하면 여행의 수단으로는 본인의 능력이 허용하는 범위 내에서 최고급으로 하라는 것이다.

맨 처음 이 말을 듣는 순간 나에게 정말 멋진 인생이 펼쳐지는 것 같은 순간의 착각에 빠졌었다. 마치 내가 아주 멋진 여행의 주인공이 된 황홀한 기분에 도취된 것이었다.

정신을 차려 되새겨 보니 '본인의 능력이 허용하는 범위 내에서' 라는 수식어가 전제되어 있었다. 이렇게 하여 내 주제를 확실히 알았을 때는 텔레비전 속의 삼류 막장 드라마의 씁쓸한 주인공이 된 기분이 되고 말았다.

우리같이 제한된 공간에서 시간표 짜놓고 살아가는 사람들은 대개 여행이라고 하면 해외에서 개최되는 학회에 참석했다가 어떻게 틈을 내서 주위를 둘러보는 것이 전부다. 해외 학회 참석도 연구 발표 내용이 학회에서 채택이 되어야만 쥐꼬리만한 지원금을 대학에서 받아서 방문하게 되고, 해외 학회 참석 기간도 학회 기간에 앞뒤로 하루씩 붙여 허락해 주기 때문에 결국 자기 개인 연가를 좀 잇달아 붙여서 개최 도시 주위를 좀 둘러보는데 사용한다.

이런 사연 많은 우여곡절 끝에 지난달 말에 국제학회에 참석하기 위해서 남아프리카 공화국의 케이프타운을 방문하였다.

연구 논문 발표 통보를 받고 나서 곰곰이 생각해보니 참 많은 일들이 가슴을 스치고 갔다.

젊을 때는 정신없이 바빠서 그랬고, 좀 나이가 들어서는 윗분들과 아랫사람들 눈치 때문에 그랬고, 이런 저런 사연으로 인해서 해외 학회를 갈 때 집사람을 한 번도 동반해본 일이 없다.

내 돈 들여 우리가 가는 것인데 누구 눈치를 볼 필요가 뭐가 있냐고 하지만 그것은 철없는 젊은 아이들 생각이고, 소위 학자의 길을 걷고 있는 사람들은 생각해야 할 일들이 참 많은 것이다.

그러다 보니 50대 중반이 훌쩍 넘어가고 있는 집사람에게 미안하기도 하고, 또 이번에 학회가 개최 되는 곳이 남아프리카 공화국의 케이프타운인데, 생각해 보면 언제 살아서 그곳을 가볼 기회가 또 있겠는가 하는 마음으로 용기를 냈다.

부부 동반을 결정했을 때 긴가민가하여 나를 바라보던 집사람의 얼굴이 생각난다.

초등학교 시절부터 익히 들어왔던 희망봉, 그리고 그곳에서 인도

양과 대서양의 위대한 만남을 직접 내 눈으로 볼 수 있다는 설렘은 나이가 들었어도 어쩔 수 없는 인간의 소박한 감정이었다.

'본인의 능력이 허용하는 한 여행은 고급으로 해라'는 선배의 말이 생각이 났다.

그동안 쌓여 있던 비행기 마일리지를 전부 탈탈 털어 넣고 의젓하게 부부 왕복 비즈니스 클래스를 예약했다. 사실 이거 과욕을 부리는 것 아닌가 하는 걱정도 되었지만 집사람 앞에서 허세라도 한번 부리고 싶었다.

덕분에 홍콩을 경유하여 요하네스버그까지 참 편하게 여행을 하였지만 승무원들이 내 개인 신상에 대하여 너무 자세히 알고 있다는 것이 좀 께름칙했다. 이코노믹을 탔더라면 이런 저런 귀찮은 질문은 안 받아도 되었을 텐데 하는 생각이 들었다. 허기야 저들도 장사니까 좀 참자하고 미덕을 발휘했다.

세상에서 금과 다이아몬드가 가장 많이 난다는 요하네스버그에 도착하는 순간, 이 나라가 2010년 월드컵 경기를 성공적으로 치르고도 남을 수 있는 충분한 자격을 갖춘 나라임을 직감할 수 있었다. 그러한 생각은 케이프타운의 화려한 모습에서도 마찬가지였다. 청량한 공기, 하늘 높이 치솟은 현대식 빌딩, 잘 정돈된 도시, 자색빛 자카란다의 아름다운 가로수, 흑·백인을 막론한 유창한 영어 구사 능력 등, 부럽다 못해 당장이라도 국제 사회에서 우리나라를 하염없이 따돌릴 수 있는 나라라는 위기감까지 들었다.

석유만 말고 무엇이든지 묻혀 있다는 지하자원을 생각하면 눈앞이 아찔할 지경이었다.

옛날에 1년이라는 짧은 기간 동안 미국 연수 교육을 갔을 때 처음 뉴욕의 맨해튼 거리를 걸으면서 느꼈던 경탄스러움이나, 고풍 미를 간직한 런던이나 동구라파의 여러 나라의 모습을 보면서 느꼈던 바로 그 분위기에 쉽게 빠져 버렸다.

더군다나 여기는 우리가 TV나 영화에서 흔히 접했던 척박함과 빈곤의 상징인 아프리카 아닌가! 아무리 생각해도 머릿속의 아프리카와는 너무도 동떨어진 곳에 온 것 같은 생각에 빠졌다.

그러나 불행하게도 나와 집사람의 행복한 환상은 그리 오래가지 못하였다. 나의 놀라움은 원주민인 흑인들의 참혹한 집단 거주지를 바라보는 순간 치솟아 오르는 분노로 바뀌었다.

수천 채인지, 수만 채인지 헤아릴 수 없이 이어지고 있는 게딱지 같은 양철 지붕의 판잣집과 하꼬방, 여기저기 어지럽게 걸려 있는 빨래들을 바라보는 순간 그 자리에 털썩 주저앉고 싶었다. 먹고 사는 것이 급한 이들에게 위생 관념을 이야기한다는 것은 참 포시라운 소리다.

순박하다 못해 맑고 천진해 보이기까지 했던 검은 눈동자에는 좌절의 절규와 원한과 분노만이 느껴졌다.

아무리 정치적인 이유와 역사적인 인과 관계에 따른 인종차별주의를 실시했더라도 이 천진한 사람들에게 최소한의 인간적 사랑과 배려는 있었어야 하지 않았을까.

학술대회 참석이라는 미명하에 수만리 하늘 길을 호화롭게 달려

온 스스로의 모습이 주눅이 들면서, 부끄럽다는 생각에 심한 자괴감에 빠져 버렸다.

이곳에는 나무의 줄기를 타고 올라가 아주 화려하기 이를 데 없이 붉은 꽃을 피우는 부겐벨리아가 아주 많다. 본래의 나무는 마치 그 화려한 꽃나무가 자기 본래의 모습인 양 변해 버린다. 고목에 꽃이 피었다는 우리의 속담에 딱 들어맞는 형국이다.

우리말로는 '가시두견'이라는 꽃인데, 진취적 기상과 강인한 생명력을 의미하는 꽃말과 잘 어울릴 듯한 것은 남을 밟고 일어나서 자기 스스로의 화려함만을 뽐내고 있는 것이다.

본래의 주인인 나무는 생각 없이 사라지고 화려한 부겐벨리아 꽃만이 세상의 주목을 받는다. 이렇게 아름다운 꽃이지만 그 속에서 나는 다시 한 번 더 좌절감과 부끄러움을 맛보아야만 했다.

남아공화국 정착 8년째라는 한국계 안내원의 말에 의하면 최근 들어 부쩍 늘어난 탈북자들의 남아공 밀입국으로 인하여 한 달에 대여섯 번씩은 행정 기관에 출두하여 통역을 해야 한다는 것이다.

끊을 수 없는 질긴 목숨이 살아보려고, 사선의 두만강을 넘어, 거칠고 광활한 낯선 중국 땅을 헤맨 뒤, 인간들이 사는 세상의 반 바퀴를 돌아 수만리 떨어진 이곳까지 흘러들어 만신창이가 된 육신을 의지해야 하는 탈북 동포들을 생각하면 부끄럽고 안타까운 좌절 속에 쏟아지는 눈물을 참을 길이 없다.

좋든 싫든 자기들 살던 고향에서 얼마나 멀고먼 곳인데, 목숨을 부지하기 위하여 삶의 부평초 신세가 되어 여기까지 떠밀려 와야만 했단 말인가! 남과 북이 손잡고 우리 민족끼리의 공조를 외치고, 조건 없는 햇볕의 사랑이 맺은 결과가 이것이란 말인가?

인종차별 정책으로 자기들의 국민을 처참하게 만든 이 나라 정부나, 인민을 제대로 먹이고 보살피지 못해 자국의 인민들이 전 세계의 유랑아 신세가 되어 떠돌게 만든 집단이나 다를 것은 하나도 없다.

그러한 집단을 맹신하는 광신도들이 아직도 우리 곁에 존재한다는 것 역시 부끄럽고 화가 치미는 일이다.

진정한 대한민국의 정체는 부겐벨리아 꽃인지, 아니면 붉은 부겐벨리아로 장식된 고사목인지 모르겠다.

멀리까지 와서도 울적했던 마음을 자카란다 만발한 나무 아래서 달래 보았다.

남남으로 존재하다 하나의 부부가 되듯이 인도양과 대서양의 바닷물이 우리의 발아래 서로 만나 하나가 되는 모습을 보며, 작은 탐욕의 다툼 속에서 스스로조차 잊혀가는 우리의 초라한 모습은 언제쯤 제자리에 되돌아올까 하는 의구심은 더욱 커졌다.

역시 여행이란 여러 가지를 경험하게 하는 삶의 스승인 것은 틀림없다는 것을 알게 된 것이 이번 여행의 크나큰 되새김이다.

희망봉의 바닷가에서 이런 시상을 떠올려 보았다.

희망의 곶(串)

간구하는 사람들의 마음을 적셔주듯
밀려왔다 돌아가는 푸른 파도 흰 물살

폭풍의 곶에서 이제는 희망을 가득 실어 본다

왼발을 인도양에 오른발은 대서양에 담갔다
차마 생각 못했던 내 모습에 눈이 감기고
벅찬 마음 따라 대양의 만남에 선을 그어보지만
한 번의 부드러운 물결에 흰모래는 제 모습 그대로

사람들의 욕망이 그곳에 이름을 지었지만
인도양이든 대서양이든 말없이 출렁일 뿐

하나 된 바다에서 화해의 춤을 추고
형형색색 사람들 손잡아 하나가 될 때
아름다운 희망봉의 높은 곶(串)에
하늘의 축복은 영혼조차 뛰어넘는다.

우리 내외는 마주보고 크게 소리 내어 웃었다.

집지서(執贄書)

학문의 길을 갈고 닦는 사람이든지, 장인의 길을 연마하고 있는 사람이든지 혹은 예체능의 길을 걷고 있는 사람이든지 그 누구를 막론하고 어떤 스승이 어떤 제자를 만나는가 하는 것은 스승과 제자 모두에게 인생의 성패가 달려 있는 일이다.

공자(孔子)님 같은 성현도 천하의 영재를 얻어 제자로 삼는 것은 인생의 세 가지 큰 즐거움 중에 하나라고 했으니 스승과 제자의 관계가 얼마나 중요한가를 짐작할 수가 있다.

우리의 역사에서도 사승(師承)관계는 매우 엄격했고 때에 따라서는 후학들의 격론의 중심이 되기도 했다.

영역(永曆) 272년 정사(丁巳) 9월 24일에 단양(丹陽)인 장석인(張錫寅)은 삼가 목욕재계 하고 글을 지어 금계(錦溪)선생님께 재배의 예를 드리나이다.

선생님의 드높은 덕을 저의 소견으로는 감히 엿볼 수는 없습니다만, 선생님께서는 화양(華陽)의 정통을 이어받으셨습니다.

여러 군자들이 성대하게 웅거(雄據)할 때는 사람들은 그분들의 위대함을 모르고 지나치는 법입니다. 세월이 지나 여러 군자들이 세상을 떠나고 난 뒤에서야 황하(黃河)의 지주(砥柱) 역할을 하고, 한겨울에 소나무 역할을 한 분은 오직 선생님 한 사람 뿐이라는 것을 비로소 알게 되었습니다.

하늘로부터 타고난 이성을 지닌 사람이라면 그 누구인들 선생님의 제자가 되고 싶지 않은 사람이 있겠습니까?

어리석은 석인(錫寅)은 선생님의 제자가 되고자하는 마음이 그 누구보다도 특별히 간절하였습니다. 저는 본디 용렬한 자질에다가 과거(科擧) 공부에만 전념하여 제 본연의 뜻을 잊고 세월을 보내다 보니 나이 오십이 넘었음에도 깨닫고 터득한 바가 없어 항상 스스로 슬퍼하였습니다.

서벽(徐辟)을 통하여 교화를 받은 것처럼 만분의 일이라도 배울 수 있다면 하늘이 부여한 영대(靈臺)에 힘입어 옛날의 소원을 이룰 수 있을 것으로 여기었습니다.

하오나 지기(志氣)가 게으르고 종적이 엇갈리어 지금까지 선생님을 찾아뵙지 못하였으니, 뜻만 품고 말 것 아닌가 하고 염려되었습니다. 돌이켜 생각해 보건대 여기에서 끝나고 말 경우 덕업(德業)이 진취될 날이 없을 것입니다.

석인(錫寅)은 아들을 여섯 두었고 그 아들의 아들들이 앞으로 입학하여 그들의 아비와 할아버지가 위대한 군자의 문하에 출입하여 정대한 연원(淵源)에 잡되지 않은 파류(派流)를 얻었다면 그들도 십분 뜻을 가다듬을 것이고 문로(門路)도 따라서 열릴 것입니다. 이러한 점들이 제가 마음속에 새기고 있는 특히 중요한 점입니다.

오늘 찾아와 먼저 사람을 보내 대문 밖에 서서 가부(可否)의 말씀을 기다리오니 삼가 바라건대 저를 제자로 받아들이셔서 찾아온 뜻을 저버리지 않게 하여 주소서.

간절한 마음을 금할 수 없습니다.

이 내용은 조선 말 화서학파(華西學派) 유학자이며 기호(畿湖) 지방의 거유(巨儒)였던 금계(錦溪) 이근원(李根元) 선생께 역시 같은 기호 지방의 큰 유학자였던 장석인(張錫寅) 선생이 지천명(知天命)이 지난 나이임에도 불구하고 스스로 찾아가 제자가 되고자하는 간곡한 뜻의 글을 지어 스승께 올린 글, 즉 집지서(執贄書)이다.

스승의 인격과 학문적 도량을 우러러보고 찾아가 제자가 되고자 하였으니 스승의 뜻과는 전혀 관계없이 제자가 스승을 찾아간 것이다.

유학이 인륜의 근본이었던 시대에 스승과 제자 사이에 연원이 맺어지는 첫 단계이며 모든 예를 갖추어 이루어지는 전형적인 절차라고 할 수 있다.

이렇게 진솔한 과정을 통해서 맺어진 사승 관계는 본인의 일생뿐 아니라 후손들에 의하여 대를 이어 존속되는 것은 물론이거니와 훗날 하나의 학맥이 형성되는 것이다.

물론 집지를 올렸다고 무조건 제자로 받아들여지는 것은 결코 아니었다. 스승은 제자가 되고자하는 선비의 학문적 견해나 식견 그리고 사람의 인품을 평가하여 제자로 받아들일 것인지를 결정하는 것이다.

소설가 정비석(鄭飛石)의 퇴계소전(退溪小傳)에 보면, 어느 날 경상도 성주 출신의 두 선비가 퇴계(退溪)에게 제자가 되겠다고 찾아왔는데 한 사람은 아주 깔끔하고 예의 바른 사람이었고, 다른 한 선비는 자연스럽고 털털하며 숨김이 없는 행동을 하는 사람이었다. 전자는 내암(萊庵) 정인홍(鄭仁弘)이었고 후자는 한강(寒岡) 정구(鄭逑)이었는데, 얼마 후 퇴계는 다른 제자들 앞에서 두 사람에 대한 평을 하였다.

"내가 두 사람의 거동을 며칠 동안 살펴보니 정구는 시종 상정(常情)에 따라 행동하였고, 정인홍은 하나에서 열까지 상정에 벗어나는 행동을 하였다. 그런 사람이 나라에 무엇을 할 수 있다고 글을 가르쳐 주겠는가." 하고는 정인홍의 집지는 반려하고 정구의 집지(執贄)만 받았다고 한다.

그 후 정인홍은 남명(南冥) 조식(曹植)의 제자가 되어 큰 학자가 되지만 훗날 벼슬이 높아지자 조정의 중신들을 모조리 탄핵하고 계축옥사(癸丑獄事: 광해군이 영창대군을 죽이는 사건)를 일으킴으로서 인조반정 후 본인은 극형을 당하고 스승인 남명까지 사후에 참혹한 추형(追刑)을 당하였다.

사제지간이 되는 것은 이렇게 엄격한 과정을 거쳤으며 후학의 됨됨이를 살펴서 제자로 받아들이는 것이다. 남명과 같은 대학자도 제자로 인하여 씻을 수 없는 치욕을 당한 것이다.

의과대학을 졸업하여 의사가 된 뒤에 또 다시 한 사람의 전문의가 되기 위한 과정은 결코 쉬운 일이 아니다. 수많은 날들을 별을 헤아리며 학문을 닦아야 되고, 어느 분야의 학문보다도 오랜 시간을 연마해야 한다. 물론 인간의 생명을 다루는 학문이기 때문에 심도 있고 신중한 연구와 교육을 필요로 하기 때문이다.

전문의(專門醫) 과정은 전문적인 의학 영역을 공부하기 위하여 전체 5년간의 전공의 과정을 거치게 되는데 1년간의 인턴이 끝나고 나면 소위 의사로서 자기 전문 분야를 정하게 된다. 전공을 정할 때는 여러 가지 요소들을 신중하게 고려하게 된다. 다시 말해 자기가 특정한 의학 분야에 관심이 많을 경우 그 길을 걷게 되지만, 스승의 학문적 위대함이나 근엄한 인격에 이끌리어 그 스승 밑에서 공부하게 되는 경우도 많다.

이 과정에서 옛날처럼 집지서를 올리는 일은 없지만 내용면에서는 과거와 다를 바가 없다. 즉 스승의 뜻에서 시작된 일이 아니라, 제자 스스로가 스승에게 제자됨을 허락 받는 것이다. 그렇기 때문에 수련과정은 일종의 도제제도(徒弟制度:apprenticeship)로써 매우 엄격한 사승(師承) 관계가 성립되어 있고, 이런 특수성에 따른 부작용도 종종 밝혀지고 있으며 때로는 사회적 문제로 비화되기도 한다.

나 역시 은사님의 훌륭하신 인품에 끌려 지금과 같은 비뇨기 종양학을 공부하는 사람이 되었다고 자신 있게 말할 수 있다. 자신 있게 말할 수 있다는 의미는 내 스스로 결정한 일이며 스승님에 의하여 허락받았다는 의미가 된다.

혹자들은 어느 특정 학문에 매료되어 그 분야를 전공하는 것이 일반적인 원칙이지, 어떻게 사람을 보고 자기 학문분야를 특정 지을 수 있겠냐고 의문을 제기할 수도 있다. 그러나 그런 생각은 어느 한 사람이 특정분야에 어느 정도 입지를 이룬 다음에 뒤돌아보면서 할 수 있는 말이고, 어차피 깊숙한 학문의 내용을 잘 모르는 경우는 스승의 길을 따르게 되어 있는 것이 인륜적 철칙이라고 생각한다.

마치 그림에 대하여 문외한이 특정한 유명 화가의 작품을 열심히 관람하다 보면 식견이 넓어지고 동시에 그 작가에 매료되는 것이나 같은 이치가 아닐까 생각해 본다.

걱정스러운 요즘 현상 중에 하나는 의학 분야에서 자기 전공을 정하는데 있어서 중요시 되는 것이 스승의 고매하신 인격과 학문의 깊이도 아니고, 스스로가 평가할 때 스스로의 학문적 취향에 따라 결정하는 것도 아니고, 오로지 어떤 분야가 돈을 잘 벌 수 있는가 하는 것이라는 말이 있어 나는 슬프다.

여하튼 어떤 과정을 통해서 맺어졌건 간에 스승과 제자의 인간관계는 두 사람 모두에게 아주 중요한 삶의 한 요소가 된다.

그러나 우리나라 초·중·고의 현대교육은 학교 집단에서 수학적 계산에 의하여 학생들의 반(班)을 나누고, 학교의 정책적 결정에 의하여 담임선생님이 정해지는 제도이다. 담임선생님이 제자를 선택한 것도 아니고, 제자가 스승을 선택하고 제자 됨을 허락 받는 일도 아니다. 현대와 같은 대단위 집단적 교육 제도 하에서는 어쩔 수 없는 현상이라고 생각된다. 과거부터 오늘에 이르기까지 이러한 제도에서 발생되는 비교육적 부작용이나 탈 인간화의 문제를 간과하여 왔다.

선생님은 스승의 길을 아주 쉽게 포기하고, 학생은 제자임을 인식하지 못하는 현상 말이다. 그렇기 때문에 선생님들 중에 극히 일부에서는 스승으로서의 책임감이나 덕목으로부터 너무나도 쉽게 이탈하여 정치적 목적으로 거리를 헤매는 분들도 생겨나고, 사랑의 회초리가 아닌 폭력이 가해지는 일도 발생되고 있으며, 스승의 하찮은

꾸지람에도 학생들 스스로가 경찰을 학교 내로 부르는 일이 생기는가 하면 학부모가 자식의 선생님에게 폭행을 가하는 등, 실로 상상하기도 싫은 일들이 교육 현장에서 벌어지고 있다.

요즘 아이들은 초등학교에서 대학을 나올 때까지 존경하여 찾아뵙고 싶은 선생님이 없다고 한다. 소위 지식을 주입하는 선생은 있지만 지혜를 가르쳐 주는 스승이 없다는 말도 허언은 아닌 성싶다.

현대 사회에서는 가정교육은 없어지고 학교교육만 있다고 한다. 하지만 학교에서의 인성교육도 이처럼 일그러질 대로 일그러지고 있다. 더 이상 방치할 수 없고 시급히 해결해야 할 교육 분야의 병폐 중의 병폐다.

최근 몇몇 학교에서 학생들이 담임선생님을 선택하는 제도를 시범적으로 운영한다는 소식은 여러 의미에서 신선한 충격이다. 이 제도는 선생님, 학생, 학부모 모두에게 일정한 권한과 의무가 동시에 부여되는 발전적 제도라고 생각되기 때문이다.

미래에 피어날 한 송이 들국화를 기다리는 마음으로 두 손을 모아 본다.

이제는 TV뉴스시간에 학생들이 선생님을 때렸다든가 하는 참혹한 패륜의 소식이 전해지지 말았으면 좋겠다. 이렇게 충격적이고 자극적인 내용을 하루 종일 시간마다 뉴스라는 이름으로 방송을 해야 하는지도 묻고 싶다.

모든 학생들에게 집지서(執贄書)를 쓰는 방법을 배우게 하면 어떨까 하는 시대착오적인 생각을 떨칠 수가 없다.

잊지 못할 Buick

1989년 7월 4일 부슬부슬 내리는 빗속을 뚫고 뉴욕시의 라구아디아를 출발한 U.S Air 항공기는 약 한 시간을 비행하여 나이아가라 폭포로 유명한 미국 뉴욕주의 Buffalo공항에 미끄러지듯 내려앉았다.

내 나름대로의 욕심과 계획을 갖고 세계적인 암연구소인 Roswell Park Cancer Institute에서의 연수 교육을 위하여 최종 목적지에 도착한 것이다.

태어나서 외국 여행이라고는 처음 해보는 초행길인지라 한 걸음 걸음이 살얼음판을 걷는 기분이다.

뉴욕 케네디 국제공항에서 입국 수속을 할 때 내 몸의 모든 신경은 두 귀와 두 눈에 모여 있었다. 무슨 말을 하는지 알아듣기 위해 서지만, 경우에 따라 알아듣지 못할 때는 머릿속에 준비된 내 말만 하였다.

내 나름대로 생각할 때 입국 심사 공무원이 이것을 궁금해 할 것이라고 판단한 내용을 혼잣말로 독백한 꼴이 된 것이다.

참 다행인 것은 세관원이 아무 말 없이 입국 사증에 1년간 머무를 수 있는 스탬프를 찍어준 것이다. 아마도 더 이상 말하는 것이 피곤한 일이고, 떠듬떠듬 하는 말이 무슨 내용인 줄은 알겠고, 서류를 보니 내용은 파악되는데다 흉측한 범죄를 저지를 인상은 아닌 듯해서 도장을 찍어준 것이 아닌가 하는 생각이 들었다.

하늘에서 내려다보이는 버펄로 시내는 들소들의 먹잇감이 즐비한 드넓은 초원에, 나지막한 건물들이 넉넉한 공간을 두고 들어찬 시골 같은 풍경이었다. 아마 불과 며칠을 뉴욕에서 보내면서 대도시에 적응된 착시 현상인지도 모를 일이었다.

얼마 뒤에 알게 된 일이지만 이곳에서도 정작 버펄로는 동물원에나 가야 겨우 볼 수 있는 희귀 동물에 해당되는 것이었다.

사람들이 많이 움직이는 쪽으로 따라가면 항상 길이 있다.

이 말은 해외여행 초보자가 명심해야 할 금과옥조다.

초행길에 누군가가 마중을 나온다는 것은 반가움의 극치다. 공항을 빠져 나왔을 때 나를 기다리는 사람은 뉴욕 주립대학 버펄로 의과대학에서 박사과정을 공부하고 있던 대학 후배 김성수(지금은 경희의대 교수) 선생이었다.

뉴욕에서 전화로 연락하여 공항에 좀 나와 달라고 부탁을 할 때까지도 순 한국식으로 생각했다. 즉 선배가 초행길에 부탁 좀 하는 것이 뭐 그리 실례가 되겠는가 하는 정도의 촌스러움을 벗어나지 못한 생각을 갖고 있었다. 뒷날 겪어보니까 그런 부탁을 받는 것은 미국 현지에 살고 있는 사람에게는 참 곤란한 일이었던 것이다. 시간 내기는 힘들고 거절하자니 야박하고, 진퇴양란의 샌드위치가 되는 경우가 대부분이었다. 남의 시간을 빼앗는 것은 현금을 강탈하는 것과 차이가 없는 것이다.

나는 김 선생이 미리 구해 놓은 시내의 집으로 가기 위하여 그가 타고 온 차(car)를 보는 순간 기절하는 줄 알았다. 내가 이 차를 타고 가야되나 말아야 되나?

차의 크기는 대단한데 차의 앞뒤에 온통 청색 테이프가 더덕더덕 붙어있어서 후미등은 물론이고 전조등조차 안 보일 정도였다. 유리창은 올라가지도 내려가지도 않지, 문은 분명히 4짝인데 여닫을 수 있는 것은 한 짝 밖에 없었다.

어쨌든 버펄로 공항을 뒤로한 채 선후배는 비 오는 고속도로를 이 훌륭한 차를 이용하여 정답게 낭만을 즐기며 앞으로 1년을 설계하였다.

얼마 후 알게 된 일이지만 미국의 대학생들이 타고 다니는 차의 종류는 너무나도 다양하였다. 우리나라 시골에 가면 경운기를 개조하여 만든 간이 차와 비슷한 것이 있는가 하면, 깨어진 유리창을 비닐로 막고 다니는 경우도 허다하였다.

김 선생의 이 차로 말할 것 같으면 이름 하여 Buick인데 정말 오래된 차라서 2시간 만 운전하면 엔진 덮개를(본네트) 열고 엔진 오일을 한 통씩 부어대야 할 정도의 차였다. 그러나 지금도 이해 못할 일은 그 낡은 차의 엔진 소리만큼은 부드러운 여인의 목소리 그 자체였다는 점과 그 고물차에서는 도저히 기대할 수 없는 안락한 승차감이었다.

이 운명의 차와 나는 기억 속에 지워버릴 수 없고, 온몸에 땀이 뒤범벅이 되어 극락과 지옥을 왔다 갔다 했던 추억이 있다.

공항에서 이 차를 처음 본 순간부터 참 희한하다 하는 느낌이 들었던 것도 그렇고, 여기저기 훑어보게 된 사연들이 앞으로 일어날 그 무엇인가를 예견하고 있었는지도 모른다.

미국 생활이 어느 정도 익숙하여질 무렵 나, 김 선생 그리고 축산학을 전공하면서 버펄로에서 공부를 하고 있던 한국인 교수, 이렇게 셋이서 Buffalo에서 2시간 정도 걸리는 Rochester라는 곳으로, 역시 연수차 나와 있는 한국인 교수의 초청을 받고 그 교수의 집을 방문하였다.(축산과 교수의 친구)

우리는 전부 홀아비 신세였는데 그 교수는 가족도 함께 나와 있었고, 작기는 하지만 가족과 함께 살고 있는 아파트도 깨끗하였다. 그분 입장에서는 거지 생활을 겨우 면하여 살고 있는 우리의 사정을 너무 잘 알고 있어서인지 온갖 진수성찬에 광어회, 양주, 고국에서 직송되어 온 소주. '그리운 내 사랑 그대 이름은 소주'가 아닌가?

주거니 받거니, 말 못하여 벙어리처럼 설움 받는 동병상린의 미국 생활, 연구실에서의 잊지 못할 happening…. 시간가는 줄도, 술 취하는 줄도 모른 채 밤은 깊어 갔다.

정신을 차려 보니 Buffalo로 돌아가야 할 시간인데 문제가 심각하였다.

나도 마시고, 김 선생은 인사불성이고, 축산과 교수는 운전을 전혀 못 하니까 마음 놓고 퍼마시고… 운명의 핸들은 내가 잡아야만 했다. 물론 그 집 교수님이 묵고가라고 하였지만 말이 그렇지 아파트 사정상 그럴 수 없는 상황이었고 또 한 잔 술에 객기라는 것이 있지 않았겠는가. 돌이켜 생각해 보면 당연히 호텔방 신세를 지는 것이 순리였건만 사람을 가당치 않은 용기로 몰아넣는데 선수는 역시 술이란 놈이다.

동부의 보스턴에서 서부의 시애틀까지 미국을 동서를 가로지르는 밤 깊은 고속도로를 술 취한 다람쥐 셋이 살금살금 접어들고 있었다. 늦은 밤의 고속도로에는 차량통행도 뜸하였고 이따금 대형 트럭이 굉음을 내고 스쳐갔다.

얼마를 달렸을까? 분명히 앞에 아무것도 없었는데 무엇인가 스쳤나 싶었는데 등 뒤에서 번쩍번쩍 경광등과 사이렌 소리가 들려왔다. 순간적으로, 곯아떨어진 김 선생을 한 팔을 뻗어 잡아당겨 깨웠다.

놀라서 일어난 김 선생이 당황하여 길 한옆으로 차를 대고 꼼짝하지 말고 가만히 있으라고 하였다. 절대 먼저 문을 열고 나가지 말라는 것이다.

술 냄새를 없애려고 재빨리 창문을 내렸으나 움직이지 않는 유리창!

이윽고 경찰차가 약 10미터쯤 후방에 와서 섰다.

만감이 교차하였다. 미국에서 외국인의 음주 운전은 감옥에 갔다가 벌금 물고 강제 추방이라는데…. 감옥도 좋고 벌금도 좋다. 그런데 추방을 당하면 학교에 돌아가서 뭐라고 할 것인가? 집에 가서 마누라하고 애들한테 어떻게 얼굴을 든단 말인가. 주임 교수님의 매서운 눈초리, 부모님, 처갓집 식구들, 친구들… 자포자기 그 자체였다.

변명의 여지가 없는 부끄럽고 창피한 미래가 주마등같이 스쳐가고 있을 때 유리창 두드리는 소리가 났다.

이윽고 칠흑 같은 밤에 흑인 경찰이 나보고 나오란다. 드디어 운명의 시간이 다가온 것이다. 우리 셋은 동시에 줄줄이 사탕 모양 밖으로 나왔다.

경찰이 나보고 네 차냐고 물었다. 가슴은 뛰고 입술이 바싹바싹 타들어가는 상황에서도 다행히 알아듣고 경찰관 얼굴 반대쪽으로 입을 벌려 그렇다고 했다.

잠시 따라와 보라는 손짓을 하였다. 애들은 딱지를 이렇게 떼나?

그런데 그게 아니라 나의, 아니 김 선생의 그 훌륭한 차 뒤 꽁지로 데려가더니 소음기를 가리키며 하는 말이 이것이 아스팔트에 끌려서 화재가 발생할 우려가 있으니 단단히 붙들어 매라는 것이다. 끈이 없으면 자기가 주겠다는 것이다.

순간 번개 같이 머릿속을 스치는 뇌까림. '아이고 나리 무슨 말씀, 제 혁대라도 풀어서 붙들어 매고 가겠나이다.'

워낙 예기치 못한 일들이 자주 발생하는 차라서 그런지는 몰라도 항상 반은 열려있고 반은 닫혀있는 트렁크 속에는 나일론 끈도 많았다.

등에서 식은땀이 쏟아지고 다리에 힘은 풀릴 대로 풀렸다.

변속 레버를 cruise 55마일에 맞추고 혀를 깨물며 앞을 주시하며 운전하였다. 경찰은 무려 한 시간 동안 일정한 거리를 유지하며 나를 따라왔다.

저 멀리서 구원의 등댓불 같은 휴게소 불빛이 보였다. 경찰과 헤어지기 위해 얼른 휴게소로 들어갔다. 커피점에서 우리 셋은 정신적 공황 속에서 그야말로 뻗고 말았다.

생각하여 보면 생각할수록 이 사건은 단순한 일이 아니었다.

경찰이 술 냄새가 진동하는 우리의 음주를 몰랐을 리 없었다. 하지만 그도 위기감을 느낀 것이다. 캄캄한 고속도로에서 흑인경찰 1대 동양인 3의 대결은 경찰에게 절대 불리하다.

왜냐하면 권총도 1 : 3일 수 있으니까.

경찰은 항상 두 명이 짝을 이루어 근무한다던데 그날 그 경찰이 혼자 근무하게 된 것은 하늘의 은혜였던 것이다.

어찌하였거나 천지신명의 보살피심과 조상님들의 음덕으로 위기를 넘긴 이후 음주운전과 나는 어떤 약속이나 다짐도 없이, 아쉬운 미련도 없이 영원히 이별을 하였다. 결국 그 중고 Buick이 내게 가져다준 선물은 너무 큰 것이었다.

일 년의 연수 교육을 마치고 귀국하면서 내가 타던 고물 중고차를 김 선생에게 주고 왔다.

그 감동적인 Buick은 영원히 내 머릿속에 추억으로 남아 있다.

체면(體面)의 철학

체면이라는 단어를 국어사전에서 찾아보면 '남을 대하는 면목과 체제, 남을 대하는 도리'라고 설명 되어 있다. 이 뜻의 상황을 잘 살펴보면 남을 대하는 주체는 곧 '나'이며, 나의 행위에 대하여 남으로부터 평가 받는 것도 바로 '나'라는 의미가 존재하는 것이다.

그렇기 때문에 체면을 구기든지, 체면을 세우든지, 체면에 연관된 모든 정황의 시작은 모두 나에게서부터 불거져 나오는 것이다.

얼마 전 어떤 종교 단체에서 사회적 캠페인을 벌이면서 신도들이 타고 다니는 차에다 모든 것은 '내 탓이요'라고 스티커를 붙이고 다니는 것을 본 일이 생각난다.

세상의 잘못된 모든 일은 나로부터 생겨났다고 생각한다면 그야말로 도통한 사람이고 그런 마음의 자세는 아주 훌륭한 민주시민의 덕목이 될 것이다.

체면이란 말과 그에 따르는 행위가 사회적으로 지켜야할 규범에 따라 상대방을 존중하는 것이다.

사람이 생물학적 존재이기 때문에 가질 수 있는 본능적 욕구를 이성적 판단으로 자제할 수 있는 일종의 명분과 지각 있는 사람으로서의 자질을 나타내는 근본 중의 하나일 것이다.

그런데 언제부터인지 몰라도 이 '체면'이라는 짤막한 단어를 상당히 부정적인 시각으로 바라보고, 썩어빠지고 고리타분하며, 구린내 나는 답답함의 원흉쯤으로 생각하는 사람들이 많아지기 시작했다.

반드시 실천에 옮겨야할 숙명적인 일을 체면 때문에 주저주저하는 용기 없는 사람이 갖는 변명의 도구로 '체면을 전락시키든지, 또는 체면이 밥 먹여 주냐?' 하는 식으로 비아냥거리는 소리를 주위에서 많이 듣게 되었다.

집에서 아이들이 "아버지 웬만한 일로는 절대 흥분하지 마세요. 건강에 해롭고요 세상일이 아버지께서 흥분하신다고 해결되는 것이 아닙니다."라는 부탁을 많이 듣고 있다.

하지만 이런 말을 들을 때면 갑자기 혈압이 올라가서 뭔가를 내뱉고 싶어진다. 마치 시냇가에 홀로 서서 흐르는 시냇물을 바라보다가 갑자기 뭔가에 의하여 뒤통수에 가격을 받은 느낌이다.

체면이라는 눈치 때문에 어떤 행동을 못하였다고 한다면, 하려했던 그 행동은 안하는 것이 당연히 옳은 일이고, 또한 체면을 무시하면 밥 먹여주는지 묻고 싶다.

조선 오백년의 역사는 선비의 체면에 의하여 사회 질서가 유지되었고, 오랜 세월 동안 국가 체제를 유지하는 근본이 되었다고 말할 수 있다.

물론 체면 있는 삶의 근본은 유교적 철학이 바탕이 되어 왔지만 그 오랜 세월 동안 국가 사회 체계를 유지할 수 있었다는 것은 체면이라는 철학이 갖는 긍정적 요소가 분명히 내재하고 있음을 의미한다 하겠다.

이러한 체면의 철학이 너와 나의 생활 속에서 멀어지기 시작한 것은 우리 삶 속에서 유학적 윤리 개념이 타의와 자의에 의하여 멀어진 것과 맥을 같이한다.

일제 침략기에 있어서 우리 정신문화의 단절을 꾀하기 위하여, 또 서구의 기독교 문명이 전파된 이후는 포교의 효율을 위하여, 그리고 새로운 이념을 확산하기 위한 공산주의자들의 획책에 의하여 유교 문화와 유학적 이념 철학이 적폐의 퇴물로 전락하면서 우리는 체면이라는 생활철학으로부터 멀어졌다.

뿐 아니라 조선 오백년의 역사를 매도하기 위한 방법으로 체면의 철학이 공격을 받았고 또한 조선을 망하게 한 여러 종류의 원인 중에 체면을 지키며 살아온 철학이 중요한 요소로 부각시킴으로 조선 멸망의 멍에까지 짊어져야만 하였다.

물론 한 가지 철학적 사고와 행동에 지나치게 집착하거나 몰입하였을 때는 아무리 좋은 뜻을 함축하고 있는 사상도 부정적 요소가 표출되게 마련이다.

과거에는 체면이라는 실체를 내세워 아주 비인간적 행동을 합리화하고자 노력하고 변명하다 보니까 글자 그대로 체면이 말이 아닌

꼴불견을 보는 경우도 종종 있었다. 또한 생활 속에서는 체면을 지키고자 하는 행태가 지나치게 강조됨으로서 생활의 리듬을 깨고 발전을 저해하였던 일들이 있었다.

결국 이런 일들은 체면이라는 형이상학적 요소에 그야말로 최면(催眠)되었기 때문에 나타났던 현상이다.

우리의 생활 속에서 요구되는 체면의 철학이란 무엇일까 하고 고민해 본다.

인간적이고, 사회 규범을 존중하고, 미래 지향적 사회 발전에 기여할 수 있고, 더불어 살아갈 수 있는 사회를 형성하는 마음의 근본으로 삼을 수 있는 것이 체면의 철학이라고 생각해 본다.

너무도 공자님 같은 이야기만 대책 없이 늘어놓는 것 같기는 하지만 사실 지나친 체면을 걱정할 만큼 내 주위에 체면이라는 것이 존재하는지 되짚어보고 싶다.

그 건방지고 거만한 체면이란 것이 과연 어떤 놈인지 보고 싶어질 정도라면 정말 체면 찾다 굶어죽을 일이 생기는 것은 아닌지 모르겠다.

정치가는 정치가, 전문가는 전문가대로 체면을 상실한 채, 글자 그대로 체면 불구하고 각자의 몫을 찾기에 급급하면, 사회의 분위기는 마치 만인에 대한 만인의 투쟁과도 같은 일들로 가득 차 있게 될 모습을 상상해 보면 씁쓸함을 금치 못하겠다.

사회를 구성하고 있는 여러 종류의 요소들이 각자의 입지에서 체면을 지키지 않았을 때 우리 주위의 모습은 혼탁함과 무질서, 부정과 부패, 패륜과 오류의 혼돈(chaos)만이 존재한다. 물론 일시적인 혼돈은 새로운 가치를 창출하기 위한 전구증상의 일종이라고 주장하는 사람들도 있지만 그 경우는 분명하고 긍정적인 이념이 상충되었을 때를 지칭하는 것이지, 인간의 근본을 망각하였을 때의 혼돈은 혼탁 그 자체 이외에 기대할 수 있는 것은 아무것도 없다.

지금은 위대하고 거창한 새로운 생활 철학을 주장하거나 발견하려고 노력하기보다는 우리의 가장 원초적인 인간성의 회복을 위하여 생활 속에서 체면의 철학을 되짚어 생각해 볼 때다.

마음속 깊은 곳에 전문성을 지나치게 강조하다가 탈(몰)인간화의 현상이 모두를 피곤하게 하고 있고, 지식사회를 지나치게 강조한 결과 자기희생과 봉사하는 선비정신이 고갈되어 우리 주위를 삭막한 사회로 만들었다.

자기 분수와 역할, 명분과 순리 그리고 기여할 수 있는 마음의 체면을 되찾아야 될 명제 앞에 우리는 서 있다.

선비의 도나 신사도쯤으로 통할 수 있는 체면은 진실을 바탕으로 하고 있는 것이며 가장 경계해야 할 것은 가식으로 분칠한 허상이 체면으로 둔갑하는 것이다.

오늘 하루를 보내면서 어른다운 어른, 젊은이다운 젊은이 그리고 어린이다운 어린이와 함께 했으면 좋겠다.

어차피 너와 나의 가슴 속에는 물망초와 능소화가 가득 피어 있기 때문이다.

4.

자작나무 사이에

무슨 삿갓을 쓸까

지구촌 한마당이라는 말이 있듯이, 국가 간의 인적, 문화적 교류는 지구상 공간이라는 개념의 변화에 따라서 정신을 차릴 수 없을 정도로 빈번해졌다. 지금의 국제교류의 정도를 50년 전과 비교한다면 너와 내가 외국을 드나드는 일이 옛날에 산 너머 마을에 살고 있는 친척집 가기보다도 쉬워졌다.

피부색이 다른 사람들의 눈동자에서도 정을 읽을 수 있고, 말은 통하지 않아도 입 모양이나 손짓을 통해 마음을 주고받는 시대가 되었다. 책에서나 읽어보았던 아프리카의 어느 동네를 지금 두 발로 걷고 있는 스스로의 모습을 알아차렸을 때, 마음은 허공에 떠 있는 것 같다.

그래서 저들의 멋이 곧 나의 벗이 되었고, 불행하게도 저들의 병이 우리의 병이 되는 고통 또한 시대의 흐름을 따르지 않을 수 없는 세월이 되었다.

큰며느리는 베트남, 둘째 며느리는 필리핀, 그리고 미국 사람 사위. 어머니가 땀 흘리던 들녘에 이제는 피부색이 다른 며느리가 땀을 흘리고 있다.

오후 6시가 막 지나면 대학가 주변에는 이색적 문화의 새로운 거리가 된다. 여러 나라 학생들이 아무런 거리낌 없이 각자의 말로 큰소리로 떠들어댄다. 얼핏 들어서는 중국말인지, 태국 말인지, 베트남 말인지 전혀 구분할 수 가없다. 뿐만 아니라 영어 발음 비슷한 말을 사용하는 학생들이 어느 나라 사람인지 짐작할 수가 없다.

매일 밥상을 마주하고 식사를 하는 내 가족 중에서도 말과 피부의 색깔이 다른 식구가 있는 가정이 수도 없이 많아지는 다민족, 다원화, 공동 사회가 되어가고 있다.

이렇게 사람과 문화의 교류가 헤아릴 수 없을 정도로 빈번하여지면, 좋든 싫든 필연적으로 생겨나는 여러 것 중에 하나가 바로 신조어(neologism)다. 과거에는 듣도 보도 못했던 말과 글이 생겨나는 것이다.

그것은 어떤 시인(詩人)이 시적 아름다움을 추구하기 위한 고뇌의 흔적에 따른 창조적 언어와는 형태가 매우 다르다.

물론 이러한 신조어가 꼭 국제적 교류의 부산물만은 아니다. 청소년들이 사용하는 휴대전화의 문자나 이메일 상의 축약적 용어는 이제 문자라기보다는 마치 암호와 같다는 생각이 든다.

이러한 점을 비추어볼 때 언어와 문화의 변천사는 어깨를 나란히 하고 있음에 틀림없다. 하기야 이런 모습은 지구상에 인류가 나타난 이후 오늘날까지 계속 반복되었던 일일 것이다.

신조어의 붐을 타고 상품에 붙여지는 말들은 정말 현란할 정도다. 그 어원이 무엇이며, 어떻게 유래되었는지 전혀 알 수 없고, 때로는 무엇을 의미하는지 예측할 수 없는 말들이 홍수를 이루고 있다.

그 여러 말 중에서 나를 많이 괴롭혔던 상품명이 바로 '정관장'이다. 얼마 전에는 일본에서 시행된 국제적으로 유명한 골프대회에 참여한, 잘 알려진 우리나라 여자 선수 모자에 '正官庄'이라고 한자로 쓴 것이 그대로 텔레비전에 비친 일도 있다.

분명히 우리말 국어사전에는 없는 단어인데, 한자로는 '正官庄'이라고 표기하고 있지만 역시 전통 한자 단어도 아니다. 상품명이니까 특별한 의미가 없을 수도 있겠거니 하였지만, 도저히 의구심을 떨칠 수 없었던 이유는 우리나라가 세계적으로 자랑하는 생산품인 홍삼 제품에 붙여진 이름이라는 것 때문이었다. 그러면 이것이 요즘 신세대들이 만들어낸 신조어란 말인가?

그렇게 생각하기에는 단어가 갖고 있는 문화적인 배경이나 취지가 맞지를 않았다. 그 상품의 생산주체라고 할 수 있는 한국인삼공사라는 곳의 홈페이지에서도 특별한 내용을 찾아볼 수가 없었다. 웬만한 인터넷 포탈에서도 그 의미를 찾아보기 힘들었는데 여기저기를 뒤져보다가 어떤 인터넷 사이트의 블로그에서 그 유래를 알게 되었다.

그 단어의 유래를 알게 된 나의 기분은 정말 찝찔하고 텁텁하며,

어느 주막집 작부한테 강제로 키스를 당한 기분이다. 그리고 구태여 그렇게 흉측한 역사적 배경이 깔려있는 말을 담배인삼공사가 뭐 그리 자랑스럽게 사용해야만 했을까? 하는 생각이 들었다.

나라에서 나서서 별 지저분한 방법으로, 자존심이고 뭐고 다 팽개쳐 버리고 돈만 벌면 그만이냐고 되묻고 싶었다.

인터넷 블로그에 나타난 정관장이라는 말이 생기게 된 사유를 여기에 그대로 전제해 본다.

> 고려 삼(중국인들은 한국의 홍삼을 고려 삼이라 부름)은 1899년 홍삼전매가 실시된 이래 1900년부터 독점 위탁판매업체 미쓰이(삼정물산 주식회사)를 통하여 중국의 상해 등지에 수출되었다.
>
> 수출이 활발해지면서 일제 강점기 말인 1940년대 초에 이르러 사제 홍삼 및 위조 고려 삼이 범람하자 조선총독부 전매국이 이들 비관제 제품과 구별하기 위하여 그 당시 중국의 삼 상인들 간에 진품 관제홍삼 의미로 통용되던 '정관장(正官庄)'이란 표식을 고려 삼 캔 포장 빙표(허가증)에 사용한 것이 정관장의 유래이다.

정관장은 1940년대 초 고려 삼의 명성을 도용해 범람하던 위조 사제품과의 구별을 위해 '정부가 관할하는 공장에서 제조, 포장된 제품'이라는 의미로 탄생하여, 오늘에는 한국인삼공사에서 제조하는 6년 근 홍삼제품의 등록상표로 세계인이 믿고 찾는 신뢰의 상징이 되었다. 다시 간략하게 말하면 일제가 인삼을 팔아서 벌어들이는 세금이 줄어들자 '이것이 진짜 관제 인삼이다'라고 팔아먹을 때 사용한 상품명인 것이다.

배는 곯고, 몸은 찌들었던 우리 조상들의 상투자락을 쥐고 흔들었던 이름인 것이다.

다시 한 번 우리는 시대적인 배경과 의미를 되새겨 볼 필요가 있다. 1930년대 말과 1940년대 초는 일제가 우리 민족 자본을 수탈하기 위한 온갖 만행이 극에 달하던 때이다. 그들이 갈취한 인삼 전매권은 우리나라의 많은 사람들의 가슴을 도려내는 아픈 사건이었다. 워낙에 유명한 '고려 삼'이라는 brand 가치를 그들이 독점함으로써 우리를 향한 경제적 수탈 행위가 좀 더 쉽게 이루어질 수 있었던 것이다.

일제는 그들의 독점권을 더욱 강화하고 그 품질을 보장한다는 의미로 '정부가 관할하는 공장에서 제조, 포장된 제품'이라는 의미의 '정관장(正官庄)'이라는 상표를 붙였던 것이다. 시대적 상황을 고려하여 일제가 말했던 '사제 홍삼, 위조 고려 삼'라는 말을 되새겨 볼 필요가 있다. '사제 홍삼, 위조 고려 삼'이라는 제품은 일제의 수탈을 견디다 못한 당시 우리의 아버지들이 살아남기 위하여 발버둥 쳤던 상흔이다. 이렇게 사제나 위조라는 말을 붙인 것은 일본인들이 하고 있는 일은 정당한 경제적 행위이고, 이에 반하여 조선인들의 행위는 불법 범죄 행위라는 의미로 일제들이 붙인 말에 지나지 않는 것이다.

'정관장'이라는 말은 우리의 선조들의 영혼까지 수탈하기 위하여 일제들이 만들어 붙인 상표가 되는 것이다.

해방 이후의 광고물에 나타난 '정관장'이라는 단어는 1956년부터 보이기 시작하여 1963년경에는 비교적 본격적으로 사용된 것으로 기록되어 있다.

정부도 나름대로 생각이 있고, 사정이 있었겠지만, 과거 한때는 대한민국을 상징하는 대표적 상품이었던 고려인삼(홍삼)에 대하여 하필이면 민족 수난사와 경제적 착취의 대표적 상징이라고 할 수 있는 '정관장'이라는 상표를 왜 사용해야만 했는지 이해가 되지 않는다.

'정관장'이라는 상표의 유래를 알고 있는 일본인이 지금도 살고 있을 것으로 생각해볼 때 속으로 얼마나 코웃음을 치고 있을까?

등골이 오싹하고 얼굴이 달아오른다.

김립(金笠: 김삿갓)이라 일컫는 김병연(金炳淵)은 홍경래 난을 일으킨 역도들에게 항복한 조부 김익순(金益淳)을 비난하는 일필휘지의 문장 덕분에 장원급제를 하였다. 나중에 이를 알게 된 후 역사에 죄를 지은 할아버지를 대신하여 사죄하고, 조상을 욕되게 한 본인의 죄를 뉘우치는 의미로 '하늘을 대할 면목이 없다'고 하여 평생 삿갓을 쓰고 주유천하(周遊天下)의 삶으로 우리에게 주옥같은 풍자시(諷刺詩)를 남겼다.

조상들의 등골을 휘게 하고, 영혼을 찌들게 했던 그 상표를 가지고 돈을 벌어먹고 있는 오늘의 우리는 무슨 삿갓을 써야 할까?

이별이 아닌 만남

세모(歲暮)가 다가오면 사람들마다 마음이 부산해진다.

마음이 바빠지는 이유는 나름대로의 정리와 새로운 출발, 그리고 새해에 대한 막연한 기대라는 것이 뒤섞여서 생겨나는 일종의 자기 최면 같은 것이다. 다시 말해 나름대로 열심히 살아온 지난해를 돌아보고, 앞으로 맞이하게 될 새로운 한 해에 대한 계획이 담겨져 있기 때문일지도 모른다.

사실 새해라는 것은 결코 새로운 것이 아니라 인간들이 만들어 놓은 시간이라는 개념 속의 한 순간이 되풀이 되는 것뿐이다. 그럼에도 불구하고 뭘 그렇게 기대하는지 모르겠다는 의구심을 토로하는 사람들도 있다.

지구가 태양 주위를 돌면서 동시에 스스로도 돌아가는 현상의 반복일 뿐이라는 사실을 강조하는 사람들은 세상을 살면서 생활의 '들고 나는' 순간순간의 희망을 가져본 일도 없는 팍팍하고 정이 메마른 사람일지도 모른다.

허지만 이렇게 말라비틀어진 황태를 날로 씹듯이 삭막하고 텁텁하게 세상을 바라보는 것은 마치 꽁지 빠진 장닭을 보고 장끼를 보았다고 하는 것 같은 멋대가리 없는 일이다. 이왕 장닭을 보려면 벼슬을 치켜세운 채 눈을 부라리고, 큰 무리의 암탉들 앞에서 힘차게 내리 뻗은 억센 다리 위로, 검붉은 날개를 한껏 펼쳐 세워 위용을 보이며 홰를 치는 모습을 보아야 진정한 장닭을 보는 것이다.

지구가 제 혼자 돌든, 태양을 따라 잰 걸음을 옮겨 놓든 간에 상관없이 찰나의 주인이 되어 서로 간에 눈길을 주고받는 것은 무심하고 단순한 자연 현상이 아니라 흐르는 정을 나눌 수 있는 사람이기 때문에 가능한 것이다.

무수한 사람들마다 지난 한 해가 만족스러웠으면 만족스러웠기 때문에, 또 가슴 한구석에 허전함을 느끼고 있으면 미흡하기 때문에, 미지(未知)에서 다가오는 새해에 대한 희망을 갖게 된다. 어찌했든 간에 세모에는 우리가 지난해를 보내고 새로운 해를 맞이해야 된다. 이별이라는 과정을 통해서 말이다.

이별을 의미하는 말에는 아주 다양 종류가 있다. 서로 갈리어 떨어짐을 의미하는 이별(離別)이 있고, 서로 애틋한 마음을 갖고 헤어지는 석별(惜別), 기약 없이 영원히 이별하는 결별(訣別)이 있다.

석별이 그런대로 아름다워 보이기는 하지만 헤어짐을 의미하는 모든 말들이 가슴을 아프게 한다.

그러나 자세히 들여다보면 모든 것이 끝난 것이 아니고, 미래가 보이는 실낱같은 인연이 존재하고 있다. 모든 것의 무상함을 의미하는 불교적 의미의 이별에는 회자정리(會者定離)라는 말이 있다. 즉 만난 사람들은 반드시 헤어진다는 뜻이다. 지나치게 운명론적이 아닌가 싶기도 하다.

사람 사이에서 이러한 철학만이 존재한다면 우리 모두는 천인단애(千仞斷崖)의 벼랑 끝에 서서 허무함만 갖게 될 것이다. 그러나 이자정회(離者定會), 즉 헤어지는 사람들은 반드시 다시 만난다는 말이 있기에 우리 스스로는 희망을 가질 수 있는 것이다.

부처님이 인간의 마음을 얼렸다 녹였다 하시는 것 같다.

한편 헤어짐을 의미하는 한자어 '이(離)'의 구성에서 헤어진다는 것이 완전히 기약 없는 일이 아님을 유추할 수 있다.

'이(離)'자는 '떠날 이(离)'와 뻑국새를 의미하는 '새 추(隹)'가 모여 완성된 글자인데 '이(离)'자는 같은 글씨로 '붙을 여(离)'의 의미가 있어서 헤어짐을 의미하는 '떠날 이(離)'는 동시에, '만날 여(離)'이기도 하니 한 글자 속에 정반대의 의미가 같이 있는 것으로 알고 있다.

내가 잘못 알고 있을 수도 있겠지만 이 한 글자의 구성 속에서 인간의 지혜를 엿볼 수 있다.

칠십대 후반을 바라보시는 의료계의 노신사 한 분을 얼마 전에 한 모임에서 만나 뵈웠다. 나를 반갑게 맞아주시던 어른께서는 절친한 친구이신 나의 은사님 안부를 물으셨다. 한 달 전쯤 한국에서의 생활을 정리하시고 캐나다에 있는 아드님 댁으로 내외분께서 떠나셨다고 말씀을 올리자 이내 어두운 그림자를 눈가에 드리우시며 걱정을 하셨다.

"그 나이면 외국에서 살다가도 돌아올 나이인데 이제 그렇게 가면 어쩔 것인가?"

아마도 이런 것은 수십 년을 함께 걸어오신 도반(道伴)의 정(情)이라고 생각하고 싶었다.

나는 그분을 배웅해 드리면서 불과 얼마 지나면 바로 나한테 닥쳐올 내 모습을 보는 것 같아서 흠칫 놀라는 스스로를 발견했다. 그러면서 마음속으로 말씀드렸다.

'두 분은 잠시 떨어져 계신 것뿐입니다.'

우리는 역사 속에서도 우정 어린 이별의 슬픔을 수없이 대면할 수 있다. 도덕과 의리를 하늘 같이 지켜왔던 선비들 간에도 애틋한 이별을 노래한 수많은 작품들을 접할 수 있다.

만락헌(晩樂軒) 장석인(張錫寅) 선생과 광암(廣庵) 이규현(李奎顯) 선생은 두 분 모두 조선말에 사문(斯文)을 빛낸 유림이시다.

이들은 기호지방의 화서학파(華西學派)의 거유(巨儒)인 금계(錦溪) 이근원(李根元) 선생의 문인으로 스승의 가르침에 따라 을미의병 때부터 항일의병 활동에 동참했던 사람들이다.

백척간두(百尺竿頭)에 처한 나라를 구함에 있어서 장석인 선생은 처이부지(處而扶持)*의 길을 걷고, 이규현 선생은 출이부지(出而扶持)*의 길을 택하였다.

항일의병에 실패한 이규현 선생이 쫓기는 몸이 되자 장석인 선생은 친구를 위하여 위험을 무릅쓰고 그에게 은신처를 제공하였다.

세상이 좀 잠잠해지자 세모의 어느 날 광암을 떠나보내면서 만락헌은 이별의 순간에 다음과 같은 송별의 시를 짓는다.

見廣庵李公除夕日離家(견광암이공제석일이가)

送君薄暮望京師 來去山程摠九疑(송군박모망경사 래거산정총구의)
改歲人皆同聚樂 衰年其奈遠相離(개세인개동취락 쇠년기내원상이)
楪情應是三傳信 慨世如何一髮危(섭정응시삼전신 개세여하일발위)
苦海風霜難說盡 寒燈旅館夜遲遲(고해풍상난설진 한등여관야지지)

광암이 그믐날 밤 이사 가는 것을 보고

저녁에 그대 송별 서울을 바라보니
오가는 산길이 구의(九疑)* 나 다름없네
새해되자 사람들이 모여서 노는데
노년에 저 멀리 상별이 웬 말인고
정황이 알고파서 편지야 쓰겠지만
세상이 위기일발 개탄한들 어찌하나
고해의 그 풍상 말로는 못다 하니
여관의 찬 등불에 밤 시간 지루하리.

이 시에는 노선비의 애틋한 우정과 앞날을 걱정하는 마음이 넘쳐흐른다. 송절의 의리만 있어 보이는 선비들에게도 이런 애틋함이 있다는 것은 모든 삶의 가장 기본이 되는 것은 사람에 대한 사랑이라는 것이 아닐까 하고 감히 유추해 본다. 두 선비는 이렇게 이별하였지만 결국 다시 만나 평생을 지기지우(知己之友)로 살았지 않은가.

이제 한 해를 보내고 또 다른 한 해를 맞이하지만 의료계의 하늘은 어둡기만 하다. 의료계와 정부 당국은 지난 수개월을 별거 아닌 별거를 해 왔고 이별 아닌 이별로써 각을 세워 왔다.

앞에서 나는 이별은 다시 만남을 전제로 한 것이라고 했다.

의료계와 당국의 불편한 이별은 금년으로 종지부를 찍고, 산뜻한 새 출발의 가벼운 발걸음으로 새해가 시작되었으면 좋겠다는 큰 기대를 해본다. 그렇게 되어야 다름 아닌 국민들이 편안해진다.

헤어졌으니까 그 순간부터 다시 만남을 간구하는 것은 아름다움의 순회다.

*처이부지(處而扶持): 나라를 구하는데 있어서 뒤로 물러나 앉아서 군자금 지원, 교육, 구휼 사업 등을 적극적으로 행하는 방법으로 금계 이근원 선생은 처이부지나 출이부지는 나라를 구함에 있어서 같은 것이라고 하였다.

*출이부지(出而扶持): 역시 금계 이 근원선생의 어록에 나오는 말로 나라를 구하는데 적극적으로 앞장서서 나가는 것을 의미 한다. 무장을 하고 의병에 가담하는 등이 이에 해당한다.

*구의(九疑): 중국의 산 이름. 산봉우리와 계곡이 얽히고설켜서 유람하는 사람들이 곧잘 길을 잃고 헤매는 곳이다. 그래서 앞날의 여정이 험난함을 의미함.

펄럭이는 태극기

폭염이 기승을 부리고, 푹푹 찌는 열대야의 괴롭힘으로 매일 밤잠을 설치지만 이 와중에도 손에 땀을 쥐게 하는 일은 런던올림픽에서 투혼을 발휘하고 있는 우리 선수들의 경기 모습이다.

생각해 보건대 올림픽에서 메달을 따면 그야말로 금상첨화이지만, 전 세계 10위권 안에만 들어도 정말 대단한 일이다. 그러나 지난 4년을 하루같이 피땀 흘려온 선수들의 애쓰는 모습을 머리에 떠올리면 내친김에 메달을 땄으면 좋겠다는 마음을 도저히 버릴 수가 없다.

모든 메달이 엄청난 가치가 있지만 그중에서도 금메달을 따면 일등이라는 벅찬 감격과 함께 태극기를 하늘 위로 드높이 올리고, 애국가가 울려 퍼지게 하는 역사의 주인공이 된다. 장엄한 애국가의 연주 속에 드높이 계양되는 태극기를 바라보는 국민들의 가슴속에 더 이상 열대야는 없는 것이다.

어느 한 나라의 국민으로 태어나 내 힘으로 조국의 국기를 휘날

리며, 애국가가 울려 퍼지게 한다면 정말 국민의 한 사람으로서는 국가와 민족을 위해 위대한 역할을 다하였다고 칭찬을 아끼지 않아도 될 것이다.

사람마다 차이는 있겠지만, 펄럭이는 태극기를 바라볼 때 가슴이 찡하고, 울컥 벅차오르는 심장의 고동을 느끼는 것은 보통 사람들의 아주 일반적인 일이라고 생각한다.

1980년대 후반에 미국 뉴욕 주 버펄로의 라즈웰팍 암연구소라는 곳에서 비뇨기 종양학을 연구했던 일이 있다.

미국이라는 나라를 처음 방문한 촌사람에게 이것저것 모든 것이 낯설고 새로우면서 신기했지만 그중에서도 처음 도착했을 때 내 눈을 의심하게 하고, 고개를 갸우뚱하게 한 일은 대한민국 태극기와 성조기를 나란히 게양한 개인 주택들을 버펄로 시내에서 어렵지 않게 볼 수 있었다는 것이다.

그때 보았던 태극기의 반가움과 아름다움 그리고 위대함은 잊을 수가 없다.

뒷날 알게 된 일이지만 그곳은 유난히도 한국전 참전 용사들이 많아서 그분들 스스로가 자랑스럽고 자신감에 찬 마음으로 양국의 국기를 개인 집에 게양한다는 것이다. 또한 한국전 참전 기념일에는 양국 국민(우리는 교민)들이 에리호의 워터프론트 광장에 모여 서로간의 국가를 교차하여 부르면서 기념행사도 한다고.

어떻게 보면 버펄로 하늘 아래 태극기와 성조기는 한국과 미국의 순수한 혈맹을 의미하는 또 다른 형태의 상징이었다.

사람들이 외국을 나가야 애국자가 된다는 말이 생각난다.

정치 사회적으로 우리보다 훨씬 발전한 나라에서는 어떤 일이 벌어지고, 시민들은 어떤 경우 어떻게 행동 하는지를 살펴보는 것도 실험실에서 파이펫을 들고 열심히 연구하는 것만큼이나 중요하다고 생각한다.

미국 사회의 제도나 시민들의 의식이 우리보다 훨씬 민주적이라는 것에 대해서는 이론이 없을 것이다. 그런데 미국의 국호가 '미합중국'이라고 되어 있는 데에서 알 수 있듯이 미국은 각 주(州)의 특징이 합쳐진 것뿐만 아니라 세계적으로 다양한 민족들이 얽히어 살아가는 다민족 국가다. 한민족의 순수성과 배달민족을 자랑으로 살아가는 우리와는 많은 차이가 있다.

어떤 사회학자는 그렇게 말했다.

다민족 국가인 미국에서 미국 국민으로서 단결된 힘을 발휘할 수 있는 근거는 바로 성조기(Stars and Stripes)라는 것이다. 다시 말해서 미합중국 국기 앞에서의 모든 미국 국민은 평등하다는 철저한 사고방식이 오늘의 세계적인 민주국가를 만들었다는 것이다. 참 가슴에 와 닫는 말이다.

미국에는 A.U.A.(American Urological Association: 미국 비뇨기과학회)라는 학술단체가 있는데 말이 미국 비뇨기과학회지 내용적으로는 세계 비뇨기과학회라고 해도 과언이 아니다. 매년 개최되는 학술대회에는 전 세계에서 3만 명 정도의 회원들이 참석하여 열띤 학술 토론을 벌인다.

일 년에 한 번 개최되는 학술대회에는 워낙 많은 사람들이 모이기 때문에 어려움이 있고, 경우에 따라서는 특정 분야의 학술적 토론이 미흡한 면이 있기 때문에 미국 전역을 5개 권역으로 나누어 각 권역별 학술대회를 별도로 실시하는데 이 권역별 학회에만 해도 수천 명이 참석을 한다.

내가 공부하던 라즈웰팍 병원은 뉴욕 주에 있었기 때문에 이곳은 동북부 권역에 속했다. 마침 미국에 있을 때 이 권역의 학회가 캐나다의 노보스코시아 주의 주도인 헬리팍스에서 캐나다 비뇨기과학회와 합동으로 개최된 일이 있다.

노보스코시아 주는 대서양에 접해있는 캐나다의 동부이며 주 전체가 과거와 함께 살아가는 것을 자랑하는 곳이다. 미지의 원시림이 도처에 걸쳐 있고 그곳의 큰 나무가 자연적으로 쓰러져도 통행에 지장을 주지 않는 한 치우지 않고 그대로 방치한다는 바로 그런 곳이다. 또한 헬리팍스는 해변의 아름다운 등대를 비롯한 여러 곳이 세계적으로 유명한 관광지로 알려져 있는 도시다.

어느 정도 예상은 했지만 학회가 열린 첫날 종합토론장에서 보니까 1,500여 명의 참석자 중에 나를 포함하여 유색인은 네 명이었다. 흑인이 한 명, 아시아 사람이 두 명 그리고 인도 사람이 한 명 참석하였다.

외국에서는 이렇게 큰 학술대회가 개최되면 참석자 전원에게 그

지역의 시장(지자체장)이 지역 특식으로 저녁을 내는 경우가 많다. 그것은 이렇게 대접을 해드리니까 다음번에도 이곳에서 학회를 개최해 달라는 일종의 홍보에 해당한다. 한 도시에서 학회를 개최한다는 것은 자연히 그 도시의 경제에 도움이 되기 때문이다. 그래서 시장 선거가 있을 때는 내가 시장으로 재직할 때 총 몇 번의 국제 학술대회를 유치하였으며, 우리 도시를 방문한 사람들이 몇 명이었다는 것이 큰 쟁점이 된다. 우리와는 전혀 다른 정치적인 모습이 참 부러웠다. 언제부터 언제까지 어디에서 무슨 학술대회가 개최된다는 것을 가장 잘 알고 있는 시민들은 다름 아닌 영업용 택시 기사들이다. 이 사람들은 자연히 친절한 관광 안내원이 되게 마련이다. 이 또한 부러운 모습이었다.

학회 첫날 헬리팍스 시장이 학회 참석자 전원을 바다 가재(랍스터) 요리가 곁들여진 프랑스식 저녁 식사에 초청한 것이다.

외국 생활에서 견디기 힘든 일 중에 하나가 식사에 초대 받는 일이다. 언어 소통을 비롯하여 여러 문제가 있지만 가장 힘든 것은 진정한 문화의 차이를 경험해야 하기 때문이다. 참석 여부를 망설이고 있는데 우리 과에서 같이 참석한 비뇨기과 여자 전공의 선생이 자기가 자세히 안내할 테니 가자고 하도 권하기에 참석했다.

이 만찬 모임에서 나는 몇 가지 기억에 남는 사건을 목격했다.

참석자들의 면모를 다시 한 번 살펴보면 당연히 학술대회에 참석한 사람들과 그 가족들이 대부분이었다. 주종을 이루는 사람들은 미국 사람 그리고 캐나다 사람들이다.

우선 규모에서 입이 쩍 벌어졌다.

이것은 파티장이 아니고 실내 농구장을 연상하게 하였다. 관중석에 해당하는 곳은 초청된 사람들을 위한 테이블이 가지런히 놓여 있고, 바닥은 커다란 마루 공간이며 농구 골대가 있어야 할 곳에 한쪽은 주빈 단상 그리고 반대쪽에는 수십 명의 브라스 밴드 요원들이 휘황찬란한 제복을 갖추어 입고 정렬해 있었으며 성조기와 캐나다 국기를 들고 있는 기수단이 함께 있었다.

그 다음 놀란 것은 참석자들의 복장이다. 그곳 사람들은 보통 캐주얼을 즐겨 입는다. 헌데 파티장에 온 모든 사람들이 남성들은 정장, 여성들은 앞뒤가 깊게 파인 하늘하늘한 드레스를 입고 있는 것이다. 나와 동반한 비뇨기과 여선생은 사실 한 몸매 하는 여인이었었는데 그런 것 상관없이 그녀도 그런 옷을 입고 왔다. 참 멋지다는 속과 다른 말을 한 나에게 그녀는 고맙다는 말을 연발하였다.

시장의 인사말이 있은 다음 양쪽 나라 학회장이 건배사를 하는데 나는 또 한 번 더 놀랐다.

캐나다 회장이 인사를 하고 포도주 잔을 높이 들고 크게 외쳤다.

"여왕을 위하여!"

기립해 있던 모든 사람들이 함께 외친 뒤 국기를 향한 가운데 브라스 밴드의 웅장한 캐나다 국가가 연주되었다.

미국 회장의 순서가 되었다.

"미합중국 대통령을 위하여!"

그 다음은 역시 성조기 앞에서 미국 국가인 성조기를 위하여가

거룩하게 연주되었다.

모든 사람들이 제 자리에 다시 앉았을 때 나는 감격의 정신적 혼란에 빠졌다.

조금 전 내 눈앞에서 펼쳐졌던 이 광경이 세계적인 민주 국가의 민주 시민들의 진정한 모습인가?

대한민국에서 이와 같은 일이 벌어졌다면 사람들은 과연 뭐라고 떠들어댈까? 생각이 여기에 이르자 숨이 칵하고 막히는 것 같았다.

입만 벌리면 민주주의가 어떻고, 자유가 어떻고 민주 시민의 권리가 어떻고 하던 우리나라 사람들이 이 모습을 보면 뭐라고 할까.

자기네 나라의 국가 원수에 대한 예의와 국기(國旗)와 국가(國歌)에 대한 사랑과 자부심이 넘쳐흐르는 이 모습. 이것이 진정한 민주 시민들의 큰 덕목이구나 하는 것을 절감하였다.

이날의 이 모습은 지금까지 살아오면서 참 잊히지 않는 충격적인 일 중에 하나다.

계속된 파티에서 브라스밴드에 맞춰서 많은 신사 숙녀들이 서로 안고 춤을 추던 광경은 마치 영화의 한 장면이었다. 나는 혹시라도 이 전공의 선생이 같이 춤을 추자고 할까봐 쓸데없는 걱정을 하였지만 다행히 다른 전공의와 함께 춤을 추러 나갔기 때문에 휴 하고 긴 숨을 쉬었던 기억이 난다.

한판 춤이 끝나고 저녁을 먹는데 한 사람한테 30여 개의 홍합이 나왔다. 분명히 랍스터 요리를 준다고 했는데 참 이상하다고 생각하고 모두 먹었다. 그런데 전공의 선생이 오늘은 시장이 특별히 바다

가재를 일인당 두 마리씩 준다는 것이었다.

이런, 무슨 재주로 그것을 다 먹어!

전식으로 나온 홍합을 다 먹어서 배도 부르려니와 앞에서 너무 놀란 가슴이 진정 되지 않아 몇 잔의 포도주와 한 마리의 랍스터를 먹고, 다른 한 마리는 여자 전공의에게 양보하였다. 그리고 12시경 내 방으로 돌아왔다.

그 다음날 알아보니까 내가 방으로 돌아온 뒤에도 엄청난 양의 음식과 포도주 그리고 춤이 이어져서 파티는 2시경에 끝이 났단다.

나는 아무리 보아도 태극기가 참 아름답다. 국경일이면 이 아름다운 태극기가 거리에 물결치고 집집마다 펄럭인다면 얼마나 좋을까 하는 생각을 접을 수가 없다. 그러나 가뭄에 콩 나듯이 여기저기 걸려있는 아파트나 주택가의 태극기는 차라리 외로워 보인다는 표현이 적절할 것 같다. 그나마 어느 초가을 황량한 벌판에 버려진 채 서 있는 깡마른 옥수숫대를 연상케 하듯이 깃대에 뱅뱅 말린 태극기를 보면 더욱 안타깝다.

고개를 젖혀 하늘을 보아도 끝이 안 보이는 초고층 최고급 아파트에는 그 어느 곳에도 태극기를 달 곳이 없다. 서울의 송파구에서는 앞으로 아파트를 지을 때 의무적으로 집집마다 국기를 달 수 있는 장치(게양대)를 만들기로 했다는 신선한 소식이 들려와 기분이 좋다.

집사람은 이제 환갑을 맞이하는 소아과 의사다. 그런데 이 사람이 어느 날 '태극기 아줌마'가 되었다. 그것은 집사람이 우연한 기회에 '돌돌 말리지 않는 태극기'를 알게 된 것이 계기가 되었다.

이 사람은 국경일만 되면 누구한테 뒤질세라 아침 일찍 아파트 창가에 태극기를 내거는데 이런 날은 하루 종일 여러 차례에 걸쳐 돌돌말린 태극기를 되풀어 놓는 일이 중요 일과 중의 하나다.

펄럭이는 태극기가 아니라 깡마른 장작개비 같은 태극기를 그냥 보아 넘길 수 없는 일이었기 때문이다.

수년 전 어느 훌륭한 시민이 '말리지 않는 태극기 깃대'를 발명한 것이다. 정확하게 말하면 바람에 태극기가 아무리 심하게 펄럭여도 지지대에 특수하게 부착된 고리 덕분으로 절대 태극기가 돌돌 말리는 일이 없다는 것이다. 이런 발명가에게는 정말 국민훈장이라도 주어야 한다고 생각한다.

이 태극기는 동사무소(주민센터)에서 아주 염가로 구입이 가능하게 되었다. 이때부터 집사람은 본격적인 태극기 보급 홍보 아줌마가 되었다. 조카아이들이 신접살림을 난다거나, 누가 새로 이사를 가서 집들이를 하는 경우, 또는 후배들이 개원을 하거나 모든 경사에 있어서 집사람의 선물은 '말리지 않는 태극기'이다.

이제는 돌돌 말린 태극기는 더 이상 없다. 오직 힘차게 펄럭이는 태극기만 있을 뿐이다. 국민들 마음속에도 펄럭이는 태극기만 있었으면 좋겠다.

꽈배기 꼬듯 배배꼬인 말의 정치는 그만 했으면 좋겠고, 국민들 앞에 얼굴 뻔뻔함을 경쟁하는 정치는 그만 했으면 좋겠다.

푸른 하늘 아래 펄럭이는 태극기의 평화로움 같이, 우리 마음이 편안하고 입가에 미소를 띨 수 있는 세상을 만드는 정치가 되었으면 좋을 텐데.

태극기 사랑

산을 넘어 온 아침 이슬에 날개를 접은 태극기
사람이 그리워 천상에서 내려 온 한 마리의 학
용오름의 힘찬 비상은 높은 하늘의 주인이 된 듯
무궁화 전설이 신화가 된 또 다른 환생의 불꽃

깃발만큼 아름답지는 않지만 마음이 따뜻한
태극기 사랑 아줌마는 내 집사람의 별명
젊은이들 보금자리에 극진함을 점찍는 여인
펄럭이는 지고지순에 두 팔을 번쩍 들어 올린다

국기가 오르고 나라 사랑의 노래가 들려오면
뭉클한 가슴에 깊은 사연 맴돌아 눈물이 울컥
푸른 꿈과 삶의 열정이 하나 되어 포옹 하면
심장의 고동 속에 깊이 느껴지는 뜨거운 피

하늘과 땅이 어우러진 아름다운 태극의 춤
젊은 지사가 잊었던 천명을 다시 품으니
벌판의 끝에는 눈을 의심하게 하는 신기루
태극의 붓끝 따라 옮겨지는 태양의 그림자.

장닭과 장군학(將軍鶴)

공자 말씀에 '정치란 국민의 신뢰를 잃었을 때 모든 것을 다 잃은 것이다'라는 말이 있다. 오늘과 같은 민주국가 사회에서 본다면 지극히 당연한 순리를 논한 말임에 틀림없지만 수천 년 전 절대 군주국가 사회에서 이러한 통치 철학을 밝혔다는 것 자체가 위대한 성인의 단면이라고 할 수 있다.

이천년이 넘는 세월이 흘렀지만 이루어지지 않는 이 진리는 불가능한 정치적 미션일까. 건망증이 극에 달한 정치꾼들의 욕심에 가려졌기 때문일까.

예전이나 지금이나 정치권력의 핵심에 있는 사람들이 국민으로부터 신뢰를 상실하는 데는 여러 가지 이유가 있다. 철권 정치 하에서는 대부분의 선량한 국민들은 면종복배만이 살길임을 터득하게 되어 결국은 그 정권을 파멸의 길로 인도하고, 일부 현시적인 세력을 앞세워 국민을 투쟁의 대상으로 대할 때는 대다수의 식자들이 평온으로 위장한 침묵으로 등을 돌림으로써 통치의 대상이 없어지게 만들어 버리는 것이다. 아마 이런 현상을 대중들이 갖고 있는 무언의 보이지 않는 힘이라고 해도 될 듯하다.

태풍의 눈은 항상 고요하다고 한다. 그렇지만 어마어마한 진실의 공포가 함께하고 있는 것이다. 전권을 휘두르는 절대 권력자가 그가 아끼고 사랑하는 한 마리 학이 있어 그 학에게 대장군의 작위를 준들 누가 감히 탓을 하겠는가.

내가 들은풍월에 의하면 유화를 주로 그리는 서양화가들은 그 누구보다도 현실 참여의식이나 저항 정신이 뛰어나다고 한다. 맘에 안 들어 욕하고 싶은 대상이 있다면 캔버스에 큼지막하게 그려 놓고 신나게 붓질한 다음 겉에다 멋있는 유화를 그리면 그 그림이 담고 있는 깊은 뜻을 과연 누가 알 것인가. 스트레스 풀기에는 최고 같다는 생각에 부러움이 가득하다.

불과 몇 년 전에 이 땅의 모든 교사들을 '촌지나 받아 챙기는 파렴치한'으로 몰아세우더니 결국은 진정한 교육의 현장은 사라진 채 교권이고, 사제지간의 덕목이고 할 것 없이 한 가닥 먼 옛날이야기로 전락시켜 버렸고, 교사들을 뜨거운 여름날 아스팔트 위에 내동댕이쳐진 떡개구리와 같은 신세로 만들었다.

학부모가 자식의 선생을 두들겨 패고, 학생은 휴대전화로 112를 서슴없이 호출하는 등 만인에 대한 만인의 투쟁이 난무하는 말세적인 현상이 벌어지고 있다.

일선 교단에 있는 사람들은 솔직한 고백을 하고 있다. 선생 노릇이 힘들어서가 아니라 교육 현장에서 벌어지는 꼴이 정말 보기 싫어서 더 이상 선생 노릇 못하겠다는 것이다. 이쯤 되면 사회의 모든 분야에서 별의 별스런 일들이 들춰지게 마련이다.

의료계는 어떠한가. 권력이 하늘을 찌르는 사람들이 수천여 명의 의과대학 교수와 개원의들을 '아주 부도덕한 사기꾼 집단'으로 치부하였다. 더 나아가 국민 의료보험 재정이 파산지경에 이른 것이 제 뱃속만 채우려는 의사들의 반개혁적 행위로 인한 것이라고 국민들 가슴속에 대못을 쳐 버렸다. 그리고 그 사람들은 국회의원도 하고 장관도 하고 이 사회의 권력의 핵심이 되었다.

장군학은 옛날에만 있었던 것은 아닌 듯하다.

허기야 역대 모든 정권이 자기들의 정체성에 도덕적 흠이 있는 경우 언론 앞에 끌어다 대령하는 것에는 순서가 있다. 우선 의료인들, 사립학교 설립 및 운영 관계자, 연예인들 그리고 스포츠맨들 순이다.

이러한 상황 속에서 실질적으로 가장 불쌍한 집단은 정확한 내용도 모르고 흥분에 휩싸여 허공에 주먹질하고 격분하는 국민들이다.

이 천진한 사람들의 격앙된 마음을 뒤에서 즐기는 은밀한 자는 별도로 있게 마련이다.

순진무구한 사람들은 처음에는 부도덕한 자들을 성토하고 단죄하면서 과거 중국의 홍위병과 같은 짓을 통하여 마치 자신들이 사회 정의를 지키는 첨병 역할을 하고 있는 것으로 착각하게 된다.

이들은 나름대로의 카타르시스를 추구한 면도 있다. 배 속에 가득 찬 가스가 한꺼번에 확 빠져나가는 쾌감을 느끼는 것이다.

그러나 곧 이어서 스스로를 알게 된 자신을 생각하면서 불안하다 못해 공포에 질려버리고 마는 것이다.

내가 내고 있는 의료보험금으로 앞으로도 계속 치료를 받을 수 있는 것인지. 의약분업이 시행되면 모든 것이 화창한 봄날 같다더니 어쩌다 이렇게 서로 네 잘못이라고 핑계만 대는 사태까지 되었단 말인가. 사기꾼이며, 파렴치한 집단인 의사들에게 이 고달프게 살아온 육신의 안위를 믿고 맡겨도 되는 것인지. 지난번 내 배를 째고 수술한 그놈도 내 배 속을 적당히 얼기설기 해놓고 돈만 받아먹은 것은 아닌지? 스스로 탈출하거나 해결할 수 없는 불신의 장벽은 높아만 가게 마련이다.

이럴 바에야 차라리 집에 있는 돈 좀 싸들고 외국에 가서 치료받는 게 장땡인 것 같다는 생각이 들기도 하고, 뭔가 문제가 있으니까 정치 권력자들이나 유명 인사들은 신병 치료차 외국으로 나가는 것 아니겠는가 하는 의구심으로 인한 자기 고립에 빠져 버리기도 한다.

이러한 현상은 우리 사회가 이미 또 하나의 새로운 괴리에 빠지고 있음을 의미한다.

이 나라의 정치 지도자나 정책 수행자들에게 '의료의 사회적인 역할'이라든가 또는 '의사에 대한 신뢰도가 환자의 치료 효과에 미치는 영향'과 같은 차원 높은 사회학적 이해를 요구하지는 않겠다.

다만 돈키호테는 되지 말았으면 좋겠고 또 한 가지 희망은 목이 비틀리는 새벽닭이 될지언정, 의공(懿公)의 장군 학은 되지 말았으면 좋겠는 아주 작은 희망을 말하고 싶을 뿐이다.

미래 어느 날 역사를 책임질 사람들은 그 어디에도 흔적을 남기지도 않은 채 사라지고, 민초들은 버려진 고무신짝이 되어 하늘을 원망하며 때 늦은 후회를 할 것 같다.

장닭은 '꼬끼요' 하고 울지 '멍멍멍' 하고 개 짖는 소리를 내지 않는다는 순리가 곧 하늘의 뜻이다.

목이 비틀리면서도 무엇인가 말하고자 발버둥치는 장닭의 마음을 읽을 줄 알아야 한다. 진정한 용기는 힘을 갖고 있을 때 그것을 빌미로 남의 것을 내 것으로 만드는데 사용할 게 아니라 스스로를 뒤돌아보며 성찰할 수 있어야 한다.

장닭과 장군학의 차이는 진정한 용기와 겸양 지심에 있을 듯하다.

길 잃은 사회

세 노인이 앉아서
술잔을 기울인다
세 노인의 흰 수염이
제멋대로 춤을 춘다

앙상한 갈비뼈의
민초들을 깔고 앉아
즐겨 노래하는 것은 세상의 번뇌와 탐욕

진보 아닌 진보의 깃발을
보수 아닌 보수의 팻말을
민주를 역겨워하는 자가 민주의 횃불을
드높이 추켜세운 채
어린 양의 목을 쥐어트네

노욕의 끈질김은
장군학(將軍鶴)을 세우고
갈대 물린 기러기는
제 갈 길을 잃어버렸다

귀뚜라미와 참게를 안주 삼아 포식하고
쏘가리 따라 모인 잉어 떼가
영원히 잊은 것은
여뀌 속의 피라미.

진국 개구리탕

오랜만에 바라다보는 동해의 푸른 바다는 언제나 정겹다.

자주는 아니지만 그래도 어쩌다 가끔, 서해를 바라보고 또 동해를 바라보면서 아주 이상한 감정에 빠져 든다.

모두가 같은 우리의 바다인데 왜 동해는 눈 위에서 철썩이고, 서해는 눈 아래에서 일렁이고 있는 것일까? 아마도 바다의 색깔을 받아들이는 마음 때문인가 보다. 짙푸른 동해는 가슴으로 받아들이고, 좀 더 여유 있고 부드러운 서해는 마음으로 받아들이기 때문이라고 나 혼자 생각해 본다.

바다를 바라보는 집사람의 마음은 나만큼 정겨워하는 것 같지가 않았다. 자기는 파도를 하루 이틀 바라보는 것은 좋지만 계속해서 바닷가에 살아가는 것은 싫단다. 생각해 보면 아주 지루한 삶이 될 것 같단다.

거 참, 아주 잘된 일이라는 생각이 스치고 지나갔다.

엄청 비쌀 것으로 예상되는 살림집을 바닷가에 마련하기 위하여 내가 갑자기 무슨 재주를 부릴 능력이 있는 것이 아니기 때문이다.

허지만 자기는 사계절의 변화를 마음껏 바라보고 느끼며 생활할 수 있는 아름다운 산속에서 살아가는 것에 대한 미련은 아직도 갖고 있다네.

그 말을 듣는 순간 머릿속이 좀 복잡해지기 시작했다.

산중 마을 집값은 과연 내가 감당할 수준일까? 너와집 짓고 화전을 일굴 것도 아니고 말이다. 그러나 아내의 생각과 희망 중에서 다행이다 싶은 것은 나이답지 않게 변화 속에 새로운 것을 추구하는 삶의 모습이다.

사람은 나이를 먹어도 끝없는 변화를 추구하고, 그 속에서 자신의 삶에 의의를 찾는 생명체임에는 틀림없어 보인다. 허기야 인간이란 사고하는 능력이 있고, 감성을 갖고 행복을 추구하는 존재이기 때문에 발전을 위한 변화를 추구하는 것이다. 변화라는 것은 삶을 윤택하게 하고 활기차게 할 수도 있지만, 반면 그렇지 않으면 사람을 그 무엇으로부터 영원히 퇴출시킬 수도 있다.

아주 뜨거운 물이 담겨있는 냄비 속에 개구리를 집어넣으면 어떤 일이 생길까?

생각할 필요도 없이 개구리는 단말마의 힘을 다하여 냄비를 박차고 튀어 나올 것이다. 반면 매우 쾌적한 온도의 물속에 개구리를 넣고 냄비의 온도를 아주 서서히 올리면 개구리는 육골이 녹아내려 진국 개구리탕으로 변한 채 일생을 마감하게 된다는 것이다.

이 이야기는 새로운 패러다임의 경영학을 강조하는 사람들이 자주 사용하는 경고 성격의 일화이다.

좋게 생각하면 개구리는 변화되는 환경을 열심히 극복하며 끝까지 냄비 속을 지키겠다는 굳은 의지를 사수하며 장렬히 전사한 것이고, 나쁘게 말하면 바뀌고 있는 바깥쪽 환경을 알아채지 못하고, 편안하고 아름다웠던 냄비 속의 쾌적함만 즐기다 개죽음(개구리 죽음)을 당한 것이다.

안타까운 일이지만 개구리는 죽었다. 세상이 바뀌는 것을 몰라서 사망한 것이다. 비슷한 말로 세상이 바뀌더라도 놀라지는 말라는 말이 있다. 비슷한 듯하지만 사뭇 다르다. 즉 반드시 세상은 바뀔 테니까 그것을 예상하고 있어라 하는 훨씬 적극적인 말이다.

예전에 장개석 총통이 대만으로 쫓겨 간 다음에 변명같이 국민들에게 했다는 말이 이것과 비슷한 말이다. 즉 처변불경(處變不驚)이다. 이와 비슷한 말이 논어에 나오는데 그것은 종용유상(從蓉有常)이다. 소신을 갖고 떳떳하게 행동하라는 것이다.

앞에서 이야기한 개구리와 뒤에서 이야기한 경구의 큰 차이는 '알고 있느냐? 대비를 했느냐?'라고 볼 수 있다. 나이를 먹어 가면 세상이 바뀌는 것이 싫어지고 그러다 보면 주위 사람들을 귀찮게 하는 경우가 참 많다. 끓는 물속의 진국 개구리탕이 될 것인지 튀어나올 것인지는 본인의 몫 같다.

늙어서 손자 손녀 아이들과 이야기라도 나누려면 컴퓨터도 좀 더 열심히 배우고 스마트폰도 좀 다양하게 사용할 줄 알아야 한다는 공포가 우리 내외를 마음속 좁은 길로 몰아넣었다.

배우다 좀 막혀서 자식 놈들에게 물어 보면 되돌아오는 것은 '그것도 모르냐'는 식의 퉁명스런 대답 밖에 없다. 그래도 어차피 구겨진 자존심을 생각할 처지가 못 되니까 배워야 한다. 목마른 놈이 우물 파는 격이다.

'우리 내외가 잘 모르면 결국 나중에 가면 네 놈들이 답답하게 될걸' 하면서 참는 것이 상수다.

요즘은 집사람의 실력이 나보다 훨씬 앞선다. 이러다가 마누라한테까지 왕따를 당하는 것은 아닌지 하는 걱정도 가끔 생겨난다. 그렇지만 다른 사람은 몰라도 내 마누라가 나를 버리고 혼자의 길을 가지 않는다는 확신을 갖고 살아간다.

여하튼 하루하루가 숨 가쁘지만 변화에 여유를 부릴 수는 없고, 또 배우고 나면 참 편하다는 만족감에 푹 빠지게 된다.

사람마다 어떤 삶을 살아갈 것이냐? 하는 것은 개개인의 가치관의 차이에서 결정되겠지만 판단의 기준은 역시 현실을 직시하여 미래를 세우는데 있을 것이다. 개죽음으로 끝난 개구리에게 미래는 없었다. 그렇기 때문에 주위 환경이 변화하는 것을 예리하게 간파하여 비록 쾌적한 온도의 냄비 속 환경이었더라도, 현명한 개구리였다면 일찌감치 냄비를 박차고 튀어 나왔어야했다.

이렇게 편안하고 좋은데, 이것을 버리고 또다시 새로운 고난의 길을 택한다는 것은 결코 쉬운 일이 아니다. 물론 그곳에 그렇게 움츠리고 있는 것이 죽음의 길이라는 것을 알았다면이야 상황은 다르겠지만, 그것이 종말의 길이라는 것을 눈치 채기 위해서는 번쩍이는 현명함이 필요한 것이다.

총선 결과를 보고 의료계는 뭔가 떨떠름한 입맛을 다셨다고 말할 수 있다. 이번에도 생 도토리 씹은 맛이 입가에서 채 가시기도 전에, 정부에서 추진하고 있는 사안이 소태 씹은 맛을 보여주고 있다.

의사들 너희는 뭔데 한 번 면허증을 받아서 평생 우려먹고 사냐? 그래 가지고 국민들이 양질의 의료시혜를 받을 수 있냐? 의료의 질을 향상시키기 위하여 당신들 면허증을 갱신하고 시원치 않은 의사들을 도태 시켜야겠다. 하는 권력의 중심에서 맴돌고 있는 정서가 폭풍이 될 듯하다.

우리만 면허증이 있냐? 온 나라에 면허증 있는 모든 직종의 자격을 재평가해라! 의사에 대한 좌파들의 조직적인 탄압이다.

요즘 같은 세상에서는 사회성, 민중성을 앞세운 대중적 형평의 논리가 절대 우위를 점하고 있다. 전문성이나 사회적 기여도와 같은 평가 기준은 이미 낡아빠진 수구보수 기득권자들이 갖고 있는 타도되어야 할 사고방식으로 치부되고 있다.

세상이 바뀌고 있는데 나만 뒤처지는 것이 아닌가하는 두려움이 앞선다.

허탈한 마음을 달래면서 나는 불과 반년 전쯤 있었던 일화를 되새기지 않을 수 없다.

"지금 의료계가 파산 일보 직전인데 연수교육 평점은 무슨 평점이냐. 더군다나 앞으로 연수 평점을 더 올려야 한다는 주장을 하는 일부 얼빠진 의사들이 있는데 제발 정신 좀 차려라."

물의 온도가 변하는 것을 느끼자마자 튀어나온 개구리는 살아남을 수 있듯이 우리를 향하여 날려 보내고자 하는 화살에 빌미를 주어서는 안 된다.

적당한 비유가 될지 모르겠지만 제갈공명은 왜 눈물을 흘리면서 마속을 참하였을까(泣斬馬謖). 시대적 상황을 잘 읽은 것이라고 생각한다.

'우리가 이 정도 열심히 하고 있는데 누가 왈가왈부할 수 있는가' 하고 말할 수 있어야 한다. 변화하는 사회적 물결의 흐름을 잘 판단하여 앞서 나가야 한다. 우리가 말하는 내용을 대다수의 지지자들이 수긍할 수 있어야 진정한 나의 생각이 되는 것이다.

우리가 생각하는 것보다 인심은 아주 빨리 변하고 있다. 인심을 모르면 천심은 더욱더 모르는 것이다.

진국 개구리탕의 주인공이 되지 말고, 변화에 앞서가는 의연한 모습은 오늘을 살아가는 모든 사람들의 지혜인 듯하다.

빨리 집에 가서 중용을 읽어 보아야겠다. 변화된 마음과 눈으로 말이다. 왜냐고?

거기에 하늘의 뜻이 있으니까.

상식이 통하는 사회

지금 50대 중반의 나이를 넘긴 사람들은 양담배와 연관된 많은 추억을 갖고 있을 것이다.

본인들이 양담배를 즐겨 피웠다든가, 양담배 수입을 배척하는 운동을 하였다든가 하는 추억이 아니라, 양담배 한 개비가 인생의 행로를 바꾸어 놓았던 혹독한 사건들을 기억할 것이다.

과거 30여 년 전만 하여도 우리는 지금과 비교할 수 없이 열악했던 나라의 경제 상황으로 인하여 양담배를 피우는 것을 척결의 대상으로 삼았었다. 양담배를 피우는 사람들은 은연중에 사회적으로 우월한 지위를 과시하는 풍조가 있었는가 하면, 동시에 피우다 걸리면 인생을 망치는 첩경이었다.

길거리나 다방에서 양담배를 피우는 사람만 적발하여 고발하는 일을 직업으로 하는 공무원들도 있었다. 요즘 같으면 이런 일을 하는 사람들을 '담파라치' 정도로 불러줄만 할 것이다. 그런데 이 담파

라치들의 능력은 참으로 대단하였다. 50여 미터 밖에서도 육안으로 담배 연기만 보고 곧 양담배인줄 알아차렸고, 등 돌리고 앉아서 담배 연기 냄새만 맡고도 양담배인 것을 감지하여 흡연자를 현행범으로 즉시 체포하는 뛰어난 실력을 갖고 있었다.

요즘 사회적으로 가끔 논란의 대상이 되는 몰래 카메라와 같이 과학적 기술에 의존하는 방법과 비교하여 보면 그들의 뛰어난 코와 눈의 감지력은 더욱더 경이적이다.

석간신문의 사회면에는 며칠 간격으로 사회 저명인사나 고위층 공무원이 양담배를 피우다 적발되었다는 기사가 실리고는 하였다.

30여 년을 국가와 사회를 위하여 열심히 봉직하던 공무원들도 양담배 한 개비로 여지없이 파면과 패가망신을 당하고, 그들의 자녀들은 얼굴을 들고 집 밖엘 다니지 못했던 시대였으니 정치적 공안 정국과는 성질이 약간 다른 형태의 일종의 공포 정국이었다.

지금 생각해 보면 참으로 가당치도 않은 일이요 인권 문제까지도 생각해 볼 수 있는 일이다.

그러나 그 시대에 일어났던 일을 지금에 와서 탓하거나 문제를 삼는 사람들은 아무도 없을 것이다. 왜냐하면 경제 건설과 부흥에 국가의 운명을 걸었던 한 시대의 단면으로서 아름다우면서도 슬픈 역사로 인식하고 또한 아픔을 참아냈던 한 시대상으로 이해하고 있기 때문이라 생각된다. 다시 말해 시대상에 맞는 사회적 행동과 규범으로 이해하고 있는 것이다.

사실 돌이켜 보면 정치적 공포와 사회문제에 대하여는 여기저기서 강력한 저항이 표출되었지만, 양담배 한 개비 피우다가 파면된 공무원이나 대학 교수를 두둔하는 분위기는 어디에서도 찾아볼 수 없었던 기억이 난다. 오히려 '아니 그만큼 배운 사람들이 정신 나간 것 아니야?' 하는 쪽이 훨씬 우세했다.

새나라 건설에 모두 정신없이 피땀을 흘리는데 사회적 지위가 높고 많이 배운 사람들이 특권 의식을 갖고 별난 짓을 하는 것을 두둔하지 않겠다는 전체주의적 사고와 집단적 강요가 넘쳐흐르던 시대였기 때문이다.

사실 나는 한 가지 풀리지 않는 의문이 아직도 있다. 정말 그렇게 양담배를 꼭 피워야 했는지 이해할 수가 없었다. 하기는 사람의 기호품이니까 '너 왜 그거 좋아해' 하고 묻거나 힐책하는 것 자체가 웃기는 일이지만 패가망신의 위험을 무릅쓰고 피워대던 것을 기억해 보면 바로 이것이 마약이구나 하는 생각이 들 때가 있다.

사람들은 흔히 과거의 역사를 지금의 잣대로 재단하지 말라고 한다. 이 말은 역사적 오류와 곡해를 방지하기 위한 금언과도 같은 것이다.

몇 해 전 한 사회단체가 과거 긴급조치위반 범법자들의 재판에 관여했던 판사들의 실명을 공개하는 일을 우리는 경험하였다.

그 일로 인하여 사회가 뒤숭숭해지고, 이 일의 여파는 새로운 사회적 앙금을 잉태할 가능성마저 엿보이고 있었다. 긴급조치의 법률적, 사회적 정당성 여부에 대하여는 많은 공론을 통하여 긴급조치의 역사적 순기능과 역기능에 대하여 어느 정도 평가의 공감대가 형성되었다고 볼 수 있다. 그러한 법률적 제도의 긍정적인 면과 부정적인 면을 역사적 교훈으로 하여 향후 우리의 사회적 규범을 정하는데 있어서 사표로 삼아야 할 것이다.

그러나 과거 10년 동안 국가 운명을 쥐락펴락 하였던 정권은 국가적 여력이 없었음에도 불구하고 너무나도 많은 에너지를 시비의 잣대와 사회적 줄긋기에 낭비하였다.

그 결과 오늘의 사회 분위기와 평가의 잣대로 지난 과거를 단죄하려는 지극히 위험하고 바람직하지 못하며, 상식이 통하지 않는 편협한 행동을 표출하였다.

역사의 수레바퀴를 돌림에 있어서 과거는 항상 평가되어야 한다. 그러나 소급 단죄를 위한 행위가 되어서는 안 되고, 오로지 미래지향적인 지렛대 역할을 위한 것이어야 하며 그래서 역사를 배우는 것이 아닐까 한다.

1960년대 중반 중국 공산당 문화혁명의 행동대라 할 수 있는 홍위병의 역사적 역할과 그들의 종말이 어떠하였는지 되새겨볼 만하다.

나 혼자만의 입장에서, 우리들만의 새로운 척도로 세상을 평가하고 바라본다면, 흐드러지게 어우러지는 사회, 모두가 흥겹게 동참하는 사회, 미래를 설계할 수 있는 배려하는 사회의 정립은 점점 멀어질 것이다.

강산이 변한다는 세월을 보내고 새로운 정부가 들어선 지도 3년이 지났다.

출범 당시 새 정부에 대한 국민적 기대는 과거 정부의 실책으로 인한 반사적 심리로 좀 지나친 희망이 표출되기도 했었다.

그러나 아직까지도 원만한 사회적 합의가 이루어지지 않은 부분들이 너무도 많은 것 같다. 물론 국민들 개개인의 희망과 요구도 다양하겠지만 무엇보다도 우선해야 할 것은 잘못된 제도나 규범은 제자리를 찾아야 할 것이고, 사회적 통념을 통한 국민적 대화는 일정한 범주의 원칙 속에 이루어져야 한다. 즉 상식이 통하는 사회를 만들어야 한다는 것이다.

이 세상 어디에도 없고 오로지 이 나라에서만 강력한 힘을 발휘했던 '떼 법'이 최상위법이던 시대는 우리의 서글프고 괴로운 과거다. 이 기괴한 힘을 가진 법 아닌 법에 의하여 새롭게 움터 나오던 무수한 새싹들이 이 세상 구경도 할 겨를도 없이 짓밟히는 또 다른 희생을 당한 것이다.

큰 목소리가 정의를 대변하던 시대는 다시는 생각하고 싶지 않은 악몽이다. 나눔을 강요받던 시대에는 더 나은 미래의 사회적 책무를 기대할 수 없다.

군사독재의 척결을 목 놓아 외치던 사람들이 새로운 형태의 '지역 독재'나 'group 독재'의 실권자나 지배자가 되어 민주화 투쟁의 보상이라며 거들먹거렸을 때 수많은 국민들은 배꼽 밑에서부터 밀쳐 오르는 구역질을 억지로 참아야만 하였다.

실정법이 갖는 의미와 보통 사람들의 생각은 얼마든지 다를 수 있다. 그리고 사회 구성을 위한 법적 체계의 이론이 꼭 우리가 생각하는 상식과 맞아 떨어져야 하는 것은 아니다.

그러나 상식이 통하는 사회는 이해와 겸양의 미덕이 존재하고, 나만이 아니라 저 사람과 어우러짐과 그에 대한 배려가 있어 아름다운 것이다.

상식이 통하는 사회는 편안해서 좋은 사회다.

상식이 통하는 사회는 시시비비가 없어서 좋은 이웃이 있을 수 있다.

시(詩)를 쓰면 시로서 화답하고, 미소를 지으면 웃음으로 대답하는, 가슴이 통하는 사회에서는 아름다움 인간미라는 꽃이 활짝 피어날 수 있다.

봄 꽃 나무 사이를 위 아래로 오르내리며 새로운 보금자리를 틀려는 종다리에게 사악한 뱀의 눈초리가 항상 따라다니는 것이 인간 사회일지 몰라도, 질시와 암투가 사라진 곳에는 반드시 아름다운 꽃이 핀다는 것 역시 사람들이 화목하게 모여 살아가고 있다는 또 하나의 증표일 것이다.

손과 손

그 유래에 대해서는 여러 가지 설이 있지만 거의 전 세계 공통적으로 사용되는 언어 중에 하나는 사람들이 처음 또는 다시 만났을 때 반가움의 표시로 널리 이용되고 있는 악수일 것이다. 이것은 일종의 신체 접촉을 통한 우정과 신뢰의 표시라고 생각한다.

물론 서로 만나 볼을 비빈다든가, 서로 코를 비벼대는 인종도 있지만, 가만히 보면 그들도 일단 손을 마주 잡는다든가 손으로 몸을 잡고 코를 비벼 댄다든가 상대방의 몸에 제일 먼저 접촉하는 것이 손이기는 마찬가지 같아 보인다.

미국 사람들은 물건을 사고 거스름돈을 건넬 때 상대방의 손을 꼭 잡고 동전을 하나하나 세면서 계산해 준다.

15불짜리 물건을 사고 20불을 내면 내 손을 꼭 잡고 손바닥에 1불짜리를 놓으면서 16불, 17불 하며 20불을 채워 부른다. 그들의 계산방식이 옳고 그르고를 떠나서 정겨움과 정확함이 있는 것은 사실이다.

세월의 흐름에 따라 그들도 지금은 변했지만 내가 난생처음 미국을 갔을 때 꽤나 인상적으로 기억되는 일 중에 하나이다.

어째든 미국의 이러한 사회적 풍습은 인종을 떠나서, 사회적 신분의 높고 낮음을 떠나서 푸근한 정과 믿음을 느낄 수 있는 아주 아름다운 풍습이라고 생각한다. 이런 관습에 익숙하지 못한 우리 교포들이 사업을 하면서 많은 오해를 불러 일으켰다는 이야기를 들은 기억이 난다.

벌써 20여 년 넘게 지하철을 이용하여 출퇴근을 한다.

지하철 속에서 벌어지는 몇몇 버릇없는 철면피들의 일들만 모른 척하면, 만고에 편한 것이 지하철을 이용한 출퇴근이다. 자동차가 막혀서 발을 동동 구를 필요도 없고, 새치기 하는 얌체들 때문에 혈압 올릴 필요도 없이, 정시에 제자리까지 확실하게 데려다 주는 것이 지하철이다. 또 한 가지 중요한 것은 세상만사 별의별 경험과 구경을 다 할 수 있는 곳이 지하철이다. 아마도 대한민국의 다양한 모습의 국민들을 모두 만날 수 있기 때문일 것이다.

과거에는 매일 매일 전철표를 구입했지만 요즘은 교통카드를 사서 현금을 내고 충전하면 매번 전철표를 구입하지 않아도 되는 아주 편리한 제도가 정착되어 있다.

근자에는 교통카드의 충전을 자동기기에서 하지만 카드 사용제도가 처음 나왔을 때는 돈이 떨어져 재충전을 할 때마다 역무원을 통해서 충전하였었다.

그런데 이 교통카드를 역무원의 도움을 받아 충전할 때 경우에 따라서는 솔찮이 불쾌함을 느낄 때가 있었다. 어떤 직원은 충전된 카드를 살짝 들어서 내어주는가 하면, 어떤 사람은 카드를 매표소 바닥에 획 하고 밀어 던지는 경우가 있었다.

마음이 매우 불편하여 옆으로 비켜서서 그 직원의 행동을 한참을 지켜보면 그의 습관임을 알 수가 있었다. 현금을 내고 표를 구입하는 고객이든, 경로 우대증을 갖고 전철표를 교환하는 연로하신 어른들께도 동일한 행동이 반복되고 있었다.

비록 무료급식 배급표를 나누어 준다손 치더라도 이렇게까지 하지는 않을 것이라는 생각이 든다. 상호 신뢰나 존경은 고사하고 무관심과 무례함만 넘쳐나고 있다. 이런 행위는 바로 불쾌감으로 이어져서 서로 얼굴을 붉히는 일이 생겨나는 것이다.

한 번은 어느 대형 매점에서 물건을 사고 카드 결제를 하였다. 전표에 사인을 마치고 부표를 내어주면 받을 생각으로 준비하고 있는 마음이 무색하게 그 직원은 카드 전표의 부본을 떼어 내더니 책상 위에 탁 올려놓고 쳐다보지도 않는 게 아닌가.

'네가 알아서 집어가'라는 뜻이다.

이 단순한 행동을 통해서 나와 그 사람 사이에 인관 관계는 백지가 되어버린 것이다.

충전된 교통카드나, 물건 값을 지불한 신용카드 부본을 손과 손을 마주 잡고 내어 주지는 못할망정, 바닥에 흘린 물건 주워가듯 집어가라는 이런 태도가 고쳐지지 않은 채 우리가 선진 문화 국민의 반열에 올라갈 수 있기를 기대한다는 것은 너무도 요원한 일이다.

우리 민족이 세상에 나와 치른 가장 큰 세계적인 행사를 들라면 뭐니 뭐니 해도 88서울 올림픽일 것이다. 그때의 올림픽 노래가 '손에 손 잡고'이었다.

손과 손을 잡는다는 것은 단순한 접촉의 의미를 뛰어 넘어 마음과 마음을 나눈다는 큰 의미를 부여하고 있는 것이다.

내가 잘 알고 있는 아주 유명한 개원 의사 선배 한 분은 환자들이 문전성시를 이루고 있다. 그분은 환자를 치료하는데 무슨 특별한 비방을 사용한다든가 특별한 치료 기술이나 첨단 의료 장비를 갖고 있는 것도 아니다. 그 원장님한테서 찾아볼 수 있는 오직 한 가지 남다른 모습은 손을 잡는 것이다. 추운 겨울이든 여름이든 진료실에 들어온 환자분들의 손을 정성껏 꼭 잡고 환자의 안부를 물어본다는 것이다. 손을 잡아 환자의 마음을 위안하고 심리적 안정을 꾀하는 것이다. 이 정도면 흔히 말하는 정신 심리적 불안에서 출발된 모든 질환의 반은 이미 치료된 것이나 마찬가지다.

환자들마다 너무 정겹게 손을 잡고 이야기를 나누기에 진료가 끝나고 내가 조심스러운 농담을 하였다.

"형님 거 젊은 여성 환자한테는 좀 생각해 보고 잡으세요."

아무리 현대의학이 발달하였다 하여도 치료 효과를 극대화하기 위해서는 환자와 의사 사이에 정신적인 신뢰라고 할 수 있는 라포(rapport)가 형성되어야 한다. 이것은 치료 효과를 예측할 수 있는 근원적 잣대가 된다. 환자와 의사의 라포 형성의 가장 초기 단계의 행위는 손을 잡는 것이라고 생각한다. 그러나 안타깝게도 요즘은 환자와 의사 사이의 라포를 차단하는 여러 가지 사회적 분위기가 팽배하여 있다.

전문가로서 의사의 말은 아무 소리 말고 따라야 한다는 의사들의 고압적인 생각과, 내 돈 내고 치료했는데 왜 내가 당신에게 감사해야 하나? 하는 상품 거래적인 생각은 손과 손을 잡고 마음을 주고받아야 할 치료의 근간을 송두리째 앗아가 버리고 있다.

우리는 흔히 한 배를 탔다는 말을 즐겨 쓴다. 이것은 공동 운명체임을 강조하는 말이다. 그러나 이 말은 강요적 의미가 강하다. 네 뜻은 어떤지 몰라도 네 처지가 이렇게 되었으니 어쩔 수 없다는 식으로 상대방의 체념을 이용한 나의 요구를 강제화하는 형식이라고 생각된다.

그러나 손을 맞잡는 다는 것은 아주 훈훈한 자의적 결정과 상호 존중의 소중함의 표현이다. 손에 손을 잡는 사회는 우리가 추구하는 배려와 소중함을 나눌 수 있는 가장 인간적인 공동체가 될 수 있다.

나의 독단과 아집으로 인하여 마음의 고통을 겪고 있는 이웃은 없는지 되돌아보는 삶의 여유가 필요하다.

우리 사회에는 누구보다 먼저 사랑의 손을 내밀어야 하는 사람들이 많다. 항상 국민을 위하여 일한다고 외치고 있는 정치인들은 그들의 허상을 벗기 위해서라도, 그 외에 사회 각 분야의 전문가들, 누구보다도 열심히 일한 덕분이겠지만 여유 있게 살고 있는 부유층 인사들 그리고 사회적 책무를 다해야 할 지식인들이 바로 그 사람들이다.

강요됨이 없이 손과 손을 맞잡는 이웃이 있으면 우리는 행복할 수 있다.

우리에게 어떤 약속도 없었지만 봄이 되면 개나리와 산수유 꽃이 어김없이 찾아오는 것은 간구하는 마음의 기대란 사람과 자연의 손잡음이었기 때문이다.

명의(名醫) 유감

외국의 어느 유명한 학술대회에 참석한다든가 어느 대학을 방문할 때면 가끔 느끼는 것이 있다. 학문의 어느 한 분야에 나름대로 많은 연구 업적이 있다고 알려져 있는 외국인 학자들을 만나서 몇 마디 이야기하면서 내가 너의 연구 결과에 관심이 있다는 시늉만 하여도 갑자기 얼굴에 화색을 띠고, 이방인인 내가 알아듣기 좋은 말로 다정함을 보인다. 그리고는 곧 이어서 자기가 그 분야에서는 세계적인 최고의 권위자임을 지나칠 정도로 자랑하는 장광설을 늘어놓는다.

아무리 서양 사람이라고는 하지만 선비와 같은 겸손이라고는 찾아볼 수 없는 서푼짜리 소인배 같다는 생각에 얼른 고개를 돌리고 싶은 마음이 코앞에 있다. 사실 알고 보면 본인이 자랑 삼아 떠들어대는 것만큼 그렇게까지 엄청난 업적을 낸 사람도 아닌데 말이다.

우리는 자고로 겸양의 미덕을 바탕으로 살아온 민족이라 항상 스스로를 낮추는 것이 습관화되어 있다. 아마 이것은 외양적인 서양 사람들과 내성적인 동양 사람들과의 대조적인 삶의 형태에서 유래되었을 것으로 생각한다.

흔히들 말하길 요즘은 적당한 자기 PR의 시대라고 한다. 물론 이 말이 public relation(홍보)이라는 말에서 유래 되었지만 우리말 해석이 훨씬 가슴에 와 닫는다. 즉 피할 것은 피하고 알릴 것은 알리라는 말이란다. 다재다능한 표현이 가능한 우리말의 진수를 보여주는 표현 같기도 하여 남모르게 배꼽이 춤을 춘다.

얼마 전까지만 하여도 대학교수가 매스컴에 자주 나타나는 것은 별로 바람직하지 않은 일로 생각하였고 또 그런 교수들을 '매스컴 교수' 또는 '현실에 영합하는 교수'라는 말로 비하하였던 것이 사실이다. 그러나 세월의 변화에 따라 최근에는 매스컴에 자주 등장하는 사람은 그 분야에 아주 능력 있고 대표적인 사람으로 평가받는 경향이고, 또 본받아야 할 적극적인 사람으로 생각하기 시작한 것 같다.

자기 홍보를 밑에 깔고 사회에 기여하는 모습이기 때문에 어떤 의미로 볼 때 적절한 자기 PR에 해당될 수 있겠다.

언론 홍보가 무엇이고, 경영학이 무엇인지 문외한일 수밖에 없는 내가 볼 때 자기 알림이란 자기에 대한 정확한 정보와 지식을 알려주고, 유형의 또는 무형의 적절한 보상을 받는 것이 아닌가 하는 생각이 든다.

그러나 폭주하는 정보와 점점 세분화, 전문화된 오늘의 사회에서는 일반 대중들은 정보와 지식의 '허'와 '실'을 구분하기 힘들기 때문에 여기에 중계자적 역할을 담당하는 매체나 사람들이 나타나게 마련이다. 이들은 대중들의 욕구에 부응하는 정보를 제공하고 경제적 이익을 챙긴다. 이런 일련의 일들은 구태여 사회적 병리 현상이라고까지는 말할 수 없지만 사회적으로 큰 오류를 범할 수 있는 가능성이 다분히 존재한다.

이런 의미에서 내가 아주 부러워하는 직업이 있다.

여기저기 텔레비전 대담프로그램에 나와서 걸쭉한 입담으로 세상을 농단하는 소위 사회 평론가, 정치 평론가, 대중문화 평론가라는 직업이다. 물론 이분들도 각자의 분야에서 열심히 공부를 해야 이야기 거리를 만들어낼 수 있겠지만 그들의 예측이나 평론이 결과론적으로 다르게 귀착된다 하더라도 누구도 그들을 강하게 힐책하는 사람이 없다는 점에서 부럽다.

자기의 예측이나 평가가 잘못 되었을 때는 '나는 그 시점에서 그것을 그렇게 보았다'라고 하면 되기 때문이다.

아마 내가 이렇게 생각하게 된 것은 글 한 줄이나, 말 한마디라도 근거에 의하여 해야만 하는 빡빡하고 여유가 없는 특정적 삶을 살아온 탓이라 생각한다. 이런 측면에서 보면 그들이 훨씬 여유 있고 정이 넘치는 질펀한 삶을 살고 있는지도 모른다.

오랜만에 대학 동창들과 어울려 여러 가지 살아가는 이야기가 오가는 가운데 참 웃지 못 할 일이 있었다.

오랫동안 개원을 하고 있는 한 친구에게 어떤 제의가 들어 왔었단다.

말인즉 200만원만 내면 자기네 출판사에서 발행 예정인 『명의』라는 책 속에 명의로서의 이름을 당당히 넣어주겠다는 제의였단다.

하도 기가 막혀서 이 사실이 '차라리 사기극이었으면' 하는 말을 뇌까려 보았다. 한편으로는 왜 나한테는 그런 제안도 없었을까 하는 섭섭한 생각에 빠져 보기도 했다.

그 친구 왈 대학에 있는 학자한테 그런 제안하였다면 그들이 당장 탄로가 나기 때문이란다. 과연 그럴까? 하는 생각도 떨칠 수가 없다.

사실 요즘 ××신문사, ××출판사, ××저널 등등에서 쏟아지는 소위 '명의 열전'이라는 신문 광고를 보면 방향을 잃고 떠도는 세상이 보인다.

사공을 잃고 표류하는 거룻배 같기도 하고, 고삐 풀린 망아지가 이리저리 나대는 꼴을 닮아가는 세상사다.

"아니 제 병을 이렇게 잘 고쳐주셨는데 어째 선생님은 왜 아직도 명의가 못 되셨나요?"

열심히 치료받으러 다니던 이 아주머니가 오늘은 어디서 무슨 말을 듣고 하시는 말씀인지 매우 진지하고 의아스러운 얼굴로 질문을 던진다.

아직도 '명의'가 되기까지는 스스로 생각해도 요원한 길을 남겨 놓고 있는 내가 이 환자에게 무슨 할 말이 있겠는가. 평생을 열심히 노력하여도 명의 소리를 듣지 못할 가능성이 아주 높은데 말이다.

이제 의업에 종사하기 시작한 지 20여 년을 바라보고 있는 사람으로서 볼 때 우리 사회에는 분명히 '명의'가 있다. 또 반드시 있어야 한다. 하지만 진정한 '명의'란 누가 '명의'라고 불러 주어야 되는 것일까?

'명의'가 갖추어야 할 요소들은 무엇일까. 이것을 알고 있는 이 시대의 현자는 과연 있을까.

하루하루를 많은 환자들과 어울려 살아가고 있는 의사로서 긴 숨을 내쉬어야 할 때가 너무 많다.

반드시 특정한 치료를 받아야 할 환자가 한동안 사라져버린 뒤 그야말로 엉망진창이 되어 나타난다.

포도요법, 솔잎요법, 마늘요법, 현미요법, 식초요법, 양파요법… 헤아릴 수 없는 천하의 비방들이 버젓이 방송매체에 등장하고 첨단의 과학과 보편타당성을 가장하고 있는 상업 방송이 세상을 시끄럽게 하고 있다.

물에 빠진 채 사면초가의 외로움 속에 죽음과 직면하고 있는 불쌍한 환자들에게 이들은 사악한 지푸라기가 되어 오히려 이들의 생명을 옥죄이고 있는 것이다.

무책임한 매스컴이 '황당한 건강 특집'을 통하여 환자들을 우왕좌왕하게 하는 일이 한두 가지가 아닌 이 마당에, 이것은 또 무슨 얼토당토않은 '명의' 타령인가?

"꺼져가는 생명을 놓고 진정한 '생명의 등불'이 아니면 켜지를 마시오."

"언제 그 많은 죄를 전부 면죄 받으려 하시오?" 이렇게 소리치고 싶다.

하나의 질병을 놓고 우리나라만큼 많은 치료법이 대두되는 나라는 분명히 전 세계적으로 아주 보기 드물다.

고통 받고 있는 환자들에게 '어떤 치료법이 좋다'고 권유하고는 무책임하게 사라져버리는 부도덕한 사람들이 많은 대표적인 나라가 우리나라일 것이다.

대부분의 사람들은 이러한 행위가 얼마나 부도덕하고 비윤리적인 결과를 낳는지조차 알지 못한다. 자기는 선의로서 조언을 했을 뿐이라고 생각하고 있다.

무심하게 던진 돌에 맞은 개구리는 즉사할 수 있다는 것을 잊지 말아야겠다.

우리나라만큼 특정 분야 전문가의 말이나 의견이 여지없이 묵살당하는 나라도 드물 것이다.

왜 전문가는 양성하며, 학교에서 과학은 왜 가르치는지?

책임 있는 언론기관이 오로지 영리행위로밖에 생각할 수 없는 글이나 책을 써서 판매한다면 누가 이들의 작태를 막을 수 있겠는가?

아주 옛날이야기이지만 조선시대에 '비방지목'이라는 것이 있었다. 큰 길거리나 다리 입구에 표면이 널찍한 나무를 세워놓으면 오가는 사람들이 사회나 나라에 하고 싶은 말을 써놓는 곳이다. 이는 일종의 언로를 열어놓은 것과 같은, 즉 오늘날의 언론기관과 같은 역할을 하는 표시물이었던 것으로 생각된다.

그렇기 때문에 이 '비방지목'에 나타난 의견들은 조작된 여론도 아니요 의도적인 외침도 아닌 사실 그대로의 여론일 수밖에 없었을 것이다. 오늘날에도 '비방지목'이 있으면 이렇게 써보고 싶다. '사회를 혼란하게 하는 사람들 양심 좀 찾읍시다.'

이왕지사 '명의' 이야기가 나왔으니까 말인데 우리가 볼 때 정말 후학들에게 귀감이 되고 존경받으실 수 있는 분들이 계시기는 계시다. 그러나 대개 이런 분들은 특유의 학자적인 고집과 정도를 걷는 외곬적인 성격을 갖고 계셔서 아침저녁 춤추어대는 사회적 분위기에 영합하지를 못한다. 그래서 때로는 '낙후된 사고를 갖고 있는 추방되어야 할 권위주의자'로 또는 '참의료 실천에 저해요소가 되는 반진보적인 세력'으로 매도되기 일쑤이다.

본래 의업이란 인간의 생명을 다루는 직업인지라 하나하나를 결정하는데 있어서 '짚어보고 또 짚어보고' 하는 신중함을 필요로 하기 때문에 전체적인 흐름이 매우 보수적일 수밖에 없다.

그러나 진보주의적 흐름이 팽배하여가는 이 사회적 현실이 의료계에도 영향을 미치지 않을 수 없다. 과거의 기준으로 볼 때 별로 바람직하지 않은 생각과 행동을 하는 사람들이 요즘의 사회적 분위기 속에 진취적인 사람으로 부상되는 현실은 과연 얼마 동안이나 지속될지 궁금하다.

'명의'가 있든 없든 관계없는 건강한 사람들이야 혼돈에 빠질 이유도 없고 우왕좌왕할 필요도 없지만, 다분히 주관적이고, 아주 무책임하고, 과학적 근거도 없는 '명의' 지침서 때문에 갈팡질팡해서는 안 될 환자들의 판단력을 흐리게 하지 말았으면 하는 마음 간절하다. 한 가지 더 첨언한다면 공익방송매체나 신문이 정말 책임감이 있고 신중함이 있으면 얼마나 좋을까?

그러면 우리 사회는 한층 더 아름다울 텐데.

네팔에 쏟는 정

- 네팔 의료봉사 후기 -

사람들과 신(神)이 함께 어우러져 살고 있는 나라. 삶과 죽음이 항상 곁에 공존하는 나라 네팔. 현실을 숙명적으로 받아들이는 사람들이기 때문에 그들이 발전을 못한다고 혹자들은 말한다.

그럴지도 모르겠다. 세계의 모든 나라를 먹고 살아가는 형편대로 한 줄로 세운다면 당연히 저 밑에서 찾아야 빨리 찾을 수 있는 나라다. 그야말로 세계에서 가장 못 사는 나라라고 말하지만, 이 히말라야 산중 왕국 사람들의 삶의 만족도는 그 어느 나라에 뒤떨어지지 않는다.

그렇기 때문에 현실에 아등바등 살 필요가 없다. 현실을 잘 견디면 다음 세대에 좋은 신분과 능력을 갖고 태어날 수 있다는 확고한 신념을 갖고 살아간다.

돌이켜 보면 내가 어릴 때 우리도 이 사람들만큼 못살았다. 우리가 네팔 사람들과 다른 점이 있다면 '잘살아보세'를 노래 불렀다는 점일 것이다. 또 다른 점을 든다면 우리는 지금 옛날에 비해 호의호식하고 있음에도 불구하고, 삶의 만족도는 그때보다 훨씬 떨어지고, 살아가는 방법에 대한 불만이 팽배해 가고 있다는 것이다.

그들의 입장에서 보면 주어진 운명을 어떻게든지 벗어나 보고자 발버둥치는 것은 어리석기 짝이 없는 짓이다. Bhrama(god of creation)의 은혜를 받아 일정한 신분을 부여받은 인간으로 창조되는 영광을 누리고 있으니 Shibha(god of destruction)의 마음에 거슬리는 행동을 하지 말아야 하는 것을 숙명처럼 받아들이고 사는 사람들이다.

다시 찾아온 이 나라는 여전히 변함이 없다.

잘살든 못살든 요지부동의 철학을 갖고 살아가는 사람들에게 변화가 있었기를 기대했던 것은 처음부터 끝까지 나의 잘못이다.

과거와 마찬가지로 이 은둔의 나라를 찾는 길은 녹록하지가 않았다. 특별한 이유도 없이, 그렇다고 자세한 안내 방송도 없이 홍콩공항에서는 예정보다 무려 한 시간 늦게 비행기가 출발하였다. 그래도 갈 수 있으니 행복한 줄 알라는 무언의 지시라도 받은 듯 승객들은 아무도 불만을 토로하지 않았다. 이런 일쯤은 늘 있을 수 있다는 것을 이미 각오라도 한 모습 같았다.

비록 몇 번 안 되는 과거의 봉사활동을 통하여 느낀 아주 잠시 동안의 경험이기는 하지만, 네팔에서의 생활은 계획대로 예정된 일이 진행되거나, 일상과 순리가 당연을 향하여 귀결되는 것을 기대한다는 것은 지나친 희망이라는 사실을 깨닫게 되었다. 하기야 내가 생각하며 말하고 있는 순리라는 것에 이미 독선과 아집이 포함되어 있는지도 모를 일이다.

31명이라는 많은 봉사 대원을 인솔하는 중압감 때문일까? 모든 대원들이 제대로 자기의 일에 충실하고 있음에도 불구하고 여러 가지 면에서 눈길이 자꾸 가고 생각이 많아지며 고개가 갸우뚱해진다.

역시 생각했던 대로 공항에서의 관리들의 태도는 너희가 필요해서 의료봉사를 왔지 누가 오랬느냐는 식이다. 아마도 이것은 그들의 천부적인 생활 습관인지도 모른다. 요즘에 와서는 배운 사람들 사이에서는 많이 바뀌었다지만 그들의 기본 철학은 바로 이런 것이다.

네가 베풀 수 있는 기회를 내가 주었으니까 너는 나와 신에게 감사하여라.

우리 기준으로 보면 기절초풍할 일이고 무례하고 방자하기 이루 말할 수 없지만 그들의 입장에서는 그럴 수 있는 일이고, 우리의 착한 네팔 친구들을 알기 위해서는 이해의 시발점을 바로 여기에 두어야 한다.

며칠 전 인도 여객기 납치 사건의 범인이 이 Tribuban국제공항에서 무기를 들고 탑승하였다나, 어쨌다나 해서 공항에서의 단속은 푸대접 중의 푸대접이었다. 입국비까지 내면서 방문한 나라에서 너무 푸대접이 심한 것 아닌가 하고 생각할 수도 있지만 그저 본래가 그런 나라야 하고 생각하는 것이 혈압 안 올리고 무사히 지내는 방법이다.

미안하고 죄송스럽게도 교민 대표분들과 대사관 직원분들, KOICA 직원 여러분들 덕택에 한 시간 조금 더 걸려서 한 트럭분의 의약품들과 또 그만큼의 대원들 각자의 짐을 찾아 공항을 빠져나갈 수 있었다.

서울에서부터 하루 종일 시달려온 몸이라 피곤하여 깊은 잠에 떨어질 법도 한데 밀려오는 한기로 발이 시려 잠을 잘 수가 없어서 내 뜻과 상관없이 일찍 일어났다.

외국인들을 위한 고급 호텔은 모르겠지만 우리가 묵고 있는 저급한 숙소는 말이 호텔이지 전혀 난방이 되지 않는다. 추우면 옷을 끼어 입거나 한국에서부터 갖고 온 침낭 신세를 지면서 잠을 청하는 것이 전부다.

명색이 수도인 카투만두에서도 일반 가정집들은 난방이라는 것은 상상도 못할 일이고, 수도를 벗어난 농촌 지역은 구태여 언급할 필요도 없다.

진료할 때는 가운 위에다 겨울용 파커를 걸치고 진료를 하는데 진료를 받으러 오는 네팔 사람들은 달랑 속옷 하나에 긴 천 조각을 한 번 두른 것이 전부였다. 얼마나 추울까 하는 생각도 들었고, 길을 가다가 이 천으로 된 겉옷이 흘러내리면 어떻게 하나 하는 걱정도 해보았지만 절대 그런 불상사는 없단다.

지난번 방문 때에 비하여 그래도 다행인 것은 호텔에서 온수가 나오고 또 그 물이 눈으로 보기에 누런 녹물이 아니고 맑게 보였다는 것이다.

경희-국제의료 협력회가 네팔에서 의료봉사활동이라는 이름으로 네팔의 이웃들과 우의를 나누어 온 지도 벌써 7년이라는 세월이 흘렀다.

나라 전체가 IMF라는 생소한 단체의 경제적 도움을 받아야 했던 지난 2년간 잠시 주춤했던 의료봉사활동을 다시 시작하면서 그동안 격조하였던 우리의 친구들이 궁금하기도 했다.

과거부터 그래왔듯이 이번에도 그 누구의 도움도 받지 않고 봉사에 참여하는 전체 대원들이 각자의 직장에서 자기 휴가를 받고 일체의 모든 경비를 스스로 부담하는, 명실 공히 자원봉사이기 때문에 이들을 관리해야 하는 입장에 있는 나로서는 그만큼 더 어려움과 스트레스가 심한 것이 사실이었다.

초창기 박타프르(Bakhtapur)에 세웠던 경희-네팔 친선 병원을 현지 환자들이 좀 더 찾아오기 편안하도록 티미(Thimi)시로 이전하고, 현지 병원의 근무 인원도 13명을 유지하고 있는 것은 역경 속에서도 용하게 잘 버티어 온 덕분으로 생각한다.

수도 없이 여러 번 포기하고 싶었던 역경을 극복하고 오늘이 있기까지 그만두지 않고 이 일에 매달려온 협력회 집행부의 임원들에게 감사하는 마음이 가득하다. 아마도 남들에게 보여주기 위한 행동이었다면 이미 오래전에 포기했을 것이다. 그렇더라도 우리를 보여주기 위한 효과는 충분히 거두었을 것이다. 그러나 그런 일은 정치인들이나 행정가들의 몫이고 우리와는 상관없는 일이었다. 그래서 오늘이 있는 것이다.

어쨌든 이번이 네팔에서의 여덟 번째 봉사이며, 잠시의 공백으로 인하여 이곳의 이웃들이 궁금했던 것도 당연한 일이다.

봉사를 시작한 초창기 우리 주위의 일부에서 지적했던 문제점, 즉 우리나라도 봉사할 곳이 많은데 구태여 외국은 무슨 외국인가 하는 반대에 우리가 주춤하였더라면, 오늘 '네팔 사람들'이라는 이웃은 얻지 못했을 것이다.

우리의 아버지 어머니 세대가 어려울 때 도와주었던 그들도 각자 자기 나라에도 정도의 차이가 있을 뿐 어려운 이웃이 있었던 것은 사실이었을 것이다.

기대와 의구심으로 숙소를 나와 진료 장소인 친선병원으로 향하는 주변의 모습은 과거와 변함이 없이 빈곤한 모습 그대로였다.

20리는 걸어가야 했던 읍내 5일장을 어머니 손에 이끌려 구경 가던 시절 그때의 모습이 불현듯 눈앞을 스쳐간다.

일행이 진료소에 도착하였을 때 갑자기 들려오는 북소리, 피리 소리에 놀라지 않을 수 없었다. 우리를 환영하려고 현지인들이 medical camp의 opening ceremony를 준비한 것이다. 항상 남들 뒤에서 말없이 행동해왔던 우리들이고 보니 매우 당황스럽고 생소한 일이었지만 이웃들의 사심 없는 성의라고 생각하니 고마운 마음에 힘이 솟아났다.

현지 사정을 고려할 때 너무 과분한 환영 행사였다. 오히려 신세를 지는 것 같아 미안한 마음이 앞섰다. 국토부 장관, 과학기술부 장관, 지역개발부 장관을 비롯한 도지사, 시장 등등의 정부 관계자를 비롯한 TV와 신문들의 취재도 열성이었다.

저개발 국가의 어느 나라에서나 마찬가지로 이 정치가들의 장황한 연설이 끝났다. 한 순간은 이 사람들이 우리에게 고마워서 환영한다는 것인지, 아니면 이 기회에 자기들 정치 선전을 하는 것인지 의심이 들었지만 우리가 부른 것은 분명이 아니니까 그만이다 하고 생각했다.

어쨌든 그 다음날 현지 신문과 방송에 기사가 대문짝만하게 나왔는데 밀려든 주민들과 연설하는 정부 관료가 대부분을 차지하고 있었다.

정치판 환영식이 끝나고 곧바로 진료에 들어갔는데 고마운 것은 현지의 우리 교민들 20여 분 이상이 통역으로 나서서 헌신적으로 도와주신 것이다.

오랜만에 참여한 봉사활동이지만 귀에 익은 소리를 금방 들을 수 있었다.

"카하 둑쳐"(어디가 아픕니까?) 하면 "따고우 둑쳐"(머리가 아프다), "뺑트 둑쳐"(배가 아프다), "멀라이 차띠 둑쳐"(가슴이 아프다), "멀라이 가띠 둑쳐"(목이 아프다) 온몸에 안 아픈 곳이 없다.

맨 처음 이곳에서 진료를 할 때 가장 당혹스러웠던 일 중의 하나가 이 친구들의 몸짓이었다. 보통은 '아니다' 할 때 머리를 가로 짓는데 이곳 사람들은 머리를 끄덕인다. 반대로 '그렇다'는 의사표시를 할 때는 머리를 가로 짓는 것이다. 진료를 하면서 이분들이 머리를 흔들 때마다 마음속으로 나도 머리를 끄덕이는데 내용은 반대로 이해해야 한다는 게 참 어색하였다.

이곳 여인들은 20살이면 아이가 몇 명씩 달려있다. 매일 매일 등짐을 이마에 동여매고 삶의 현장에서 육신을 혹사하고 있는 이들에게 '카하 둑쳐' 하고 물어보는 것 자체가 오만한 일 같이 느껴졌다.

파도와 같이 밀려오는 이 사람들을 어떻게 할 것인가 하는 생각에 빠졌다.

불과 며칠 분의 약을 타기 위하여 서너 시간을 걸어온 이들에게 지금 우리가 과연 도움을 주고 있는 것인가 하는 의구심도 들었다.

그러나 진실로 중요한 것은 이 순진무구한 이웃에게 우리의 진솔한 마음을 전하는 것이 가장 보람된 일이라는 생각이 들었다. 우리가 이들에게 무엇을 베풀었다고 생각하는 것은 참으로 경솔하고 오만한 짓이다. 오히려 우리는 이들로부터 삶의 철학과 종교 그리고 미덕을 배우고 있다는 생각이 머리를 스친다.

언제나 느끼는 점이지만 중간에 통역을 두고 진료하는 것은 정말 힘든 일이다. 대개 이틀이 지나면 완전 녹초가 됨에도 불구하고, 3일 동안 우리 팀은 2천여 명의 환자를 진료하였다.

몇 명을 진료하였는가 하는 것도 중요하지만 이보다 더 큰 의의는 내가 무엇을 배웠는가 하는 것과 어떤 마음을 주고받았는지 하는 것 같다.

경험이 없는 사람들은 왜 3일밖에 진료를 못했냐고 반문할지 몰라도 네팔은 비행기 편이 여의치 못하여 왕복 오가는데 만 3일이 걸린다.

이번 진료에서 봉사 단장으로 매우 어렵고 위험한 시도를 한 것이 있는데 그것은 중학생, 고등학생, 대학 초년생들로 구성된 '차세대 봉사팀'을 운영한 것이다. 처음에는 반대하는 대원들도 있었고, 이 젊은이들 스스로도 의료봉사팀에 내가 가서 무엇을 할 것인가 하고 의심하는 마음이 많았었다.

그때 이런 말을 해주었다.

"같이 가보자. 그러면 네가 무엇을 할 것인지 보게 되고, 그리고 네 스스로가 할 일을 알게 될 것이다."

지금 생각해 보아도 참 좋은 결정을 했다고 여겨진다. 내일의 주역인 그들이 정말 좋은 경험을 하였고, 또 그들 스스로도 매우 만족스러워 귀국 후 눈물을 흘리면서 헤어지는 모습이 아직도 가슴에 찡하게 전해온다.

다음날 진료 준비를 위하여 밤 2시까지 잠도 못 자고 부산을 떨던 그 모습에서, 이 순간도 서울에서는 콜라텍을 전전하며 밤을 지새우고 있을 같은 또래의 젊은이들이 너무 대조적이라는 생각이 들었다.

몸과 마음이 매우 지쳐 있었지만 친근한 우리 이웃들과의 참 좋은 한때였다는 뿌듯한 마음과 안나푸르나 히말의 장엄장대한 대자연의 호연지기를 맛보면서 우리의 모든 일정은 다음해를 기약하며 대단원의 막을 내렸다.

독수리의 눈을 가진 은일자

- 키르기즈스탄 의료봉사 후기 -

이번이 열일곱 번째 해외봉사니까 (사)경희-국제의료협력단이 태어난 지도 벌써 19년이 되었단 이야기다.

그동안 여러 차례 위기도 있었지만 특별한 욕심이 없는 사람들이 스스로 만든 자생적 순수 봉사 단체였기 때문에 위기는 기회가 되고, 기회가 오면 활력을 되찾는 능력이 생겨난 것 같다. 각자가 돈을 추렴하여 마련한 힘으로 봉사하는 사람들이라 누구 눈치를 볼 필요가 없다는 점이 이 단체의 끈질긴 생명력의 원천이기도 하다.

이번에는 겨울이면 눈 덮인 산악의 나라로 변신한다는 키르기즈스탄의 소꿀룩 지역에서 의료봉사를 실시한다.

키르기즈스탄(Kirgizstan)은 '키르기즈 사람들의 나라'라는 뜻이다. 그러나 정식 국명은 키르기즈 공화국이다(Republic of Kirgiz).

'스탄(stan)' 하면 '땅' 또는 '나라'를 뜻하는 페르시아 말인데 이런 식의 이름을 가진 나라가 중앙아시아에는 많이 있다.

한때는 막강했던 위구르(Uygur)제국을 멸망시킨 저력이 있는 민족이었지만 역사의 부침 속에 이 나라 저 나라에 복속되어 있다가 1991년 소비에트로부터 독립한 신생 국가다.

인구는 2천만이 좀 안 되며 국토의 92%가 산(山)지니까 이를 비추어 경제력을 추측할 수 있다. 국민 1인당 GDP가 2,200달러 정도 된단다.

우리나라도 산이 너무 많다고 가끔 투덜댔었는데, 전 국토의 대부분이 산악지대로 구성된 나라니까 이 나라에 비하면 우리는 그래도 다행인 편이다.

인종을 구태여 따져 본다면 바로 이웃 나라인 카자흐스탄이 몽골계인 반면 키르기즈스탄은 터키계에 가깝다. 고고 인류학적으로 따져 보면 몽골계나 터키계나 모두 우리와는 형제 관계쯤 된다고 생각하면 될 듯하다.

북쪽은 카자흐스탄, 남쪽은 타지키스탄, 서쪽은 우즈베키스탄, 동쪽은 중국과 접하고 있고 천산산맥이 중국에서부터 이 나라를 동서로 관통하고 있으며, 바다가 없는 나라다. 수도는 부슈케이크인데 바다로 나가는 길이 없다는 것 자체가 이미 이 나라의 비색(否塞)한 운명을 직감할 수 있게 한다.

사람도 그렇지만 한 나라도 마찬가지여서 있어야 할 그 무엇이 없으면 뭔가가 허전한 법이다. 대개 이런 나라는 세상의 소용돌이 속에 험난한 역사의 상흔을 숙명처럼 끌어안고 살아가게 마련이다.

우리나라와는 1992년 1월 31일 수교하고 북한과는 우리보다 일주일 전에 수교한 남북한 동시수교국이다.

스탈린 만행의 역사적 증인이 된 고려인(까레예츠)이 2만 명 정도 있는데 이들이 우리의 동포이며, 조상을 잘못 만나 고생을 낙으로 알고 살아온 진정한 희생자들이다.

현지인들은 고혈압과 갑상선 기능 저하증, 그리고 불임이 문제시되는 나라라는 것이 의료봉사를 출발하기 전에 얻은 정보의 전부다.

지난해 12월 중순경부터 시작한 준비 작업에도 불구하고 예년과 달리 제약회사들의 약품후원이 원활하지 못해서 애를 먹었는데 출발 직전에서야 웬만큼 확보되었다. 쌍벌죄인지 뭔지하는 제도 때문에 약품 지원에 어려움이 심각한 수준이다. 이유 불문하고 의사 신분으로 제약회사에서 돈뿐 아니라 약품을 지원 받아도 뇌물을 받은 것과 동일하게 처벌하는 법을 국회의원 나리들께서 만들었단다. 이렇게 계속 되다가는 얼마 안가서 의료봉사 자체가 없어지게 생겼다.

참여자는 모든 사람들이 공평하게 각자 자기 부담으로 실시되는 봉사임에도 불구하고 50여 명 이상의 순수한 지원자가 몰려들었다. 어쩔 수 없이 일부 인원을 제한할 수밖에 없었다.

험악한 세상이라고 하지만 그래도 이웃을 둘러보는 착한 마음의 천사들이 아직까지는 많은 것 같아서 가슴이 뿌듯하였다.

꽤나 따뜻한 겨울을 보내는가? 하였는데 키르기즈스탄으로 떠나는 2012년 1월 26일의 서울은 설날을 기점으로 찾아온 매서운 추위가 위세를 부렸다. 마치 추운 나라로 봉사를 가는 사람들에게 미리 혹한기 훈련이라도 시키려는 하늘의 뜻 같기도 했다.

인천국제공항을 출발하는 카자흐스탄 국적기는 처음 타보는 비행기다. 노후화된 비행기라는 것이 역력했지만 그래도 예상했던 것보다는 꽤 크다는 인상을 받았다.

눈으로 뒤덮인 밤 깊은 카자흐스탄공항에서 2시간 30분 이상 기다려 비행기를 갈아타고 부쉬케이크의 작은 호텔에 도착한 것은 현지 시각으로 밤 12시가 넘어서다.

우리와 시차가 3시간이니까 서울의 새벽에 도착한 것이다.

당연히 피곤할 법한데 대원들 모두가 초행길이라는 팽팽한 긴장감으로 눈빛은 또렷또렷 했다.

다음날은 예상대로 눈(雪)의 나라, 산(山)의 나라답게 많은 눈이 왔지만 스노타이어도 체인도 없이 반질반질 닳아빠진 타이어를 낀 버스는 겁도 없이 잘도 달렸다. 이곳에서는 대중교통 수단인 버스가 밴 형태의 작은 버스들이고 우리가 타고 다니는 대형버스는 참 보기가 힘들었다. 이곳의 눈은 물기가 적고, .무거운 느낌이 들며, 잘 뭉쳐졌는데 눈 위를 걸으면 빠드득 빠드득 소리가 유난히도 크게 나서 제 걸음에 놀라 발걸음이 빨라졌다.

진료 장소인 소꿀룩 병원에 도착해 보니까 여기저기 환영 플래카드가 걸려있고, 병원 여직원들이 우리에게 줄 꽃다발과 쟁반에 밀가루로 만든 작은 빵을 들고 환영 인사를 하였다.

모양은 꼭 우리나라의 찹쌀 강정과 같이 생겼는데 '모르속'이라는 이 나라 전통 빵이란다. 맛이 아주 훌륭하여 마치 도너츠 같았는데 귀한 손님들에게 대접하는 음식이란다.

본래 계획은 첫날 오전에는 준비를 하고 오후부터 진료를 하기로 사전 통보를 하였는데 신문과 방송 뉴스를 들은 주민들이 새벽부터 몰려들어 이미 수백 명이 기다리고 있었다.

봉사를 다닐 때마다 겪는 일이라 그저 그러려니 하였지만, 그래도 진료 장소가 명색이 병원이었기 때문에 다른 곳보다는 훨씬 빨리 준비를 마치고 즉시 진료를 시작하였다.

이렇게 하여 우리의 3일간의 평화를 위한 전쟁은 시작되었다.

주먹밥 비슷한 도시락으로 점심을 때우고 진료를 하는데 얼마 후 여기저기서 고성이 들려왔다. 기본적으로 다혈질인 성격에다 마치 싸우는 것 같은 투박하고 둔탁한 러시아 말에 고성이 합쳐지니까 글자그대로 난장판이었다. 우리 대원인 의전원학생이 질서 유지를 위하여 소리를 질러야만 될 정도였다.

봉사하러온 사람들이 현지인들을 야단치는 꼴 같아서 마음이 언짢았지만 그 이유를 알고는 안심이 되었다. 고성의 원인은 어떤 사람이 새치기를 하는 바람에 서로 멱살잡이가 일어나고, 병원직원들이 자기 지인들에게 진료 우선권을 부여하는 것에 대하여 불만이 폭발한 것이었다.

세상 어디를 가나 그놈의 '갑질'이라는 불쾌한 행위는 없어지질 않는 듯하여 씁쓸했다.

나를 도와 통역을 해주는 사람은 다행히 두 명의 의사였는데 한 사람은 종양내과를 전공하는 타라로브 블라디미르라는 청년의사였고, 다른 한 사람은 방사선과를 전공하는 마디나 노고이바에바라는 여의사였는데 영어는 꽤나 서툴렀지만 아주 열심히 나를 도와주었다.

이 은둔의 나라에 웬 요로 결석환자가 그리도 많은지 놀라웠고, 특별히 치료해줄 방법이 없어서 미안하고 답답하였다.

그래서 갖고 간 초음파 검진을 하여 향후 섭생과 치료에 대하여 안내를 해주었는데 다행이 청년의사가 초음파를 꽤나 잘하였기 때문에 큰 도움이 되었다. 그 청년의사는 우리가 갖고 간 초음파의 높은 해상도에 대하여 입을 떡 벌리고 감격해 하였다. 그리고는 자기가 자꾸 초음파를 촬영하고 싶어 하였다. 첫날 초음파 촬영을 해준다는 소문이 났는지 그 다음날부터는 초음파 촬영을 하고 싶은 사람들이 몰려들어 부분적으로 정리가 필요하였다. 누구는 해주고 누구는 못해주는 어쩔 수 없는 상황 때문에 마음 한 구석에 미안함이 남았다.

성인들은 거의가 심각한 고혈압 환자였는데 더욱 문제인 것은 본인이 고혈압 환자라는 사실을 전혀 모르고 있다는 것이다. 이러한 일은 사실 우리나라에서도 흔히 볼 수 있지만 이곳에서의 자기 건강에 관한 무관심의 정도는 너무 지나친 듯하였다. 빠듯한 삶의 고달픈 현실이 이들로부터 마음의 여유를 찾지 못하게 한 것은 아닌지 측은함이 앞섰다.

돌이켜 보면 이들이 살아가고 있는 모습은 불과 얼마 전까지 우리의 아버지 어머니들이 겪었던 처절함 바로 그것이다.

의료봉사의 효과에 대하여 부정적인 사람들은 그 짧은 기간에 과연 무엇을 도와주었냐고 흔히 따져 묻는다. 그러지 말고 한 번 참여해 보라고 권하고 싶다.

나의 작은 지식이나마 그것을 필요로 하는 사람들에게 조금이라도 보탬이 된다면 그야말로 나눔의 정인 것이다.

이 짧은 기간에 어떤 질병을 치료해 준다고 생각한다면 그것은 오만한 것이며 처음부터 의료봉사란 존재할 수 없는 것이다. 한 알의 약이 큰 도움이 되는 사람들이 너무 많고, 자기의 질병에 대하여 일깨워 주는 것 또한 큰 의미 있는 일이라고 생각한다.

아픔을 달래주는 손길이 원활하지 못한 나라이기 때문에 여기에서도 민간요법이 횡행하고 있었다. '헤르발' 또는 '트라바'라는 말로 총칭되는 민간요법에 환자들은 훨씬 친숙해 있었다.

그것이 좋아서라기보다는 어쩔 수 없는 숙명에 대한 절규라는 생각이 들면서 포시라운 내 모습에 부끄러움만 가득했다.

전국적으로 해마다 2천 명의 의사가 배출되고 있는데 현재는 의료의 질보다는 숫자를 채우는데 급급한 모습이다.

이 나라의 의사의 평균 월급이 150 USD라고 한다. 대개의 사회주의 국가에서와 마찬가지로 의사의 사회적 지위가 매우 낮은 편이다. 그렇기 때문에 환자에 대한 의사들의 마음은 잿밥에 혼을 뺏긴 땡중 같기도 하였다.

시술과 검사가 무상으로 이루어지는 항목들도 의사의 처방이 있어야만 가능한데 이 의사의 처방과 치료 기회를 얻기까지 바람직하지 못한 상거래가 이루어지고 있단다. 매사가 그렇듯이 동기부여의 상실이 부정적이고 비협조적인 분위기를 유발하고 그것은 곧 부조리로 이어지게 마련이다. 이러는 가운데 합리적 행위의 탈을 쓴 불합리한 행위로 환자들만 등골이 패이고 있는 것이다.

국내에서도 어떤 특정 정치 집단에서 전 국민 무상의료를 주장하고 있는데 과연 의료의 속성을 얼마나 이해하고 있는지? 치료 행위의 목적과 결과에 대하여 충분한 인식을 하고 있는지? 국민들의 삶의 질이라는 것이 무엇을 추구해야 하는지 알고 있는지? 의료의 질은 사회적 제도의 잘못에 따라 아주 쉽게 무너질 수 있다는 것은 알고 있는지?

한 번 무너진 의료의 질을 다시 회복하기까지는 지난한 세월을 보내야 된다는 것을 알고 있는지 걱정이 된다. 의사가 있기만 하면 곧 양질의 의료가 국민들에게 시혜될 수 있다고 시대착오적인 착각에 빠지지 않았으면 좋겠다.

한마디로 아비규환을 방불케 하는 혼란 속에서도 이들을 위하여 뭔가 해야 한다는 생각이 드는 것은 아마도 많은 경험에서 찾은 지혜일지도 모른다. 우리는 지금 여기 이 사람들로부터 현명하게 살아가는 방법을 터득하고 있는 것이다.

잠시 동안의 여유를 찾아 창밖을 내다보면 저녁연기가 피어오르는 고즈넉하고 조용한 시골 마을을 연상하게 하는 도시다.

하늘을 향해 솟아오르고 있는 드높은 설산(雪山)은 아무 말이 없고, 눈꽃이 만발한 마른 나뭇가지마다 연민의 정을 실어 본다. 피부색과 눈동자가 우리와 약간 다를 뿐 너무도 흡사하게 나를 닮은 사람들의 깊은 주름 속에는 질곡의 삶이 스쳐간 흔적이 역력하다. 특히 바로 이웃집 아줌마 같이 펑퍼짐한 얼굴을 한 까레예츠(고려인)를 보면 반가움에 얼른 손을 잡고 싶다.

모든 진료가 종료된 뒤 방문한 이 나라의 유명한 정형외과 센터에서 전임 보건부 장관 출신 원장은 자기의 의술을 열심히 홍보하기에 바쁘고 병원 시설은 염두에 두지 말고 본인의 치료 성적만 기억해 달라고 강조했다. 동반한 우리 팀 정형외과 의사의 말에 의하면 우리의 30년 전 이야기란다.

그러나 놀라운 것은 교과서에서조차 본 일이 없고, 상상할 수도 없는 소아 기형에 몸서리가 쳐졌다. 이유를 물어 보니까 이곳의 특정 종족의 관습인 근친혼에 따른 불행이란다. 그래서 이 나라도 지금은 7촌 이내의 결혼을 법으로 금하고 있단다.

보건부 장관의 요청으로 이루어진 세미나에서 우리나라의 의료현실과 평균 수명을 소개할 때 놀라던 모습은 차라리 하지 말아야 했던 말실수를 한 것 같은 미안함을 금치 못했다. 가진 자의 교만함을 드러낸 꼴이 된 것 같았다.

아쉬운 일이 있었다면 의료봉사 현장이나, 키르기즈스탄 정부 관료들과의 열기가 가득했던 세미나 장소, 그 어느 곳에서도 우리 공관의 직원은 단 한 사람도 볼 수가 없었다. 현지 교포나 고려인들도 놀랍다 못해 약간 화가 난 모습을 보였고 우리도 해외봉사를 다니면서 이런 경우 역시 또한 처음이었다. 우리가 어느 나라에 봉사활동을 할 때는 항상 사전에 해당국가의 우리 공관에 연락을 해왔다. 무슨 큰 덕을 보거나 협조를 받기 위함이 아니라 국민으로서 현지 우리 공관에 대한 예의라고 생각하기 때문이다. 이러한 과정은 이번에도 예외는 아니었다.

하루하고 한나절이 주어진 자유 시간에는 이 나라가 자랑하는 이색굴 호수를 방문하였다. 도중에 이따금 보이는 마을의 작은 집들은 모두가 슬레이트 지붕으로 덮여있었다. 1970년대 대한민국의 새마을 운동이 머리를 스쳐갔다.

어떤 곳은 카자흐스탄과의 국경선임을 표시하는 가느다란 철조망이 끝없이 이어져 있었다. 불과 얼마 전까지만 해도 국경이고 뭐고, 이 마을 건넛마을 하면서 이마를 맞대고 살았다는 증표다. 정치인들의 야망이 이들을 갈라놓은 것이다.

호수에 이르는 길이 천산산맥 남단으로 이어지는 그 유명한 실크로드라는 설명을 들었을 때 나 스스로가 위대한 인류 역사의 한 가운데 서 있다는 중압감이 덮쳐왔다.

아득한 과거 속으로 빨려 들어가면서 정겨움과 신비의 마술을 체험하는 느낌이었다. 아득히 먼 그 옛날 혜초선사께서 짚신에 남루한 장삼을 걸치고 이 고난의 길을 뚜벅뚜벅 걸어서 오천축국을 다녀온 바로 그 길은 아닐까?

부처님과의 상면은 없었어도 고행 그 자체에서 이미 돈오돈수(頓悟頓修)나 돈오점수(頓悟漸修)의 깨달음에 이르렀을 것 같다는 생각을 해본다. 다섯 천축국을 다녀오셨으니까 돈오점수가 맞을 법하다는 생각이다.

이색굴 호수는 저 깊은 바닥이 여인의 나신만큼 아름답고 투명하여 눈 내리는 한겨울 추위 속에서도 물속으로 뛰어 들고 싶은 연정에 휩싸이게 하였다. 가장 짧은 직경이 15㎞라니까 호수의 장대함은 상상이 될 것이다.

바다가 없어 슬픈 나라이기에 이 호수의 장엄하고 맑은 물이 나라의 젖줄이 되었으면 좋겠다.

소련 연방으로부터 독립한 이후 닥쳐온 민주화라는 마음의 여유보다는 조금 더 잘 살았던 연방 시절을 더 그리워하는 이 사람들에게 어떤 것이 더 중요한 삶의 희망일까?

산은 산이지만 나무가 살 수 없고, 평지는 평지지만 자갈과 흙이 있을 뿐 풀이 없는 이곳의 양떼들은 눈 덮인 광야의 척박한 대지에서 풀뿌리를 뜯고 있다.

이 나라가 기대하는 희귀한 천연광물이 지하 깊은 곳에서 쏟아져 나온다면 이 깡마른 대지가 비옥한 땅으로 변할 수 있을 것이다.

수백 년의 고난을 숙명처럼 살아온 이 사람들에게 신의 은총이 내림직한 예감이 든다. 그것은 바로 독수리의 눈을 가진 은일자(隱逸者)가 다시 한 번 하늘을 향해 비상하는 것을 의미하는 것이고,

나는 그들의 영광을 간절히 기원한다.

이번 의료봉사를 통하여 그래도 가슴이 뿌듯했던 것은 이 나라를 비롯한 주변의 여러 나라에 걸쳐 살고 있는 까레예츠(고려인)들의 경제적, 그리고 사회적 지위가 상당히 높다는 사실을 알게 된 것이다.

전 세계 어디를 가나 단군(檀君)의 자손은 정말 대단한 것 같다.

키르키즈 사람들을 생각하며 한 편의 시를 써 본다.

이스쿨 호수

만년을 묵은 설산은
하늘을 포옹한 채
물속 깊이 잠이 들고

바람소리조차
자작나무 사이에 얼어붙은 밤

수많은 별들과 달마저
거울 같은 물결 위에 걸음을 멈춘다

멀리서 들려오는 개 짖는 소리
인적(人跡)이야 있겠지만

이스쿨 호숫가에 홀로 앉은 나그네
깊은 연민의 아쉬움을 달래 본다.

발문

풍요롭고 순수한 영혼

우희정

(수필가 · 도서출판 소소리 대표)

장성구 선생님은 45성상이 넘는 긴 세월 동안 한결같은 마음으로 환자를 돌보며 의료계에 투신한 분이다. 그런 분이 시인으로 등단을 하셨다. 이미 등단하기 전 틈틈이 써온 시가 「가고파」 작곡가로 유명한 김동진 선생의 곡을 받아 노래로도 불리었지만 순수문학인의 길로 새삼스레 다시 들어선 것이다.

평생 환자를 진료하고 대학에서 후진을 양성한 분으로 문학과는 거리가 멀어 보이지만 알고 보면 고등학교 때부터 문예창작반에서 활동한 실력파이기도 하다.

"의사는 천직이다. 그러나 그것만으로는 부족하다. 의료는 인간의 생명을 다루는 신성한 영역이기 때문에 영혼을 즐겁게 하는 행위가 절대적으로 필요하다"는 평소의 소신대로 환자를 치료하는 바쁜 중에도 선생님은 틈틈이 시와 산문을 써 왔던 것이다.

등단과 더불어 시집 『여강의 꿈』을 발간하는 등 열정적인 시간을 보내더니 다시금 수필집을 엮는다.

나는 선생님을 만나면 항상 '양반'이라는 단어가 떠오른다. 요즘 세상에 무슨 양반타령이냐고 하겠지만 이번에 수필을 읽으면서 그 생각은 더욱 확고해졌다. 몸에 밴 그 점잖음은 바로 선대로부터 물려받은 자산임을 알아챈 것이다.

「그래 내가 3급이지」는 세상을 떠들썩하게 했던 인공지능 로봇인 알파고와 이세돌 9단과의 대국에 대한 소견을 시작으로 할아버지를 거쳐 아버지로 내려오는 집안 내력과 바둑에 얽힌 비화다.

말미의 화상을 당한 선고의 고통을 잊게 하기 위한 가족들의 효심 가득한 마음씀씀이가 손에 잡힐 듯 가슴을 뭉클하게 한다.

> 그 다음부터는 대국다운 대국 속에 선고께서는 화상의 고통을 많이 잊을 수가 있으셨는데 더욱더 만족스러우셨던 일은 당신의 손자가 바둑을 당신과 거의 같은 수준으로 두고 있다는데 대한 자부심이셨다. 진지를 드실 때도 "아니 얘가 소리 소문도 없이 언제 이렇게 바둑을 배웠니? 그거 참 기특하구나."의 연발이셨다.
>
> 어머니와 우리 내외 그리고 아들 형제는 서로 눈길만 주고받았다. - 「그래 내가 3급이지」 중에서

선생님의 시와 수필에 많은 자양분이 된 어머니는 또 어떤가.

> 을사늑약이라는 망국의 한을 품고 관복을 불태워 버리고 자진을 시도하다 주위의 만류로 미수에 그친 시할아버지께서는 성품이 올곧다 못해 때로는 괴팍함을 드러내셨다.

매일 아침 여섯 분의 아들들로부터 아침 문안 인사를 받고 이들이 부복(俯伏)한 상태에서 진지를 드셨단다.

나라 망한 원한의 응어리가 가슴에 꽉 차있던 선비이시다 보니 못마땅한 일이 하루에도 열두 가지씩 떠오르고, 그럴 때마다 결행되는 것이 진짓상에 등 돌리고 드러누우셔서 단식투쟁을 하는 일이었단다.

이런 일이 있을 때마다 시조부께서 마음을 돌려 진지를 드시게 하는 분명한 해결사 역할을 어머니가 담당했단다. … 중략 …

6·25 동란이 일어났을 때 아버지는 국민병으로 징집되고, 어머니 홀로 수백 리 피난길에서도 육남매의 아이들을 지켜내신 분이다.

동네에서 혼사가 벌어지면 안식구들이 해야 할 일에 대해서 어머니는 항상 중요한 멘토 역할을 하셨다.

-「어머니의 지혜」 중에서

그렇다고 선생님이 마냥 겸손하고 점잖은 것만은 아니다. 「여의도 고수부지 단상」「의료의 부평초 신세」 등에서는 불의 앞에 울분을 토하고 표표히 일어서는 모습을 볼 수 있다.

한편으로는 가진 것을 나누는 봉사정신을 빼놓을 수 없다. 선생님이 네팔에 쏟는 정이 이루 말할 수 없이 깊음을 느낀다.

불과 며칠 분의 약을 타기 위하여 서너 시간을 걸어온 이들에게 지금 우리가 과연 도움을 주고 있는 것인가 하는 의구심도 들었다.

그러나 진실로 중요한 것은 이 순진무구한 이웃에게 우리의 진솔한 마음을 전하는 것이 가장 보람된 일이라는 생각이 들었다. 우리가 이들에게 무엇을 베풀었다고 생각하는 것은 참으로 경솔하고 오만한 짓이다. 오히려 우리는 이들로부터 삶의 철학과 종교 그리고 미덕을 배우고 있다는 생각이 머리를 스친다.

-「네팔에 쏟는 정」 중에서

베풀면서도 도리어 배운다고 여기는 겸양의 미덕이 이 작품뿐 아니라 곳곳에 스며있고 평소의 행동에서도 나타난다.

험난한 세상살이 보릿고개를 넘고, 초가지붕에 조롱박 열리듯 주렁주렁 달린 자식들을 위해 손가락이 발가락이 되고, 허리는 굽어서 코가 땅에 닿을 만큼 열심히 살아왔지만 말 못하는 노인 앞에 펼쳐지는 현실은 황량하고 씁쓸한 초겨울의 들판 같은 것이다.

이제 늙은 육신은 덕장에 걸린 황태 신세가 되어, 곧 어느 누구의 등짐에 실려 떠나가는 몸이 된다. … 중략 …

수술실로 가야 할 환자는 결국 목소리가 큰 자식이 원하는 길로 가게 마련이다.

"이 몸은 내 몸이 아니오!"라고 외쳐 대는 마음이 눈동자에 가득하다.

-「이 몸은 내 몸이 아니오」 중에서

수필집의 표제이기도 한 『이 몸은 내 몸이 아니오』에는 병상의 늙은 부모를 두고 이재를 저울질하는 자식들의 모습이 적나라하게 그려져 있다. 이 정경은 고령화시대의 한 단면이고 어쩌면 우리의 자화상이기도 하다. 또한 「선생님 이쪽이 아닙니다」는 혹시라도 의사가 잘못 알고 다른 쪽을 수술할까봐 걱정이 된 수술 환자와의 에피소드를 작품화한 것이다.

> 왼쪽 신장암으로 수술을 받아야 될 50대 중반의 여성 환자. 전신 마취를 하고 수술에 들어가려고 소위 수술 위치를(수술하기 적합하도록 환자의 자세를 잡는 것) 잡는데 환자의 오른쪽 옆구리 피부에 무엇인가 써져있는 것이 보였다.
>
> 자세히 보니 매직펜으로 선명한 글씨가 적혀 있었다.
>
> '선생님 이쪽이 아닙니다.'
>
> 순간 숨이 멈춰지는 것을 느꼈다.
>
> -「선생님 이쪽이 아닙니다」 중에서

이렇듯 선생님의 수필은 소재가 다양하다. 더구나 전문분야의 특별한 경험은 생동감 있게 다가온다. 이런 일련의 작품들은 전문 의료인이기 때문에 쓸 수 있는 의창수필(醫窓隨筆)이기도 하다.

한데 이분이 그 바쁜 중에 또 한 번 큰일을 한 것을 뒤늦게 알았다. 천년이 넘는 수령의 은행나무로 유명한 용문사 절 입구에 6기의 탑이 우뚝 섰는데 기념비문을 쓴 분이 바로 선생님이었다. 다름 아닌 '한국 민족독립운동 발상지'에 항일투쟁 등을 기리는 내용이었다. 물론 여러 독지가들의 도움이 바탕이 되었겠지만 그를 이끄는 역할을 하신 게 분명했다. 장성구 선생님이 누구인가. 나라 잃고 비분강개하시던 그 할아버지에 그 손자가 아닌가.

척박한 세상 속에서도 풍요롭고 순수한 영혼을 간직한 선생님의 수필집 상재를 진심으로 축하드린다.